中华人民共和国经济与社会发展研究丛书（1949—2018）
编 委 会

顾 问

杨胜群　（中共中央党史和文献研究院）

章百家　（中共中央党史和文献研究院）

张卓元　（中国社会科学院）

主 编

武 力　（中国社会科学院）

编 委（按姓氏拼音排序）

陈争平　（清华大学）

董香书　（首都经济贸易大学）

段 娟　（中国社会科学院）

郭旭红　（中国矿业大学〈北京〉）

兰日旭　（中央财经大学）

李 扬　（中央财经大学）

肜新春　（中国社会科学院）

申晓勇　（北京理工大学）

王爱云　（中国社会科学院）

王瑞芳　（中国社会科学院）

吴 超　（中国社会科学院）

肖 翔　（中央财经大学）

郁 辉　（山东第一医科大学）

赵云旗　（中国财政科学研究院）

郑有贵　（中国社会科学院）

国家出版基金资助项目
"十三五"国家重点图书出版规划项目
中华人民共和国经济与社会发展研究丛书(1949—2018)
丛书主编:武力

2019年度国家社会科学基金一般项目"新中国70年产业结构演变研究"(编号:19BJL010)阶段性成果

中国对外贸易发展研究

Research on Foreign Trade Development of the People's Republic of China

陈争平 郭旭红 ◎ 著

中国·武汉

图书在版编目(CIP)数据

中国对外贸易发展研究/陈争平,郭旭红著. —武汉:华中科技大学出版社,2019.6
(中华人民共和国经济与社会发展研究丛书:1949—2018)
ISBN 978-7-5680-5402-7

Ⅰ.①中… Ⅱ.①陈… ②郭… Ⅲ.①对外贸易-贸易发展-研究-中国-1949-2018
Ⅳ.①F752

中国版本图书馆 CIP 数据核字(2019)第 130066 号

中国对外贸易发展研究

Zhongguo Duiwai Maoyi Fazhan Yanjiu

陈争平 郭旭红 著

策划编辑:周晓方 周清涛
责任编辑:余 涛
封面设计:原色设计
责任校对:曾 婷
责任监印:周治超

出版发行:华中科技大学出版社(中国·武汉) 电话:(027)81321913
　　　　　武汉市东湖新技术开发区华工科技园　邮编:430223
排　　版:华中科技大学惠友文印中心
印　　刷:湖北新华印务有限公司
开　　本:710mm×1000mm 1/16
印　　张:20.5 插页:2
字　　数:346千字
版　　次:2019年6月第1版第1次印刷
定　　价:159.00元

本书若有印装质量问题,请向出版社营销中心调换
全国免费服务热线:400-6679-118 竭诚为您服务
版权所有 侵权必究

内容提要
ABSTRACT

新中国成立以来,一直奉行独立自主的和平外交及对外开放政策;20世纪50年代周恩来总理提倡的和平共处五项原则等,至今仍在世界范围内保持重要影响。可以说,中国对外政策倾向有着明显的历史连续性。结合新中国成立以来国内外政治经济大局变化,可以把中国对外开放史大致分为三个阶段:20世纪50年代"一边倒"型开放、1960年后的"突围"型开放及十一届三中全会以后的"扩大"型对外开放。本书按这三个阶段分3篇进行外贸史的考察,这是本书的重要特点。注重各个历史阶段中国外贸在国内外因素交织下的发展,相应地重视贸易伙伴分析,以及重视外贸与国民经济整体发展的关联,外贸体制改革,外贸总量增长与商品结构分析,是本书另外的重要特点。

总序
GENERAL PREFACE

早在2013年6月,习近平总书记就指出,历史是最好的教科书,学习党史、国史,是坚持和发展中国特色社会主义、把党和国家各项事业继续推向前进的必修课。这门功课不仅必修,而且必须修好。要继续加强对党史、国史的学习,在对历史的深入思考中做好现实工作,更好走向未来,不断交出坚持和发展中国特色社会主义的合格答卷。党的十八大以来,习近平总书记多次强调要加强历史研究,博古通今,特别是总结中国自己的历史经验。在以习近平同志为核心的党中央领导下,中国特色社会主义进入了新时代。2017年是俄国十月革命胜利100周年;2018年是马克思诞辰200周年和《共产党宣言》发表170周年,同时也是中国改革开放40周年;2019年是中华人民共和国成立70周年;2020年中国完成工业化和全面建成小康社会;2021年是中国共产党成立100周年。这些重要的历史节点,已经引发国内外对中共党史和新中国历史研究的热潮,我们应该早做准备,提前发声、正确发声,讲好中国故事,让中国特色社会主义主旋律占领和引导宣传舆论阵地。

作为专门研究、撰写和宣传中华人民共和国历史的机构,中国社会科学院当代中国研究所、中国经济史学会中国现代经济史专业委员会与华中科技大学出版社一起,从2014年就开始策划出版一套总结新中国经济与社会发展历史经验的学术丛书。经过多次研讨,在2016年5月最终确立了编撰方案和以我为主编的研究写作团队。从2016年7月至今,研究团队与出版社合作,先后召开了7次编写工作会议,讨论研究内容和方法,确定丛书体例,汇报写作进度,讨论写作中遇到的主要问题,听取学术顾问和有关专家的意见,反复讨论大纲、改稿审稿并最终定稿。

这套丛书是以马克思列宁主义、毛泽东思想、邓小平理论、"三个代表"重要思想、科学发展观、习近平新时代中国特色社会主义思想为指导,以中华人民共和国近70年经济与社会发展历史为研究对象的史学论著。这套丛书共14卷,分别从经济体制、工业化、区域经济、农业、水利、国防工业、交通、旅游、财政、金融、外贸、社会建设、医疗卫生和消除贫困14个方面,研究和阐释新中国经济与社会发展的历史和经验。这套丛书从策划到组织团队再到研究撰写专著,前后历时5年,这也充分反映了这套丛书各位作者写作态度的严谨和准备工作的扎实。从14个分卷所涉及的领域和研究重点来看,这些问题都是中共党史和新中国历史,特别是改革开放以来历史研究中的重要问题,有些是非常薄弱的研究环节。因此,作为研究中华人民共和国近70年经济与社会发展的历程和功过得失、总结经验教训的史学论著,这套丛书阐述了新中国成立前后的变化,特别是改革开放前后两个历史时期的关系、改革开放新时期与新时代的关系,这些论述不仅有助于坚定"四个自信"、反对历史虚无主义,而且可以为中国实现"两个一百年"奋斗目标提供历史借鉴,这是这套丛书追求的学术价值和社会效益。

今年是中华人民共和国成立70周年,70年的艰苦奋斗,70年的壮丽辉煌,70年的世界奇迹,70年的经验教训,不是一套丛书可以充分、完整展示的,但是我们作为新中国培养的史学工作者,有责任、有激情去反映它。谨以这套丛书向中华人民共和国成立70周年献礼:祝愿中华民族伟大复兴的中国梦早日实现!祝愿我们伟大的祖国像初升的太阳,光芒万丈,照亮世界,引领人类命运共同体的构建!

中国社会科学院当代中国研究所

武力

2019年5月

目 录
CONTENTS

绪论

上篇 "一边倒"型开放下外贸发展

第一章 1949—1952年中国对外贸易发展

第一节 "一边倒"型开放格局的形成 / 11
 一、1949年前中国对外经贸形势 12
 二、冷战及西方对华封锁 13
 三、实行"一边倒"型对外开放 16

第二节 1949—1952年国民经济恢复状况 / 19
 一、"一穷二白"——旧中国的历史遗产 19
 二、治理通货膨胀与调整工商业 24
 三、国民经济的全面恢复和发展 27

第三节 国家统制贸易体制的建立 / 30
 一、对外贸易管理体制的建立 31
 二、对外贸易主体变化 32
 三、设立驻外商务机构及建立中国贸促会 34

第四节 1949—1952年外贸发展的主要特点 / 34
 一、实行限进奖出的贸易保护政策 34
 二、进出口商品构成优化 35
 三、进出口贸易额迅速增长 36

第二章 1953—1959年对外贸易发展

第一节 对外贸易发展的背景 / 38
    一、中国对外关系形势的延续与变化　38
    二、中国国民经济的改造与发展　40
    三、国家统制贸易体制的确立　50
    四、开办广交会　53

第二节 与苏联、东欧等社会主义国家经贸关系发展 / 54
    一、与苏联经贸关系发展　55
    二、与东欧国家经贸关系发展　57
    三、与越南经贸关系发展　58
    四、与朝鲜经贸关系发展　60
    五、与蒙古经贸关系发展　61

第三节 与其他国家经贸关系发展 / 62
    一、与日本经贸关系发展变化　62
    二、与西欧国家经贸关系发展　66
    三、与亚非发展中国家贸易的发展　72

第四节 1953—1959年外贸发展主要特点 / 75
    一、在本国经济发展基础上中国对外贸易有明显增长　76
    二、进口商品结构以生产资料为主　77
    三、出口商品结构仍以农副产品为主，工业品出口占比上升　78

中篇 "突围"型开放下外贸发展

第三章 1960—1972年对外贸易发展

第一节 中苏关系恶化后对外开放形势严峻 / 83

一、中苏关系恶化　83
　　二、西方国家对华封锁依然存在　88
　　三、中国经济发展受挫　90
第二节　"突围"型开放与外贸政策大调整 / 92
　　一、努力扩大出口及增加粮食进口　92
　　二、"突围"型开放及外贸重心再次转移　95
第三节　与亚非国家经贸关系发展 / 98
　　一、与越南经贸关系变化　98
　　二、与朝鲜、蒙古经贸关系变化　100
　　三、与日本经贸关系变化　102
　　四、与亚非其他国家的经贸关系发展　104
第四节　与欧美国家经贸关系发展 / 106
　　一、与英国经贸关系发展　106
　　二、与欧洲共同体经贸关系发展　108
　　三、与拉丁美洲国家贸易发展　109
第五节　1960—1971年中国外贸发展的主要特点 / 111
　　一、中国对外贸易出现U型增长　111
　　二、进口商品结构以生产资料为主，粮油食品占比先升后降　113
　　三、出口商品结构仍以初级产品为主　115

第四章　1973—1978年对外贸易发展

第一节　打破"坚冰" / 117
　　一、中美两国关系正常化的开始　117
　　二、中日两国邦交正常化　119
第二节　"文革"的干扰与促进外贸发展的努力 / 121
　　一、"文革"对国内经济发展的干扰　121
　　二、成套设备和先进技术的引进及极左思潮的干扰　123
　　三、克服干扰，促进外贸发展　124
第三节　与工业化发达国家经贸关系发展 / 126

一、与美国贸易的变化　126

二、与日本贸易的发展　129

三、与欧洲共同体贸易的发展　131

第四节　1972—1978年外贸发展的主要特点 / 135

一、中国对外贸易增长明显　136

二、进口商品以成套设备和其他生产资料为主　137

三、轻纺产品和重工业产品出口比重增大　139

下篇　"扩大"型开放下外贸发展

第五章　1979—1988年对外贸易迅速发展

第一节　中共十一届三中全会与改革开放新形势 / 144

一、现代化建设成为中心任务　144

二、改革开放成为基本国策　146

三、实行改革与开放相互促进的"扩大"型对外开放　148

第二节　对外贸易体制改革 / 149

一、改革开放前中国外贸的主要问题　149

二、积极开展各类对外经贸方式方法的探索　154

三、改革开放初期的外贸体制改革　155

第三节　特殊区域发挥特殊作用 / 159

一、广东、福建实行特殊政策　159

二、创办经济特区　160

三、开放沿海港口城市，兴办经济技术开发区　161

四、划分沿海经济开放区　161

第四节　贸易伙伴分析 / 162

一、与美国贸易发展　162

二、与日本贸易发展　164

三、与欧洲共同体贸易发展　166

四、与苏联、东欧国家贸易发展　171

五、与其他国家(地区)贸易变化　174

第五节　外贸总量增长与商品结构分析 / 181

一、外贸总量增长与贸易平衡分析　181

二、进口商品分类构成　183

三、出口商品分类构成　183

第六节　加工贸易与服务贸易 / 186

一、加工贸易　186

二、服务贸易　188

第六章　1989—2000年对外贸易发展

第一节　对外贸易国内外环境重要变化 / 190

一、东欧剧变与苏联解体　191

二、对外开放格局的国内延伸　193

三、"南方谈话"与建立社会主义市场经济体制　194

四、香港、澳门回归祖国　197

五、亚洲金融风暴　198

第二节　中国对外贸易制度变革 / 201

一、对外贸易思想的发展　201

二、外贸立法新举措　203

三、外贸体制改革步步深入　204

第三节　贸易伙伴分析 / 207

一、与亚洲其他国家的贸易发展　208

二、与苏(俄)贸易变化　212

三、与欧共体(欧洲联盟)国家贸易发展　214

四、与美国贸易发展　219

五、与其他国家(地区)贸易变化　220

第四节　外贸总量增长与商品结构分析 / 223

一、外贸总量增长与贸易平衡分析　224

二、进口商品分类构成　226

三、出口商品分类构成 227

第五节 加工贸易与服务贸易 / 228

一、加工贸易 228

二、服务贸易 231

第七章 2001—2017年对外贸易新发展

第一节 对外贸易国际环境的重要变化 / 233

一、中国加入世界贸易组织 234

二、2007—2009年世界金融海啸 236

三、西方逆全球化趋势下贸易摩擦加剧 238

第二节 中国走向全方位对外开放 / 240

一、加快实施"走出去"战略 240

二、组建商务部 243

三、完善对外贸易法律制度 245

四、建设自贸区 248

五、建设"一带一路",推进全面开放 251

第三节 贸易伙伴分析 / 253

一、与亚洲其他国家的贸易发展 253

二、与俄罗斯贸易发展 260

三、与欧盟国家贸易发展 262

四、与美国贸易发展变化 267

五、与其他国家(地区)贸易发展变化 270

第四节 外贸总量增长与相关结构分析 / 274

一、外贸总量增长与贸易平衡分析 274

二、进口商品分类构成 276

三、出口商品分类构成 280

四、高新技术产品贸易快速增长 285

五、对外贸易的主体结构分析 286

第五节 加工贸易与服务贸易 / 287

一、加工贸易　287

二、服务贸易　294

附录　1950—2017年中国进出口贸易额

参考文献 / 308

后记 / 312

绪 论

一

从19世纪中叶起,帝国主义列强通过逼迫清政府签订一系列不平等条约,在中国取得了条约口岸、协定关税、片面最惠国待遇、治外法权、内河航行、贩卖鸦片、管理中国海关行政、子口半税等许多侵略特权。外国资本主义在近代中国的贸易、投资等经济活动,就是以这些侵略特权的享受为基本特征的。

19世纪和20世纪之交时,中国仍在清代封建王朝统治之下,正处于严重的内忧外患之中。在帝国主义列强武力威迫下,清政府不得不签订了1895年《马关条约》和1901年《辛丑条约》,被迫交纳世界史上数额空前巨大的战争赔款,中国主权进一步受到严重破坏。此时,中国已完全沦落为受多个帝国主义强国"共管"的半殖民地国家,处于"被动附庸型"对外开放状态下。这一切,对当时中国对外经贸关系产生了深刻的影响。

20世纪初,与中国有贸易往来的国家和地区有数十个,遍及五大洲,但是无论进口,还是出口,贸易量值大部分集中在英、美、俄、法、德、日,以及英国的殖民地印度等。随着列强对中国市场争夺的加剧,中国外贸对象国国别比重也发生了变化。中国的洋货市场已由过去英国占绝对优势的局面,演变为英、日、美三强之间相互争斗,其他资本主义列强也不甘落后,为争夺中国市场而激烈角逐的局势。

20世纪初,全世界国际贸易总额有明显的增长。在这一大趋势带动下,中国进出口贸易有缓慢的增长。中国贸易占世界国际贸易总额的比重,亦从1896—1898年三年平均约占1.5%,到1911—1913年三年平均约占 1.7%,虽然这一比重极小,而且增长速度比不上日本或印度,但还是有所增长。

1931 年前,中国对外贸易尚属平稳发展。但是不久,西方资本主义世界经济大危机爆发,日本帝国主义又发动"九一八事变",侵占中国东北,中国对外贸易出现了三大问题:一是进出口贸易出现大滑坡;二是贸易逆差更大;三是华北日货走私之风日炽。

第二次世界大战结束后,国际经济形势发生了巨大的变化,德国和日本的工矿企业基本上被摧毁,英、法等国经济实力大大削弱,美国则进一步成为世界首富。1945 年美国工业生产占整个资本主义世界工业生产的 60%,美国的外贸额占世界对外贸易总额的三分之一。战前外国在华资本势力中,原以日、英最大,次为美、法、德等。经过抗日战争,英、法在华势力有很大的削弱,日、德、意等在华资产被中国作为敌产而没收,而美国资本在华的势力则上升为第一位。美国还与国民党政府签订了《中美友好通商航海条约》。这个条约与以往那些列强与中国签订的不平等条约相比,从字面上看是平等的,但实际上由于中美两国经济地位悬殊,能大量向海外输出商品和资本的是美国,真正享受该条约各项优惠的是美国,该条约为美国资本全面垄断中国市场提供了法律保障。①

美国向国民党政府提供了约 5 亿美元的贷款援助及约值 20 亿美元的"救济"、售让、赠与等物资援助。在贸易方面,1946 年春国民党政府为抑制通货膨胀而推行大量进口消费品的政策后,美国将大量剩余物资倾销中国市场,上海港为之拥塞。在中国进口总值中,1946 年美国的比重已高达 61.4%,比位居第二的印度(比重为 7.0%)高出近 8 倍;1948 年美国在中国进口总值中的比重升至 66.5%。中国大部分进口商品市场为美国所独占,时人讥称为"无货不美"。在中国出口贸易中,1946 年后美国也位居第一,但是其所占比重逐年减少,而东南亚等地和欧洲国家所占比重有所上升。中国对美国和欧洲国家出口的商品主要是桐油、生丝、猪鬃及战略矿产品等,对东南亚出口的商品主要是棉纺织品和药材等。这一时期,国统区的外贸仍有大量入超。

随着国内近代工业(包括外资工厂)的发展,机制品出口比重有所增加。中国进出口贸易的商品结构虽然发生了上述变化,但是进口以直接消

---

① 王铁崖:《中外旧约章汇编(第三册)》,生活·读书·新知三联书店 1962 年版,第 1430—1449 页。

费资料为主,出口以农产品原料及手工制品、半制成品为主这一反映半殖民地性质贸易的格局基本上没有什么改变。

二

1949年,新中国成立,中国人民站起来了,摆脱了"被动附庸型"对外开放状态。但是由于西方资本主义国家的"封锁""禁运",中国不得不实行"一边倒"型对外开放政策。过去一些文章把1978年前的中国简单斥之为是"高度封闭",或"闭关自守"等①,并怪罪于当时中国共产党领导人,这样的说法不符合历史事实。早在中国共产党第七次全国代表大会上毛泽东主席就提出,要积极发展对外贸易和利用外国投资,以促进中国的工业化。至于1949年以后中国"一边倒"型开放格局的形成及对外贸易发展是深受当时国际国内政治经济形势影响的。在严峻的国际国内政治经济形势下,毛泽东、周恩来等中国领导人建立了国家统制贸易体制,集中全国力量,努力打破外部封锁,努力扩大对外经济技术交流,取得了较大成就,为以后对外贸易的发展提供了重要的经验。

在1949—1952年国民经济恢复时期,我国在对外贸易方面获得了很大的成就,出现了新的局面:①肃清了以往对外贸易的半殖民地的依赖性,在平等互利基础上建立了新的对外贸易关系;②我国已由历史上长期入超的国家,转变为进口和出口平衡的国家;③我们战胜了以美国为首的西方国家对我国的禁运和封锁,我国进口和出口货物的数量都在不断增加;④我们通过对外贸易的管理,扶助了国内工业和农业生产的恢复和发展。

1953—1959年,西方资本主义阵营仍然对新中国实行严厉的经济封锁,使新中国不得不继续实行"一边倒"型对外开放政策。1953年7月,《朝鲜停战协定》的签订迎来可贵的和平,对中国发展对外经贸起到了有益的影响。1955年万隆会议发表了和平共处五项原则,中国坚决主张一切国家实行和平共处五项原则。中国政府为了更好地实施"一五"计划,进行国民经济的改造与发展,确立国家统制贸易体制,一方面继续发展与苏联和东欧等社会主义国家的经贸关系,另一方面努力发展与其他国家,包括西方资本主义发达国家的经贸关系。中国对外贸易有明显增长,并且扭转了几十年来贸易逆差的局面。这一时期随着中国工业化建设的推进,中国进口

---

① 例如,日本著名经济学家南亮进在其专著《中国的经济发展——与日本的比较》(经济管理出版社1991年版)中提出,中国在1978年忽视了对外贸易的重要性;1978年以后由于积极实行对外开放政策,经济得到较大发展。

商品以生产资料为主,出口商品仍以农副产品为主,同时工业品出口占比上升,反映了中国工业发展的成就。

1960年,中苏关系急剧恶化,以美国为首的西方国家对华"禁运"与封锁依然存在,中国对外开放形势犹如处于双重包围之中。中国对外开放政策由"一边倒"型转为"突围"型。"大跃进"期间国民经济发展遭到严重挫折,对外贸易被迫大幅度下降或停滞。20世纪60年代,我国对外贸易的主要对象开始转向资本主义国家和地区,并积极发展同亚非拉民族独立国家的贸易关系。1971年10月25日,第二十六届联合国大会恢复中国合法席位,中国"突围"型对外开放取得决定性胜利。"文化大革命"期间,中国对外贸易虽然没有出现明显滑坡趋势,但与其他国家相比,陷入了相应的低潮期。

1972年美国总统尼克松、日本首相田中角荣访华,20多年以来以美国为首的西方国家封锁、遏制中国所形成的"坚冰"被打破。中国利用这个机会,从西方资本主义发达国家进口了一大批成套设备,这成为世界贸易史和技术交流史上的大事件。毛泽东主席和周恩来总理等克服了"四人帮"的干扰,使中国对外贸易和技术引进得以发展。这一时期中国对外贸易增长明显,中国进出口贸易年总额由1971年的48.4亿美元增加到1978年的206.4亿美元,位居全球第27位。

三

20世纪70年代以来,国际政治经济格局变化剧烈,这为中国的对外开放提供了良好的机遇。中国恢复了在联合国的合法席位,中美关系解冻,中国同日本、西欧等发达国家全面建交,从而使中国进入世界主流市场的可能性加大。20世纪70年代以来,世界技术进步加速,特别是电子信息技术的广泛应用,标志着世界进入了高科技时代,世界各国间的经济联系日益密切,相互依赖性显著加强,对外开放成为世界潮流。伴随科技进步的加速,产品生命周期缩短,发达国家面临新一轮的产业升级,需要寻找新的生产基地,把失去优势的劳动密集型产业转移出去。具有丰富廉价劳动力和巨大潜在市场的中国具备了承接劳动密集型产业的能力。

粉碎"四人帮"和真理标准问题大讨论,为改革开放做了思想理论准备。邓小平深刻反思了中国近百年落后挨打的历史,果断提出了走开放之路的思想。他指出:"现在的世界是开放的世界。中国在西方国家产业革命以后变得落后了。"他还指出:"发展经济,不开放是很难搞起来的。世界各国的经济发展都要搞开放,西方国家在资金和技术上就是互相融合、交流的。"这阐明了当代世界经济的一种鲜明特征,即开放已成为世界经济的潮流。中国的发展离不开世界,中国需要对外开放。中国共产党人开始重新客观审视中国与世界的差距:一方面,中国经济发展缓慢;另一方面,发达国家及周边国家和地区经济飞速发展使中国产生了极大的紧迫感。进而以经济建设为中心逐渐成为全党全国的共识,如何加速实现中国的现代化成为紧迫的任务。

1978年12月,中国共产党十一届三中全会在总结国际、国内历史经验基础上,做出了在自力更生的基础上积极发展同世界各国的经济合作,努力采用世界先进技术和先进装备的重大决策,把对外开放作为与改革相并列的一项基本国策。中国进入改革开放的新时期。1982年12月,对外开放政策被正式写入我国宪法。大力发展对外贸易,成为中国加快现代化建设、改变落后面貌、促进经济发展和提高综合国力的重要途径。中国利用世界经济较长时期繁荣、经济全球化深入发展的机遇,扩大对外开放,吸引利用外商投资,引进先进技术,改造提升国内产业,在全面参与国际分工竞争中,实现了对外贸易的跨越式发展。

新中国成立后,中国外贸体制改革实质上经历了一个从统制贸易体制向符合国际惯例的市场化贸易体制转型的过程。改革开放前的中国对外贸易体制是计划经济体制下国家垄断制的保护贸易,其主要特征是高度集中,以行政管理为主。这种贸易体制在当时的历史条件下有其存在的必然性和合理性,对于建立独立完整的工业体系和国民经济体系起了巨大的促进作用。1978年的对外贸易体制改革既是中国整体经济体制改革的重要组成部分,又是对外开放的必然要求。按照中国外贸制度变革的具体情况,其改革的过程主要可以分为以下几个阶段:第一阶段是1979年至1986年,以外贸经营权下放为主要内容;第二阶段是1987年至1990年,以外贸经营承包责任制的推行为主要内容;第三阶段是1991年至1993年,以取消外贸财政补贴、自主经营、自负盈亏为主要内容;第四阶段是1994年至2001年,以实行汇率改革、取消承包制、建立适应国际经济通行规则的综合配套改革为主要内容。其后,中国外贸体制继续进行渐进式改革,实现了向开放型外贸的转变。外贸经营主体除了国有企业外,还包括外商投资企业、民营企业等,后二者的进出口总额目前都已超过国有企业的进出口总额。

1978年,中国货物进出口总额只有206亿美元,在世界货物贸易中排名第32位,所占比重不足1%。2010年,中国货物进出口总额达到29740亿美元,比1978年增长了143倍,年均增长16.8%。其中,出口总额15778亿美元,年均增长17.2%;进口总额13962亿美元,年均增长16.4%。中国出口总额和进口总额占世界货物出口和进口的比重分别提高到10.4%和9.1%,连续两年成为世界货物贸易第一出口大国和第二进口大国。

中国出口商品结构在20世纪80年代实现了由初级产品为主向工业制成品为主的转变,到90年代实现了由轻纺产品为主向机电产品为主的转变,进入21世纪以来,以电子和信息技术为代表的高新技术产品出口比重不断扩大。

新中国成立以来,中国对外贸易结构发生了巨大变化,从传统的初级产品逐步向高精尖的工业制成品转变,显示了我国外贸发展从"大进大出"向"优进优出"的转型。特别是20世纪90年代以来,中国外贸增长进入快车道,但受外贸发展方式转变和经济改革滞后的影响,中国外贸在商品结构、主体结构、地区结构等方面存在着严重的结构性失衡,这种结构性失衡制约了资源的有效配置,直接影响着我国在全球经济格局中的战略地位。货物贸易顺差与服务贸易逆差,揭示出我国经济结构在全球经济发展潮流中的滞后,提升国际竞争力的切入点与发达经济体存在错位;出口与进口不平衡已经不是贸易顺差的问题,而是我国国内资源与国际资源合理配置的能力问题;集中于东部沿海发达地区的贸易结构加重了区域发展的不平衡,影响外贸竞争优势的梯队发展;一般贸易与加工贸易不平衡具有了新的内涵,即融入全球价值链的主动选择与被动接受的分水岭。外贸结构作为外贸发展的结果和未来外贸发展的基础,成为影响外贸质量的重要因素。贸易结构问题具有向深层次发展的态势,对我国贸易的未来发展更加具有战略意义。

20世纪80年代以来,中国加工贸易蓬勃发展,成为外贸半壁江山。在中国外贸发展中,外商投资企业和加工贸易发挥了十分重要的作用。中国服务贸易也有很大发展。

尽管贸易摩擦不断发生,逆全球化的问题仍然存在,但是从长远看,和平、发展还是当今世界潮流。改革开放以来,中国顺应经济全球化趋势,不断扩大对外开放,在平等互利的基础上积极同世界各国开展经贸合作。对外贸易成为中国经济较为活跃、增长较快的部分之一,中国也成为跻身世界前列的贸易大国。中国对外贸易的发展，将中国与世界更加紧密地联系起来，有力推动了中国的现代化建设，也促进了世界的繁荣与进步。

四

自新中国成立以来，奉行独立自主的和平外交及对外开放政策，是第一代中央领导集体定下的基调，一直延续至今；20 世纪 50 年代周恩来总理提倡的和平共处五项原则等，至今仍在世界范围内保持重要影响。可以说，中国对外政策倾向有着明显的历史连续性。结合新中国成立以来国内外政治经济大局变化，可以把中国对外开放史大致分为三个阶段：20 世纪 50 年代"一边倒"型开放、1960 年后的"突围"型开放及十一届三中全会以后的"扩大"型对外开放。本书按这三个阶段分 3 篇，注重不同类型的贸易对象国（地区）进行外贸史的考察，这是本书的重要特点。

本书上篇分 1949—1952 年、1953—1959 年两阶段考察"一边倒"型开放格局中外贸在国内外因素交织下的发展特点，以及外贸为国民经济恢复与发展，为工业化所做出的重要贡献。中篇分 1960—1972 年、1973—1978 年两阶段考察中苏关系恶化后毛泽东、刘少奇、周恩来等努力打破"坚冰"，实行"突围"型开放，考察在这一新格局中外贸发展特点。下篇分 1979—1988 年、1989—2000 年、2001—2017 年三阶段分析"扩大"型开放格局中市场化改革及其对外贸体制的影响，出口导向与区域推进的关联，以及加工贸易、服务贸易等的发展。注重各个历史阶段中国外贸在国内外因素交织下的发展，以及外贸与国民经济整体发展的关联，是本书的另一重要特点。

中华人民共和国经济
与社会发展研究丛书
1949—2018

上篇
Part One

"一边倒"型开放下
外贸发展

第一章
1949—1952年中国对外贸易发展

过去一些文章把1978年前的中国简单斥之为是"高度封闭",或"闭关自守"等,并怪罪于当时中国共产党领导人,这样的说法不符合历史事实。早在中国共产党第七次全国代表大会上毛泽东主席就提出,要积极发展对外贸易和利用外国投资,以促进中国的工业化。1949年以后中国"一边倒"型开放格局的形成及对外贸易发展是深受当时国际国内政治经济形势影响的。在严峻的国际国内政治经济形势下,毛泽东、周恩来等中国领导人建立了国家统制贸易体制,集中全国力量,努力打破外部封锁,努力扩大对外经济技术交流,取得了较大成就,为以后对外贸易的发展提供了重要的经验。

第一节 "一边倒"型开放格局的形成

第二次世界大战结束后,美国进一步成为世界首富,美国资本全面垄断中国市场。1949年10月新中国成立。这以后中国对外贸易发展是在对苏联、东欧等国"一边倒"型开放格局中进行的,而中国"一边倒"型开放格局的形成又是深受世界冷战大格局及西方发达工业国家对华封锁禁运的影响。

一、1949年前中国对外经贸形势

1945年9月,第二次世界大战①结束。经过这次世界大战,德国和日本的工矿企业基本上被摧毁,英、法等国经济实力大大削弱,美国则进一步成为世界首富。1945年美国工业生产占整个资本主义世界工业生产的60%,美国的外贸额占世界对外贸易总额的三分之一。战前外国在华资本势力中,原以日、英最大,次为美、法、德等。经过抗日战争,英、法在华势力有很大的削弱,日、德、意等在华资产被中国作为敌产而没收,而美国资本在华的势力则上升为第一位。②

战后,美国还与国民党政府签订了一系列条约,其中最重要的是1946年11月4日签订的《中美友好通商航海条约》。该条约共30条,主要内容包括以下三个方面。①两国国民有权在对方"领土全境内居住、旅行"以及经营商业、制造、加工、科学、教育、宗教及慈善事业,并为此取得"适当之房屋",租赁"适当之土地",选用代理人或员工;两国的"法人及团体"在对方国家与其本国"法人及团体之待遇相同",如在商品进出口、关税、内地税等方面,美国在华之法人、团体可与中国之法人、团体享受同等待遇。②双方互相给予最惠国待遇,如中国将采矿权利给予第三国时,亦应给予美国。③美国船舶,包括军舰,可以在中国开放的任何口岸或领水自由航行,必要时还可以开入中国"对外国商务或航业不开放之任何口岸、地方或领水"。这个条约与以往那些列强与中国签订的不平等条约相比,从字面上看是平等的,但实际上由于中美两国经济地位悬殊,能大量向海外输出商品和资本的是美国,真正享受该条约各项优惠的是美国,该条约为美国资本全面垄断中国市场提供了法律保障。③

美国垄断资本在国统区兴建各种工矿企业,进行直接投资。仅1946年4月至7月,美国各资本组织在上海就设立了100多个分支机构,并在纽约成立了"美中工商联合会",制订投资计划。其中,投资的重点行业是

---

① 简称二战,亦可称世界反法西斯战争(1939年9月—1945年9月),是以德、日、意这3个法西斯轴心国和匈、罗、保等仆从国为一方,以反法西斯同盟和全世界反法西斯力量为另一方进行的第二次全球规模的战争。第二次世界大战以反法西斯国家和世界人民战胜法西斯侵略者并赢得世界和平与进步而告终。
② 许涤新、吴承明:《中国资本主义发展史(第三卷)》,人民出版社2003年版,第39、611页。
③ 王铁崖:《中外旧约章汇编(第三册)》,生活·读书·新知三联书店1962年版,第1430—1449页。

矿业、军事工业和交通运输业。美国还向国民党政府提供了约 5 亿美元的贷款援助及约值 20 亿美元的"救济"、售让、赠与等物资援助。这些美援，主要是为了帮助国民党政府打一场"美国出钱出枪，蒋介石出兵"的屠杀中国人民的内战，而对于中国的经济建设没有多大益处。①

在贸易方面，1946 年春国民党政府为抑制通货膨胀而推行大量进口消费品的政策后，美国将大量剩余物资倾销中国市场，上海港为之拥塞。在中国进口总值中，1946 年美国的比重已高达 61.4%，比位居第二的印度（比重为 7.0%）高出近 8 倍；1948 年美国在中国进口总值中的比重升至 66.5%。② 中国大部分进口商品市场为美国所独占，时人讥称为"无货不美"。在中国出口贸易中，1946 年后美国也位居第一，但是其所占比重逐年减少，而东南亚等地和欧洲国家所占比重有所上升。中国对美国和欧洲国家出口的商品主要是桐油、生丝、猪鬃及战略矿产品等，对东南亚出口的商品主要是棉纺织品和药材等。这一时期，国统区的外贸仍有大量入超，1946 年入超 4.12 美元，1947 年国民党政府采取限制奢侈品进口等措施后入超额减少，1947 年为 2.35 亿美元，1948 年为 0.41 亿美元。③

二、冷战及西方对华封锁

第二次世界大战结束不久，世界国际关系格局又发生重大变化：1946 年 3 月 5 日英国前首相丘吉尔在美国富尔顿发表"铁幕演说"及 1947 年 3 月 12 日美国杜鲁门主义出台，预示着两极对峙格局的开始。1949 年 4 月 2 日，美、英、法、加等 12 国外长聚集华盛顿举行《北大西洋公约》签字仪式，美国杜鲁门总统在仪式上发表讲话说："这个公约是一个反侵略、消除侵略恐惧的盾牌。"④ 苏联则向美、英等国发表备忘录，指责《北大西洋公约》不仅违背了《联合国宪章》，而且破坏了联合国组织。苏联先后于 1948 年和 1949 年同波兰、保加利亚、阿尔巴尼亚、芬兰、罗马尼亚、南斯拉夫等国签订了友好互助条约，建立了政治、军事、经济的合作互助关系。两极对峙格局一步步强化。此后，以美国为首的西方资本主义阵营与以苏联为首的社会主义阵营之间展开了数十年的斗争。虽然双方分歧和冲突严重，但都尽

---

① 许涤新、吴承明：《中国资本主义发展史（第三卷）》，第 598—602 页。
② 郑友揆：《中国的对外贸易和工业发展》，上海社会科学院出版社 1984 年版，第 217—228 页。
③ 郑友揆：《中国的对外贸易和工业发展》，上海社会科学院出版社 1984 年版，第 229 页。
④ 杜鲁门：《杜鲁门回忆录　第二卷》，生活・读书・新知三联书店 1974 年版，第 297 页。

力避免世界范围的大规模战争爆发,其对抗通常通过局部代理战争、封锁禁运、科技和军备竞赛、太空竞赛、外交竞争等"冷"方式进行,因此称为"冷战"。①

抗日战争时期,中国共产党领导人毛泽东和延安的美军观察组成员谢伟思等人多次交谈,一再提出中国的经济发展需要得到美国的援助。《中央关于外交工作的指示》报告中曾强调"在争取与美军军事合作的基础上,争取实现文化、政治和经济的全面合作"②。然而抗日战争胜利后国民党蒋介石集团妄图通过发动内战实现其一党专政,国共矛盾激化,美国派马歇尔将军来到中国进行调解。在马歇尔将军调停期间,美国国会却通过援华法案,许诺给国民党政权提供大量的武器和物资援助,助长了国民党蒋介石集团发动内战的信心。中国共产党领导人对美国政府"扶蒋反共"政策的行为感到无比愤怒。由于中国共产党领导人民推翻了国民党政府在中国大陆的统治,新中国要走社会主义道路,所以中国也受到以美国为首的西方资本主义阵营敌视。为了恢复和发展国民经济,新中国急需外部的必要援助,但是上海解放以后,美国支持蒋介石集团对上海进行了狂轰滥炸,在解放区沿岸进行了军事封锁。毛泽东主席对此行为曾经指出:"其余的地方,比如上海吧,解放以后本来是开放的,现在却被人用美军的军舰和军舰上所装的大炮,实行了一条很不神圣的原则:门户封锁。"③新中国刚刚建立,就被迫卷入世界"冷战"大格局,中国对外经济贸易发展受到"冷战"的严厉制约。

这种严厉制约的主要方式是巴黎统筹委员会的对华封锁禁运。从1949年1月起,欧洲经济复兴计划参加国就多次集会讨论对苏联的贸易管制问题。在建立东西方贸易管制组织问题上,美国最初设想将其与北约组织联系起来,把经济安全作为西方政治和军事战略的组成部分,继而提出将建立国际贸易管制组织与《共同防卫援助协定》直接联系起来,这些方案都遭到西欧国家的抵制。1949年11月,在美国的提议下秘密成立名为"输出管制统筹委员会"(Coordinating Committee for Multilateral Export Controls)的国际组织。1950年1月9日,美国、英国、法国、意大利、比利

---

① 一般认为,1955年《巴黎协定》批准联邦德国加入北约以及华沙条约组织成立标志着两极格局的确立。而1991年华约解散,之后苏联解体,标志着冷战结束,同时也标志着两极格局结束。

② 中央档案馆:《中共中央文件选集(1942—1944)》,中共中央党校出版社1986年版,第574页。

③ 《毛泽东选集 第四卷》,人民出版社1991年版,第1507页。

时、荷兰在巴黎开会,将这一国际组织正式定名为"对共产党国家出口管制统筹委员会"。因其总部设在巴黎,通常称为"巴黎统筹委员会"(简称"巴统")。巴统是第二次世界大战后西方发达工业国家在国际贸易领域中成立的国际机构,其宗旨是限制成员国向社会主义国家出口战略物资和高技术。美国、英国、法国、意大利、比利时、荷兰是巴统组织的创始国,在朝鲜战争结束以前,卢森堡、挪威、丹麦、加拿大、联邦德国、葡萄牙、日本、希腊、土耳其先后加入。① 而被巴统列为禁运对象的不仅有社会主义国家,还包括一些民族主义国家,总数共约 30 个。巴统的调整委员会是对苏联和东欧的国家实行禁运的执行机构;巴统的中国委员会是对中国实行禁运的执行机构。列入禁运清单的有军事武器装备、尖端技术产品和稀有物资等三大类上万种产品。禁运货单又分 4 类:I 号货单为绝对禁运品,如武器和原子能物资;II 号货单属于数量管制;III 号货单属于监视项目;第 4 大类为中国禁单,即对中国贸易的特别禁单,该禁单所包括的项目比对苏联和东欧的国家所适用的禁单项目多,在 20 世纪 50 年代约有 500 种。同时,II 号货单对中国执行得更严格。朝鲜战争爆发后,美国等巴统成员国对华封锁禁运越来越严厉。②

美国等西方资本主义国家对中国实行的经济封锁,导致西方国家在华商贸公司大都陷入瘫痪状态,陆续放弃经营、申请歇业或作价转让给中国政府。1950—1952 年,中国境内的外资企业进一步衰落,在国民经济中处于微不足道地位(见表 1-1)。

表 1-1　1949—1952 年外国在华企业资产变化情况③

类别	新中国成立初/千元	1949 年(以新中国成立初为100)	1950 年(以新中国成立初为100)	1951 年(以新中国成立初为100)	1952 年(以新中国成立初为100)
工业	450403	99.6	99.4	97	26.1
公用事业	456649	99.7	35.3	35.3	15.5
银行保险业	13394	100	97.1	95.4	95.4
航运码头仓库业	59859	100	93.2	91.7	91.7

---

① 1985 年西班牙加入,1989 年澳大利亚加入。至此,巴统一共有 17 个正式成员国。
② 董志凯:《应对封锁禁运——新中国历史一幕》,社会科学文献出版社 2014 年版,第 11—26 页。
③ 武力:《中华人民共和国经济史》,中国时代经济出版社 2010 年版,第 119、120 页。

续表

类别	新中国成立初/千元	1949年（以新中国成立初为100）	1950年（以新中国成立初为100）	1951年（以新中国成立初为100）	1952年（以新中国成立初为100）
进出口业	113683	99.9	96.9	24.8	22.4
房地产业	104842	100	100	99.1	91.6
其他商业	8707	99.9	85.5	74.6	66.1
新中国成立前歇业有遗留财产者	18627	90.9	89.7	85.6	83.5
合计	1226164				

三、实行"一边倒"型对外开放

中国共产党在抗日战争和解放战争时期，与苏共关系是复杂的。一方面苏共对中国抗日战争和解放战争曾经提供援助，中苏是同盟战友关系；另一方面，中国共产党坚持把马克思主义的基本原理同中国革命的具体实践相结合，对斯大林在中国革命问题上的一些错误主张进行了抵制，所以斯大林对中国共产党常持怀疑和保留态度。在1948年南斯拉夫共产党人坚持自己的独立立场，斯大林错误地将南共开除出情报局，并与南斯拉夫中断了正常的外交关系后，对中国共产党更加特别敏感和警惕。尤其是中国共产党执行正确的统一战线政策，准备吸收一些民主党派和无党派人士参加新中国的政府工作，斯大林又怀疑中国共产党会不会执行亲英美的路线。

在20世纪40年代后期两大国际集团紧张对峙中，正在为新中国的诞生进行殊死奋斗的中国共产党人对外战略选择的余地非常小。不是倒向西方阵营，就是倒向东方阵营，可谓没有中间道路可走。中国共产党人认真总结了19世纪中叶以来中国人民革命斗争的历史经验和教训，又面临美国政府"扶蒋反共"政策的伤害，深刻地认识到中国革命欲达到胜利和巩固胜利，必须倒向社会主义阵营。1949年6月30日，毛泽东主席发表了《论人民民主专政》一文，在文中明确提出了新中国外交"一边倒"的方针。这种表态对消除苏共与斯大林的偏见和疑虑，增强相互间的了解和信任，加强友谊和合作，是完全必要的。

1949年9月，周恩来在政协第一届全国委员会第一次会议所作的报告中明确指出,新中国的经济政策就是"实行公私兼顾、劳资两利、城乡互助、内外交流的政策,以达到发展生产繁荣经济的目的"①。所谓"内外交流",就包含恢复和发展对外贸易。

新中国宣告成立的第二天,苏联政府宣布承认新中国,两国建立了外交关系。随后,中国和东欧一系列民主主义国家建立了外交关系。而当时美国不承认新中国,并极力阻挠其他资本主义国家在外交上承认新中国,还在经济上对新中国实行封锁禁运。两相对照,促使新中国政府更坚定地采取"一边倒"的方针。这是由当时的历史条件决定的。毛泽东主席指出:"一边倒,是孙中山的四十年经验和共产党的二十八年经验教给我们的,深知欲达到胜利和巩固胜利,必须一边倒。积四十年和二十八年的经验,中国人不是倒向帝国主义一边,就是倒向社会主义一边,绝无例外。"②

1950年2月14日,中国总理兼外长周恩来和苏联外长安德烈·维辛斯基在莫斯科克里姆林宫签署了《中苏友好同盟互助条约》《中苏关于中国长春铁路、旅顺口及大连的协定》《中苏关于贷款给中华人民共和国的协定》。

《中苏友好同盟互助条约》包括前言和六个条款,以下所列为主要的内容。"缔约国双方保证共同尽力采取一切必要的措施,以期制止日本或其他直接间接在侵略行为上与日本相勾结的任何国家之重新侵略与破坏和平。一旦缔约国任何一方受到日本或与日本同盟的国家之侵袭因而处于战争状态时,缔约国另一方即尽其全力给予军事及其他援助。""缔约国双方均不缔结反对对方的任何同盟,并不参加反对对方的任何集团及任何行动或措施。""缔约国双方根据巩固和平与普遍安全的利益,对有关中苏两国共同利益的一切重大国际问题,均将进行彼此协商。""发展和巩固中苏两国之间的经济与文化关系,彼此给予一切可能的经济援助,并进行必要的经济合作。"

在《中苏关于中国长春铁路、旅顺口及大连的协定》中,苏联宣布放弃它原来在中长铁路、旅顺口及大连享有的权利。

《中苏关于贷款给中华人民共和国的协定》规定:苏联从1950年至1954年,贷款给中国3亿美元,年利为较优惠的1%;这笔贷款作为中国偿付苏联卖给中国的机器设备与器材之用;中国在1963年底以前,将用原

---

① 《周恩来选集 上卷》,人民出版社1980年版,第370页。
② 《毛泽东选集 第四卷》,人民出版社1991年版,第1471—1473页。

料、茶叶、美元等分期还清这笔贷款及利息。

在上述条约和协定签订的同时,中苏外长还以互换照会的形式声明,1945年8月14日苏联与中国国民党政府缔结的各项条约及协定均失去其效力;同时宣布,苏联将其在东北自日本手中所获得的财产及过去在北京兵营的全部房产,无偿移交中国政府。

《中苏友好同盟互助条约》及有关协定的签署,使得中苏关系进入了一个新时代,中国成为社会主义阵营重要成员的地位在法律形式上得到了确认。这在一定程度上为新中国提供了一个有利的外部环境,并争取到了苏联大规模的经济援助,为战后千疮百孔的国民经济的恢复和发展提供了极其有利的条件。

1950年4月19日,中苏两国政府签订了贸易协定,这是新中国与外国签订的第一个政府间的贸易协定,它为两国间的经贸发展开拓了宽广的道路。

"一边倒"型对外开放很快就对中国进出口贸易产生了极大影响(见表1-2)。

表1-2 中国进出口贸易额国别比重[①]　　　　　　　　单位:%

年份	进口总额	从苏联进口	从东欧等国家进口	出口总额	对苏联出口	对东欧等国家出口
1950	100	32.9	0.5	100	28.7	3.5
1951	100	53.5	5.4	100	48.8	23.1
1952	100	66.1	15.7	100	57.9	19.2

从表1-2可以看出,中国从苏联、东欧等国家进口贸易额占进口总额比重从1950年的33.4%上升至1952年的81.8%,中国对苏联和东欧等国家出口贸易额占出口总额比重从1950年的32.2%上升至1952年的77.1%,贸易比重可谓跳跃式上升,进出口都已占主要地位。1952年,无论是进口还是出口,苏联都已占据中国贸易对象国的第一位。

在实行"一边倒"型对外开放的同时,为了打破美国的封锁禁运政策,开展我国同世界各国的交往,周恩来总理十分注意从贸易上寻找突破口,通过贸易,特别是对西方国家的贸易,唤起各国的舆论,调动工商界的积极性,造成"以民促官"的态势,促使某些西方国家政府放宽贸易限制,打破

---

① 根据国家统计局:《中华人民共和国商业统计资料汇编(1958)》相关数据整理而成。

"封锁",逐步向邦交正常化方向发展。1952年4月,莫斯科国际经济会议召开。周恩来总理认为这是打开西方贸易关系,打破美国对我国的封锁禁运政策的"很重要的机会"。周恩来总理对参加国际经济会议的中国代表团副团长说:"在对外贸易上,我们不能全倒在苏联、东欧这个摊子上,应该而且只要有可能就一定要同西方国家打交道。"他说:"你们小伙子去冲一冲,争取打开我们同西方国家贸易往来的局面。如果美国人愿意同你往来,你也要敢于同他往来。"①会议期间,中国代表团同40多个国家的贸易界人士进行了广泛的接触,交换发展贸易的意见,结识了许多朋友。中国国际贸易促进委员会就是在1952年5月成立的。根据这次会议的倡议,一些与会国家代表团回国后成立了促进东西方贸易的民间团体。

第二节 1949—1952年国民经济恢复状况

上节论述了对外贸易发展的国际关系背景,本节论述对外贸易发展的国内经济背景。为了巩固新生的人民政权,改善人民生活,并为社会主义建设和社会主义改造准备条件,必须迅速医治战争创伤,恢复国民经济。恢复工作开始时面临着很大困难:帝国主义对新中国实行经济封锁和战争挑衅,残留在大陆的国民党武装尚待肃清,20世纪40年代持续多年的恶性通货膨胀和物价飞涨严重破坏了国内城乡市场秩序等。面对严峻的国际形势和百废待兴的国内局面,新生政权在新民主主义理论指导下,建立新民主主义经济体制,采取了一系列措施恢复千疮百孔的国民经济,取得了非凡的成就。

一、"一穷二白"——旧中国的历史遗产

在即将取得全国政权时,毛泽东主席告诫全党:"这只是万里长征走完了第一步","以后的路程更长,工作更伟大,更艰苦",务必"继续地保持谦虚、谨慎、不骄、不躁的作风",务必"继续地保持艰苦奋斗的作风"。要治天下,就必须把处理好经济问题放在极为重要的地位,这关系到中国共产党能否赢得全国民心,新政权能否在全国巩固建立等大问题。

在古老的中华大地上,华夏民族生生不息、代代传承,创造了人类历史

---

① 雷任民:《回忆周总理对外贸工作的关怀和指导》,载《不尽的思念》,中央文献出版社1987年版。

上灿烂辉煌的中华文明。但是,在新中国成立之前,中国是落后的半殖民地半封建性质国家。由于帝国主义、封建主义和官僚资本主义的长期压榨掠夺,以及连年战争的摧残破坏,中国经济文化极为落后,可用"一穷二白"来概括。中国共产党面临如何处理旧政权留下的"烂摊子",特别是解决延续多年的恶性通货膨胀问题,所承继的历史遗产可谓基础十分薄弱,负担十分沉重。当时逃到台湾的蒋介石曾认为,仅解决大陆5亿多人口的吃饭问题,就是中国共产党人难以负担的极大包袱。国内工商界的资产阶级代表断言"共产党是军事100分,政治80分,财经打0分"①,十分怀疑中国共产党人的执政能力。

毛泽东将迎接"治天下"的新考验喻为"进京赶考",而如何认识当时国情,就是"赶考"的起点。毛泽东认为,必须清醒地认识当时国情的一个基本方面——中国的工业和农业在国民经济中的比重。他指出:"就全国范围来说,在抗日战争以前,大约是现代性的工业占百分之十左右,农业和手工业占百分之九十左右。这是帝国主义制度和封建制度压迫中国的结果,这是旧中国半殖民地和半封建社会性质在经济上的表现,这也是在中国革命的时期内和在革命胜利以后一个相当长的时期内一切问题的基本出发点。"②这表明对当时国情的认识,最基本的就是要了解旧中国留下的经济遗产。

具体来讲,旧中国留下的经济遗产主要特点可分为以下5个方面。

1. 农业生产方式基本上仍是以手工个体劳动为主

中国是农业大国,在农业方面,人口与资源的矛盾十分突出。1949年,农业中最基本的生产资料——耕地,其面积仅占国土总面积的10.2%,而当时的中国人口已达到5.4亿,占世界人口总数的25%,中国的人均耕地面积仅为世界人均占有量的一半(1949年中国人均耕地面积为2.7亩,世界人均耕地面积为5.5亩)。③封建生产关系在广大农村占统治地位,土地占有分配状况极不合理,大部分土地集中在地主和富农手里,而占农村人口大多数的贫农、雇农和中农则只占有极少的土地。

农业生产方式基本上仍是以手工个体劳动为主,劳动生产率低下。即使以旧中国曾经达到的最好水平衡量,其产品产量与世界各国相比也是很低的(见表1-3)。

---

① 薄一波:《陈云的业绩与风范长存》,《人民日报》1996年4月10日。
② 《毛泽东选集 第四卷》,人民出版社1991年版,第1430页。
③ 武力:《中华人民共和国经济史1949—1999》,中国经济出版社1999年版,第81页。

表 1-3　1949 年世界若干国家粮食亩产表① 单位:斤

国家	亩产	国家	亩产
中国	127	罗马尼亚	101
美国	218	南斯拉夫	172
日本	399	印度	96
法国	217	巴西	156
联邦德国	356	加拿大	135
英国	350	阿根廷	141

这样落后的农业基础,又经过多年的战争破坏,到1949年,主要农产品产量与新中国成立前最高年产量相比又普遍有所下降。1949年全国平均亩产量粮食为137斤,棉花为21斤,人均占有粮食418斤,棉花1.6斤,油料9.5斤。② 全国虽然有80%的人口从事农业生产,但每年都需大量进口粮食和棉花。

2. 工业发展基础十分薄弱

新中国成立时,中国还是较落后的农业国,机器工业产值在工农业产值中所占的比重很低。1949年,中国的工农业结构为:工农业总产值中农业占70.0%,工业占30.0%,其中轻工业占22.1%,重工业占7.9%。③ 在工业内部,手工业产值所占比重较高。

新中国成立之前的工业技术水平十分低下,即使在机器作业的工厂中,由于资本投入不足、技术水平低,劳动生产率很低。据当时统计,就人均净产值比较,中国工厂中工人的劳动生产率相当于英国的1/9,美国的1/19。中国工业门类很不齐全,主要工业品的产量都很低。薄弱的工业基础加上战争的破坏,到1949年,我国的工业品产量与新中国成立前最高年产量相比又有了大幅度下降。④

3. 基础设施受到严重破坏

在近现代国民经济建设中,基础设施⑤建设是一个国家产业的前沿和

---

① 吴承明、董志凯:《中华人民共和国经济史　第一卷(1949—1952)》,中国财政经济出版社2001年版。
② 吴承明、董志凯:《中华人民共和国经济史　第一卷(1949—1952)》,中国财政经济出版社2001年版,第171、172、184页。
③ 国家统计局:《中国统计年鉴(1983)》,第20页。
④ 巫宝三、汪馥荪:《抗日战争前中国的工业生产和就业》,《经济研究》,2000年第1期。
⑤ 基础设施主要指交通、通信、市政、水利等在城乡近现代建设中起着先行和基础作用的产业。

中心,基础设施完备与否,决定一国经济能否持续高效地发展。然而旧中国在这些方面的遗产很有限,特别是在长期战争摧残之后,仅有的设施亦大部分被毁。近代中国曾出现两次铁路建设高潮,但是由于受到战争和资金短缺的影响,到1949年新中国成立时中国的铁路里程总长仅为2.2万公里,还没有英国1880年所拥有的铁路里程数多。1949年各地解放时,能通车的公路只有8.07万公里,而且公路路况极差,战争期间公路桥梁、车辆设备以及车辆设施等都遭到了严重破坏。轮运业在近代交通运输中占有重要地位,但是随着国民党军队的败退,70%以上的轮船被挟持到台湾或就地炸沉,一些民族航运企业的运输船舶被迫滞留海外,亟待修复的港口、航道和船厂等基础设施也遭破坏。旧中国水利设施失修,连年战争极大降低了社会抵御自然灾害的能力。城市市政设施基础也很差,加之连年战争破坏,大部分破烂不堪,难以维持城市经济社会的基本运行。

4. 人均国民收入很低,人民生活非常困难

当时的中国,是世界上最穷的国家之一。根据联合国亚太事务委员会的统计,1949年中国的人均国民收入只有27美元,不仅不足印度57美元的一半,也远远低于当时整个亚洲44美元的人均收入。① 旧中国的贫穷落后,再加上连年战争,1949年城市中失业人数约有400万人,农村灾民约有4000万人,人民生活普遍困苦。而在国民党统治的最后年代,恶性通货膨胀已经持续多年,加剧了人民生活困难。新中国成立之初,由于财政赤字巨大,生产破坏严重,投机倒把盛行,通货膨胀和物价波动仍然十分厉害。1949年4月、7月、11月和1950年2月,全国各地区曾发生四次大规模的物价上涨。据统计,全国12个大城市批发物价指数以1948年12月为100,则1949年1月为153,7月为1059,11月就上涨到5376。② 另外,新中国成立初大量工厂停工破产,失业人口剧增,城乡居民收入大大降低,在这种状况下,人民的生活非常困难,消费和积累都在减少。

5. 文教卫生事业发展水平低下

旧中国的教育很不发达,学校太少,分布也不平衡。中学大多数设在县城,有的县无中学,有些乡镇无小学。据统计,1949年全国各级学校在校学生总数为2577.8万人,占全国总人口的4.76%(见表1-4)。全国每万人口中仅有大学生2.2人,中学生23人,小学生450人。③ 科研力量十分薄

---

① 引自 http://www.gansudaily.com.cn/20021122/504/2002B22A00331004.htm。
② 孙健:《中国经济通史 下卷》,中国人民大学出版社2000年版,第1495页。
③ 国家统计局编:《中国统计摘要(1983)》,中国统计出版社1983年版,第87页。

弱,尽管科研人员以满腔爱国热忱,在地质学、生物学、气象学等地域性调查工作上取得了成就,在一些可以不依靠实验设备的领域开展了研究工作,但是就整体而言,现代科学技术在旧中国几乎是一片空白。① 医疗卫生事业也很不发达。1949 年,全国卫生机构总共只有 3670 个,每千人口医院床位数为 0.15 张,每千人口医生数只有 0.67 人。农村的医疗卫生条件更加落后,许多地方根本没有正规的医务人员,疾病的防治工作很不健全,许多传染病仍在肆虐。

表 1-4　1949 年各级普通学校情况②

分类	学校数/个	学生数/万人	教职工数/万人	专任教师数/万人
普通高等学校	205	11.65	4.6	1.61
普通中等学校	5219	127.05	12.8	8.22
小学	346769	2439.10	84.9	83.60

中国拥有 56 个民族,在经济、宗教、文化方面差异大。除了生产力发展水平低、经济落后之外,在政治上,由于封建专制的统治时间长,个人集权制、终身制、等级制、家长制的影响深;在思想文化上,宗法观念、等级观念、文化专制主义、蒙昧落后、夜郎自大等影响也很深远。新中国就是在这样薄弱、落后的基础上建立起来的,这也预示了她在建设和发展的过程中要经历一条比别人更加曲折、坎坷和艰辛的道路。

上述旧中国所留下遗产的主要特点,说明新中国成立初期社会生产力水平仍然很低。新民主主义理论是中国共产党人将马克思主义理论与中国实际相结合的理论创新,反对本本主义、拒绝社会主义空谈,认识到中国人口多、底子薄、生产力水平低等基本国情,决定了中国不可能像十月革命时期的苏俄那样,很快进入社会主义社会;而中国人头脑中根深蒂固的封建文化影响,又往往使民主革命不能彻底。因此,中国的发展不能跨越新民主主义社会③而直接进入社会主义社会。新中国成立初期,中国处在新

---

① 武衡、杨凌:《当代中国的科学技术事业》,当代中国出版社 1992 年版,第 4 页。
② 国家教委计划建设司:《中国教育统计年鉴(1990)》,人民教育出版社 1991 年版,第 4—11 页。
③ 在新民主主义社会条件下,既存在着社会主义因素,又存在着非社会主义因素。在经济结构中,存在着私人资本主义经济、个体经济和国家资本主义经济;在政治结构中,民族资产阶级作为一个阶级参加国家政权管理;在文化领域,存在各种非无产阶级思想。社会主义因素是,经济上国营经济和合作社经济的主导地位,政治上工人阶级的领导地位,文化上马克思主义的指导地位。

民主主义社会阶段,这一点已在1949年中国人民政治协商会议第一届全体会议上通过的《中国人民政治协商会议共同纲领》(简称《共同纲领》)中得以明确。

二、治理通货膨胀与调整工商业

由于20世纪40年代国民党政府长期滥发纸币,通货恶性膨胀,物价不断飞涨,城市中私人投机资本兴风作浪,哄抬物价。上海等地解放后,国民党政府遗留下的物价飞涨而市场混乱局面尚无好转。新生人民政权尚无统一的税收政策和税收系统,部队作战费和公教人员生活费,很大部分不得不靠发行钞票来解决。这在一定程度上又加剧了物价上涨。当时,能否制止持续多年的恶性通货膨胀,迅速稳定市场,实现社会经济的安定与发展,是关系新生政权能否站住脚的重大问题,也是对中国共产党执政能力的一次重大考验。

1949年7月,陈云任中央财政经济委员会(简称中财委)主任不久,就来到上海这一全国投机商力量最雄厚的城市,深入调查研究,主持召开由华东、华北、华中、东北、西北5大区财经领导干部参加的上海财经会议,亲自组织和指挥"控制物价,稳定市场"的特殊"战役"。经调查研究,陈云认识到:首先必须统一财经,统一货币发行。1949年中国人民银行总行向所属机构发出收回旧币的指令,要求各级银行通过业务收回、兑换等多种渠道,对旧币只收不出。这样,到新中国成立初,全国已经基本上形成了人民币的统一市场,中国大陆迎来了币制真正统一的时代。陈云又率领中财委从体制上进行统一国家财政经济工作。在统一全国财政收支、统一全国物资调度和统一全国现金管理的同时,开始加强征收工商税和农业税的工作,发行了一部分公债,并大力节约国家机关经费的开支,使财政收支迅速接近平衡。到1951年,国家财政已有余额10.6亿元,为平抑物价创造了条件。

陈云认为:用于吃和穿的生活必需品粮食和纱布,是市场上左右物价的主要商品,也是投机活动的主要对象;国家掌握足够数量的粮食和纱布,是控制物价、稳定市场的主要手段;控制物价、稳定市场工作的重点在大城市,首先是上海。为了夺取这一"战役"的胜利,以陈云为首的中财委采取了以下果断措施:一是控制货币发行,加强现金管理;二是整顿税收,吸收游资以紧缩通货,发展供销以促进生产、流通;三是统一调度粮食,加强征收公粮管理,集中物资以控制煤、棉等供应;四是统一行动,打击投机倒把分子。为了取得市场的领导权,在城市中,积极恢复和发展国营工业,建立和扩大国营商业,在农村中迅速普及供销合作社,加强工农业产品的收购工作,同时突击恢复铁路交通、改进物资调运。经过紧张工作,国营贸易公司已掌握了大部分商品粮,并掌握了棉纱供应量的30%,棉布供应量的50%,煤炭供应量的70%,食盐供应量的60%。1949年10月中旬,投机商再次兴起涨价风潮,向刚刚成立的新中国政府挑战。中财委经过充分准备和周密部署,先调运大量粮食到华北以稳定北方市场,震慑住京津一带的投机资本,然后将大量粮食、纱布等运往上海,着手打击上海等地的投机势力。在上海等城市,国营经济先按市场高价大量抛售物资以塞绝投机资本,然后又继续降价抛售,并规定公家的钱只能存放在国家银行,不得向私营银行和私营企业贷款。这一抛(抛售粮食和纱布)一收(收紧银根),使哄抬物价的投机商"两面挨耳光"。投机商为了归还高利短期借款,不得不杀价出售存货,纷纷破产。各地市场从1949年11月15日起已趋向稳定,12月10日物价上涨风潮便告一段落。资产阶级代表人物也不得不为之折服,说"中共此次不用政治力量,仅用经济力量,就能稳住物价,是我们所料不到的"。这次用经济手段在短期内平抑物价的斗争,史称"米棉之战"。此后,国营经济初步取得了稳定市场的主动权。

到新中国成立前夕,国民党官僚资本约占中国全部工业资本的2/3,全部工业、交通运输业固定资产的80%。中国共产党实行了没收官僚资本的举措,凡属国民党反动政府和大官僚分子所经营的工厂、商店、银行、仓库、船舶、码头、铁路、邮政、电报、电灯、电话、自来水和农场、牧场等,均由人民政府接管。通过没收官僚资本,加上解放区的公营经济和处理的一部分外资在华企业,人民政府建立起了庞大的国营经济,并在国民经济中占有重要地位。据统计,1949年,社会主义国营工业在全国工业总产值中所占比重为26.2%,在全国大工业总产值中所占比重为41.3%,其固定资产占全部工业企业固定资产的比重为80.7%。社会主义国营经济已经拥有全国电力产量的58%,原煤产量的68%,生铁产量的92%,钢产量的97%,水泥产量的68%,棉纱产量的49%,近代化的交通运输事业、金融事业也大部分掌握在国营企业手中。①

尽管如此,私营工商业在社会经济发展中的作用依然不可忽视。当时,全国有资本主义工业企业12.3万余家,职工164万余人,占全国工业

---

① 国家统计局:《我国的国民经济建设和人民生活》,统计出版社1958年版,第7、8页。

职工的54.6%，生产总值占全部工业总值的48.7%。① 在新民主主义经济体制中，私营工商业仍然占有重要地位，应当在国民经济恢复和发展中发挥较大作用。但是，这一时期私营企业在生产中具有很大的分散性、自利性和盲目性，在新中国成立初经济剧烈波动的冲击下，发生了严重的经营困难，同时也难以适应和配合国家的计划发展。

关于私营工商业的经营困难，陈云经认真分析认为：这首先是与旧中国恶性通货膨胀环境下许多私营工商业者抢购囤积的商品，承担着沉重的债务有关，因为资金短缺、债务负担而造成的破产倒闭、停工歇业，成为一种普遍现象；"第二是过去适合于殖民地半殖民地经济发展起来的若干工商业，由于帝国主义的统治及封建主义和官僚资本主义在中国的消灭，许多货物失去市场，另有许多货品也不合人民需求的规格"；"第三是许多私营企业机构臃肿，企业经营方法不合理，成本高，利润少，甚至还要亏本"；"第四是经济中的盲目性，同一行业内部盲目竞争，地方与地方之间供求不协调，这也引起许多企业减产、停工和倒闭"。陈云还指出，长期战争，人民购买力大为降低，以及季节的影响，公债的发行等，也是造成私营工商业困境的因素。陈云指出："这些问题现在之所以突出，是因为长期间存在的半殖民地半封建的经济情况现在发生了根本的变化。变化虽然有痛苦，但这种变化的性质，却并不是坏的，它将走向新生，走向重建，走向繁荣，走向健全的新民主主义经济的建立。"②

陈云在1950年4月12日召开的中财委党组会上指出："我们既然在经济上承认四个阶级，有利于国计民生的私人工商业就要让他发展，有困难就要帮忙。"他还强调："有些资本家现在遇到困难，提出要公私合营，我们不能随便答应，要考虑利弊得失，不能一说合营就都是好的。"③同年6月召开的中共七届三中全会做出了调整工商业的决定，此后在陈云直接指导下，中财委召开了一系列会议研究、制定调整工商业的措施，其基本环节是调整公私关系、劳资关系和产销关系。调整公私关系就是在保证国营经济的领导地位的同时，促进私营工商业的发展，将其纳入国家计划轨道上来，并在政策上给予适当支持和照顾；调整劳资关系就是在"劳资两利"的政策下，用平等协商的办法解决劳资纠纷，正确处理资本家与工人之间的关系；调整产销关系就是克服资本主义生产中的无政府状态，根据"以销定产"的

---

① 孙健：《中国经济通史 下卷》，中国人民大学出版社2000年版，第1508页。
② 《陈云文选 第二卷》，第102页。
③ 《陈云年谱》（修订本），中央文献出版社2015年版，第62页。

原则,使产销之间渐趋平衡。陈云还特别提出发两路"救兵",一为加工订货,国家出钱买私营企业产品;一为收购土产,农民有了钱,工业产品就好卖了。实践证明,收购土产对扩大城乡交流的作用更大。[①] 中共还开展"三反""五反"等运动[②],也进行禁毒、禁赌、禁娼,清除黑社会组织等社会顽症,为民族工商业健康发展提供了有利的社会环境。

这些举措进一步贯彻落实了"保护民族工商业"这一新民主主义经济纲领,私营工商业歇业户不断减少,开业户不断增多,经营已有相当利润,产量有明显增加,城乡物资交流进一步扩大,能够发挥有利于国计民生的积极作用。[③]

三、国民经济的全面恢复和发展

经过三年的恢复,到1952年,全国的经济已经有了很大的起色。

1. 农业方面

全国农业总产值按1952年不变价格计算已达484亿元,比1949年增长48.5%,农村经济基本恢复到历史最高水平。其中1952年全国粮食总产量16392万吨,比1949年增长44.8%,超过历史水平9.3%;主要经济作物的产量也在迅速提高,棉花总产量130.4万吨,比1949年增长193.7%,超过历史水平53.6%。[④] 农作物生产中使用机械的情况也不断增长。林、牧、副、渔业也有了显著的发展。1952年,全国林业产值达到2.9亿元,比1949年的1.6亿元增长了81.3%;渔业总产值从1949年的0.6亿元增加到1952年的1.3亿元,增长116.7%;大牲畜头数1952年为7646万头,比1949年增长27.4%,也超过了1949年前最高年产量。此外,全国农村副业产值从1949年的11.6亿元增加到1952年的18.3亿元,增长57.8%。[⑤]

2. 工业方面

工业生产增长很快,1952年工业总产值达到349亿元,比1949年增长

---

① 孙业礼、熊亮华:《共和国经济风云中的陈云》,中央文献出版社1996年版,第50、51页。
② "三反"运动指在国家机关、部队和国营企事业单位开展的反贪污、反浪费、反官僚主义的斗争。"五反"运动是指在资本主义工商业者中开展的反行贿、反偷税漏税、反盗骗国家财产、反偷工减料、反盗窃国家经济情报的运动。
③ 吴承明、董志凯:《中华人民共和国经济史 第一卷(1949—1952)》,中国财政经济出版社2001年版,第370—372页。
④ 《中国统计年鉴(1983)》,第149、158、159、185页。
⑤ 《中国统计年鉴(1983)》,第150、177页。

了149.3%，即增长了近1.5倍。这一增长速度与同期美国、苏联、英国等主要国家相比是最高的。① 主要产品的产量迅速增长，并大大超过了1949年前的最高年产量，其中钢产量由1949年的15.8万吨增至1952年的135万吨，原油产量由1949年的12万吨增至1952年的44万吨，煤产量由1949年的0.32亿吨增至1952年的0.66亿吨。②

轻重工业之间的比例关系也发生了变化，轻工业在工业生产中所占的比重下降了，重工业则有所提高。1949年轻工业产值为103亿元，1952年增长至225亿元；1949年重工业产值为37亿元，1952年增长至124亿元。两者的比例关系：1949年轻工业产值在工业总产值中所占比重为73.6%，1952年下降至64.5%，重工业则由26.4%上升至35.5%。③ 国有工业迅速扩大，所占比重不断增加。1949年，国有工业的产值为36.8亿元，占工业总产值的26.2%，1952年增长至142.6亿元，占工业总产值的41.5%。④

另外，由于采用了一些新的技术设备，推广了先进经验，一些工业部门的劳动生产率得到了提高（见表1-5）。

表1-5 各工业部门主要技术经济定额提高情况⑤

	单位	1949年	1952年
原煤回采率	%	63.1	75.3
高炉利用系数	立方公尺/吨	1.622	0.977
平炉利用系数	吨/平方公尺	2.423	4.782
棉纱每千锭时产纱量（折合数）	公斤	20.74	25.17
棉布织机每台时产量（折合数）	公尺	3.372	4.146

3. 财政金融

经过努力，人民政府多管齐下的措施很快奏效，全国金融物价逐步稳定，全国商品零售物价指数以1950年3月为100，同年12月为85.2，1951年为92.4，1952年为92.6，结束了长达12年的通货膨胀的局面。⑥ 投机资本危害国内市场十余年，蒋介石父子曾用强权也无奈其何，而人民政府

---

① 《中国统计年鉴(1983)》，第16页。
② 《中国统计年鉴(1983)》，第242—245页。
③ 《中国统计年鉴(1983)》，第16—20页。
④ 《中国统计年鉴(1984)》，第194页。
⑤ 国家统计局：《我国的国民经济建设和人民生活》，统计出版社1958年版，第69页。
⑥ 何德章、赵德馨：《中国经济通史 第十卷》，湖南人民出版社2002年版，第46页。

用了不到一年的时间就把市场物价完全稳住,治理了投机资本。到1951年,国家财政已有余额10.6亿元,1952年继续有余额7.7亿元,实现了财政收支完全平衡并略有结余的目标。财政收支状况的改善,不仅保证了市场金融物价的稳定,还使国家得以挤出部分资金进行重点建设和投资。1950—1952年,国家基本建设拨款总数为86.2亿元,占三年财政支出总和的23.5%。① 这为以后的大规模经济建设打下了基础,同时也为国民经济的全面恢复和发展创造了良好的环境。

4. 商品流通

在物价稳定、财政经济管理统一的情况下,政府对商业贸易的重视使得国内商品流通迅速恢复和发展起来,基本上形成了一个以国营商业为领导的、以合作社商业为助手的全国性贸易网。1950年社会商品零售总额为170.6亿元,1952年增长至276.8亿元。1950年社会主义商业在全部商品零售额中所占的比重为14.9%,私营商业所占比重为85.1%;1952年,社会主义商业所占比重增长至42.8%,而私营商业所占比重则下降为57.2%。②

5. 交通运输

新中国成立之初,面对破坏严重、几近瘫痪的交通运输状况,人民政府采取了一系列恢复和建设的措施,并取得了很大成果。1949年修复铁路8300多公里,修复桥梁2715座;1950年,修复的铁路达到14089公里,修复的桥梁达90.5公里。到1952年又兴建了来睦、成渝和天兰三条铁路线,共长1263公里。③ 这样一来,全国铁路通车里程大大增加,达到2.29万公里。公路建设也取得了很大成绩,到1952年,全国公路通车里程已由1949年的8.07万公里增长到12.67万公里,道路质量和通车区域也都有所超越。另外,内河航运和民用航空事业也得到了迅速发展。1952年内河通航里程达到9.50万公里,比1949年增加29.1%;民用航空航线在1950年才正式开通,到1952年已达到1.31万公里。④ 交通运输业的恢复和发展极大地便利了各地间的交流,促进了工农业发展和人民生活水平的提高。⑤

---

① 《中国统计年鉴(1983)》,第445、448页。
② 孙健:《中国经济通史 下卷》,第1540页。
③ 孙健:《中国经济通史 下卷》,第1535页。
④ 《中国统计年鉴(1983)》,第299页。
⑤ 《中国统计年鉴(1983)》,第302、306页。

6. 人民生活

在国民经济恢复和发展的同时，人民生活水平也得到了改善和提高。首先，农民的收入有所提高，①农民的生活有了明显的改善，他们说："土地改革后，一年够吃，二年添置用具，三年有富余。"②其次，就业人数不断扩大，到 1952 年全国职工人数已达 1580.4 万人，为 1949 年全国职工人数 800.4 万人的 197.5%。职工工资收入也不断增加，1952 年，全国国营企业职工工资比 1949 年增加了 60%～120%。全国职工平均工资，1952 年比 1949 年增加了 70%。再次，劳保和福利事业得到了发展。从 1950 年起，政府首先在大中型企业职工中实行劳动保险制度和在公教人员中实行公费医疗制度，至 1952 年，享受劳动保险的职工达 330 万人，享受公费医疗的人数达 400 万人。政府还投资改善职工住房条件，给予女工特殊照顾等。③

另外，我国的文教卫生事业也有很大的发展。在教育方面，1952 年，全国有大学生 19.1 万人，中等专业和普通中学学生 314.5 万人，小学生 5110 万人，学生总数已达 5443.6 万人，比 1949 年增加了 2866 万人。在医疗卫生方面，1952 年全国卫生机构由 1949 年的 3670 个增加到 38987 个，增长了 9.6 倍；医院和床位数量分别由 1949 年的 2600 个和 8 万张，增加到 3540 个和 16 万张。④ 妇幼保健事业发展很快，霍乱、鼠疫等传染病基本上得到了控制，人民的健康水平有了显著提高。

在国民经济的迅速恢复和发展方面，新生政权取得了决定性的胜利，新民主主义经济体制在全国巩固地建立起来。这些都为进出口贸易的发展提供了坚实的基础。

第三节　国家统制贸易体制的建立

在严峻的国内外经济环境下，《中国人民政治协商会议共同纲领》规定我国"实行对外贸易的管制，并采用保护贸易政策"。新中国对外贸易管理体制很快建立起来，对外贸易主体也发生重要变化，国营贸易公司所占进出口额比重逐年上升，至 1952 年已达 92.8%。新中国驻外商务机构相继

---

① 董志凯：《1949—1952 年中国经济分析》，中国社会科学出版社 1996 年版，第 319 页。
② 杜润生：《中国的土地改革》，当代中国出版社 1996 年版，第 567 页。
③ 董志凯：《1949—1952 年中国经济分析》，中国社会科学出版社 1996 年版，第 320、321 页。
④ 《中国统计年鉴(1983)》，第 511、540—542 页。

设立。为了发展国际正常经济贸易关系,成立了中国国际贸易促进委员会。

一、对外贸易管理体制的建立

1949年,上海等城市解放后,美国联合其他西方资本主义国家开始对中国实行封锁。国内也存在着工人阶级和资产阶级的矛盾,尤其是投机商大肆进行投机活动,造成国内物价上涨,市场混乱,加剧财政经济困难。在这种历史背景下,要打破国外反华势力封锁,战胜投机商,必须有计划地集中使用社会资源,在国家集中领导和统一管理下,充分利用有限的资源开展对外贸易活动,已成为当时的必然选择。

1949年3月召开的中共七届二中全会,确立了中国革命迫近全国胜利下的方针和步骤,确立了全国胜利后中国要实现由新民主主义社会向社会主义社会转变的奋斗目标,确定了新中国"对内的节制资本和对外的统制贸易"这两个在经济斗争中的基本政策,为建立和发展新中国对外贸易制度指明了方向。

1949年9月,《中国人民政治协商会议共同纲领》第三十七条明确规定,我国"实行对外贸易的管制,并采用保护贸易政策"。

根据1949年9月27日中国人民政治协商会议第一届全体会议通过的《中华人民共和国中央人民政府组织法》第十八条规定,于1949年10月在原华北人民政府工商部及中央商业处的基础上设置中央人民政府贸易部(简称中央贸易部),并在贸易部内又设外贸司,主要承担对国内外贸易进行统一管理和领导等工作。

根据中央人民政府政务院财政经济总计划起草国营贸易及合作社贸易总计划,经中央人民政府政务院批准后实施:

(1)批准全国各专业总公司的业务计划及财务计划并监督其执行;

(2)管理与调度全国一切国营贸易资金及存货;

(3)决定全国各大市场国营贸易公司批发商品的价格;

(4)指导全国私营商业及各级人民政府贸易部门对于市场的管理工作;

(5)颁布全国贸易会计法规。

中央贸易部成立后逐步组建了地方外贸管理机构。除各大行政区设贸易部,在内地省、市由商业厅局监管对外贸易工作外,将口岸省、市已设立的对外贸易管理局(简称外管局)划归中央贸易部直接领导(后来又改为中央和地方双重领导)。

中央贸易部于1950年在该部外贸司下设立了国营外贸公司,专门从事相关的对外贸易工作。由国营外贸公司负责对社会主义国家的贸易统一管理,并对资本主义市场重要物资的进出口业务逐渐进行统一经营和管理。中央贸易部又发出《各地对外贸易管理局与各进出口国营公司工作关系的决定》,规定外管局有关进出口的各种规定各公司必须服从,但是在公司的业务经营上外管局不得加以干涉,明确了政企职责分工。

1949年10月,中央人民政府海关总署在北京成立,由中央人民政府政务院直接领导,实行集中统一的垂直领导体制。

新中国成立后,中央人民政府接管了国民党政府的商品检验局。1949年10月,中央贸易部对外贸易司设立了商品检验处,统一领导全国商检机构和业务,并在天津、上海、广州、青岛、武汉、重庆等地先后设立了商品检验局和商品检验处,建立了独立自主的国家商品检验机构。

1950年12月28日,中央贸易部颁布了《中华人民共和国对外贸易管理暂行条例》和《对外贸易管理暂行条例实施细则》,明确了对外贸易必须置于国家的统一管理之下,统一管理的手段包括制定统一的保护关税税则和税率、实行进出口许可证制度、各种限进奖出措施,以及外汇管理的具体办法等。在此基础上,中央政府逐步在全国范围内改善对外贸易分散管理的情况,以立法的形式保证中央政府在对外贸易管理中的统一领导。

二、对外贸易主体变化

这一时期中国对外贸易主体变化主要包括两个方面:一是建立国营外贸公司;二是改造私营对外贸易企业。

根据中央人民政府政务院关于统一全国国营贸易实施办法的决定,中央人民政府贸易部从1950年2月开始,在原有各大行政区和省、自治区、市一级贸易公司,以及在没收官僚资本主义商业的基础上先后建立了盐业、粮食、油脂、百货、花纱布、煤建、土产、石油、工业器材、畜产、矿产、进口(主要经营对社会主义国家的贸易)、进出口(主要经营对资本主义国家的贸易)等13个专业公司,其中畜产公司由原皮毛、猪鬃、蛋品等3个公司合并而成。这13个专业公司,在中央人民政府贸易部的统一领导下开展工作,分别经营国内商业和对外贸易。各个专业总公司根据其具体业务需要,在省、专区、市、县分别设立各级分支机构,由各全国总公司统一管理、统一经营,并在全国范围内施行统一核算。

第一章 1949—1952年中国对外贸易发展

1949年2月,中共中央在《关于对外贸易方针的指示》中指出:"对外贸易应由国家经营和管制。在目前国家尚不能经营的某些贸易,以及由私人经营无害或害处不大的某些贸易,应该在国家管制之下允许私人经营。所有私人经营出口及进口贸易者,除开照章报关纳税外,须事先将出口或进口货物的种类数量等报告对外贸易局,并经对外贸易局审查批准发给许可证,方得进口或出口。在本条以法律形式公布后,所有未经对外贸易局许可之货物,均不得进口或出口。私自出口或进口者,以走私论处。"[①]

新中国成立之初,全国各口岸共有私营进出口商4600家,从业人员3.5万人。中央人民政府对私营进出口商实行利用、限制和改造的政策,即利用私营进出口商的特殊条件和发展对外贸易的积极作用,经营一部分对资本主义市场的进出口贸易;限制他们的剥削和盲目经营;制止其投机违法活动;并通过走国家资本主义道路,逐步对他们进行生产资料所有制的社会主义改造。

短短3年,中国对外贸易主体发生了重要变化(见表1-6、图1-1)。

表1-6 国营、私营进出口额比重变化[②]

年份	国营比重/(%)	私营比重/(%)
1950	58.4	31.6
1951	84.7	15.3
1952	92.8	7.2

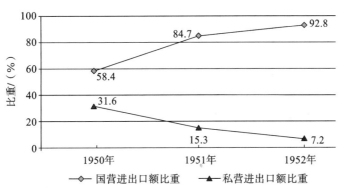

图1-1 1950—1952年中国国营、私营进出口额比重变化[③]

---

① 《关于对外贸易方针的指示》,载《刘少奇论新中国经济建设》,中央文献出版社1993年版。
② 沈觉人:《当代中国对外贸易》,当代中国出版社1992年版,根据第11页数据整理而成。1950年还有外商经营中国进出口业务,它们有的是1950年撤出,有的到1951年才撤出,因此1950年它们还占一定比重。
③ 沈觉人:《当代中国对外贸易》,当代中国出版社1992年版,根据第11页数据整理而成。

从表1-6可以看出,国营贸易公司所占进出口额比重逐年上升,至1952年已达92.8%;相应地,私营贸易商所占进出口额比重逐年下降,至1952年只有7.2%。

三、设立驻外商务机构及建立中国贸促会

1950年4月,中国在驻苏联大使馆成立商务参赞处,这是新中国在国外成立的第一个商务机构。随后,东欧的保加利亚、罗马尼亚、匈牙利、捷克斯洛伐克、波兰、民主德国、阿尔巴尼亚、南斯拉夫,以及欧洲的瑞典、丹麦、瑞士、芬兰、英国、挪威,亚洲的朝鲜、蒙古、越南、印度等国与中国建交。中国在驻这些国家的使馆设立了商务处(室),以加强同各国的经济联系。

1952年5月,中国国际贸易促进委员会(简称"中国贸促会")成立。该会第一任主席为南汉宸,秘书长为冀朝鼎。时值西方国家对新中国实行经济封锁和禁运,中国贸促会同世界各国的民间贸易团体积极开展双边和多边交往,为发展国际正常经济贸易关系而努力。与此同时,中国贸促会同各社会主义国家的商会或工商会及已与中国建交各国的贸易团体也进行了广泛的合作。

第四节 1949—1952年外贸发展的主要特点

1949—1952年,中国对外贸易发展,除了表1-2所示的中国与苏联、东欧的国家进口贸易比重不断上升,无论是进口还是出口,苏联都已占据中国贸易对象国的第一位,以及表1-6所示的中国对外贸易主体发生了重要变化,国营公司占据主要地位等特点之外,还有以下三方面主要特点。

一、实行限进奖出的贸易保护政策

旧中国进口高档消费品较多,贸易逆差大,影响国民经济健康发展。新中国为扭转这一趋势,发展民族经济,在统制外贸的基础上实行限制进口、鼓励出口的贸易保护政策。早在1949年2月,中共中央就在《关于对外贸易方针的指示》中指出,为了争取出口,发展经济,各地政府必须立即注意提高某些重要物资的生产,如棉花、大豆、煤、盐、花生、烟叶、蚕丝、猪鬃、皮毛及某些可以出口的手工业品和工业品。各地对外贸易局及内地贸易局、银行、合作社等,必须在春季发放贷款时,用足以刺激这些物资生产的适当比价向农民及生产者定购这些物资,以便能够提高这些物资的生

产,并便利在收获时的收集,作为自己工业的原料,并争取出口。①

周恩来总理主持起草的《中国人民政治协商会议共同纲领》规定实行对外贸易管制,并采取贸易保护政策。其目的就是保护和发展国内工业,增加出口,按需进口,合理使用外汇。

上述贸易保护思想在对外贸易管理中得到切实贯彻。在进口方面,国家通过进口许可证制、进口外汇的申请制度以及海关税率控制了进口贸易,使之服从国家经济发展的需要。在出口方面,国家制定了大量扶持出口的政策办法,如专项贷款、出口押汇、出口补贴、出口退税和在生产及运输方面提供帮助和优惠等。

二、进出口商品构成优化

由于实行限进奖出的贸易保护政策,短短 3 年间,中国进出口商品结构有所改变,出口货物以农副产品为主,进口物品则以国家经济建设所需要的机器设备等生产资料为主,高档奢侈品的进口被杜绝。② 这一时期进出口商品构成如表 1-7 所示。

表 1-7 进出口商品构成③ 单位:%

项目	1950 年	1951 年	1952 年
进口总额	100	100	100
其中:生产资料	87.2	83.1	90.6
消费资料	12.8	16.9	9.4
出口总额	100	100	100
其中:农副产品	57.5	54.6	59.3
农产加工品	33.2	31.4	22.8
工矿产品	9.3	14.0	17.9

从表 1-7 可以看出,1950—1952 年间,在中国进口商品中生产资料的比重一直在 80% 以上,多是生产建设急需的物品,奢侈品类及国内生产能满足需要的消费品已停止进口。在出口商品中农产加工品的比重下降,工

---

① 《关于对外贸易方针的指示》,载《刘少奇论新中国经济建设》,中央文献出版社 1993 年版。
② 中国社会科学院、中央档案馆:《中华人民共和国经济档案资料选编·对外贸易卷(1949—1952)》,经济管理出版社 1994 年版,第 1027—1029 页。
③ 吴承明、董志凯:《中华人民共和国经济史 第一卷(1949—1952)》,中国财政经济出版社 2001 年版,第 718 页。

矿产品的比重有所上升。进出口商品结构的变化表明总的趋势开始向优化转变。

三、进出口贸易额迅速增长

随着国民经济恢复取得显著成就,进出口贸易额增长很快(见表1-8)。

表1-8　1950—1952年中国进出口贸易增长情况①

年份	进出口增长情况/亿美元			在世界贸易总额中所占比重/(%)	
	进出口总额	出口额	进口额	进出口总额	出口额
1950	11.35	5.52	5.83	0.9	0.91
1951	19.55	7.57	11.98	1.2	0.92
1952	19.41	8.23	11.18	1.2	1.02

从表1-8可以看出,1950—1952年中国进出口贸易额迅速增长,进出口总额从1950年的11.35亿美元增至1951年的19.55亿美元(1952年虽然出口额上升,但是因西方加强禁运,进口额下降,进出口总额也受到影响)。1950—1952年中国进出口贸易额在世界贸易总额中所占比重也有所上升。

1952年9月,对外贸易部部长叶季壮曾经发表《中华人民共和国三年来的对外贸易》一文,总结说:"三年来,我们在对外贸易方面也获得了很大的成就。我们肃清了对外贸易的半殖民地的依赖性,在平等、互利的基础上建立了新的对外贸易关系。我们已经由历史上长期入超的国家,转变成为进口和出口平衡的国家,战胜了美帝国主义者对我国的禁运和封锁。我们通过对外贸易的管理,扶助了国内工业和农业生产的恢复和发展。我们的进口和出口货物的数量,都在不断地增加。这样,就使我们的对外贸易,出现了新的局面。"②叶季壮的总结,较好地概括了国民经济恢复时期中国对外贸易基本状况。

---

①　据《中国统计年鉴(1983)》第420页,及《中华人民共和国经济档案资料选编·对外贸易卷(1949—1952)》第1022页有关数据整理而成。
②　叶季壮:《中华人民共和国三年来的对外贸易》,《人民日报》1952年9月30日。

第二章
1953—1959年对外贸易发展

　　1953—1959年,西方资本主义阵营仍然对新中国实行严厉的经济封锁,使新中国不得不继续实行"一边倒"型对外开放。1953年7月,《朝鲜停战协定》的签订迎来可贵的和平,对中国发展对外经贸起到了有益的作用。1955年万隆会议提出和平共处五项原则,中国坚决主张一切国家实行和平共处五项原则。

　　中国政府为了更好地实施"一五"计划,进行国民经济的改造与发展,确立国家统制贸易体制,一方面继续发展与苏联、东欧等社会主义国家的经贸关系,另一方面努力发展与其他国家,包括西方资本主义发达国家的经贸关系。周恩来总理在"八大"所作的报告中指出:"我国同世界各国在经济上、技术上、文化上的联系,必然会一天比一天发展。因此,在建设社会主义事业中的孤立思想,也是错误的。"1958年,周恩来总理进一步指出:"任何一个国家建设社会主义总要有一点独立的能力,更不用说象我们这样一个大国。太小的国家,原料很缺,不可能不靠旁的国家。而我们这样的大国,就必须建立自己的完整的工业体系,不然一旦风吹草动,没有任何一个国家能够支援我们完全解决问题。""但是,应该指出,基本上完整并不是说一切都完全自足。就是大国也不可能什么都有。"[1]要重视发展对外贸易。中国对外贸易有明显增长,并且扭转了几十年来的贸易逆差局面。这一时期随着中国工业化建设的推进,中国进口商品以生产资料为主,出口商品仍以农副产品为主,同时工业品出口占比上升,反映了中国工业发展的成就。

---

[1] 《周恩来选集 下卷》,人民出版社1984年版,第226、232页。

第一节 对外贸易发展的背景

在中国开始进行第一个五年计划建设时,朝鲜战争尚未结束,以美国为首的西方资本主义阵营仍然对新中国实行严厉的经济封锁,使新中国不得不继续实行"一边倒"型对外开放。1953—1959年,这种国际形势在大的方面依然延续的同时,也有一些变化。首先,赴朝作战的中国人民志愿军,经过艰苦卓绝的抗美援朝战争,1953年7月战争双方签订《朝鲜停战协定》。经过艰难斗争迎来可贵的和平,对中国发展对外经贸起到了有益的作用。1955年万隆会议发表了《关于促进世界和平与合作的宣言》,提出和平共处五项原则。在此大背景下,中国政府为了更好地实施"一五"计划,进行工业化建设,努力打破封锁,发展与东西方各国的经贸关系。

一、中国对外关系形势的延续与变化

第一章提到,新中国刚刚成立就被迫卷入世界"冷战"大格局,以美国为首的西方资本主义阵营组织巴黎统筹委员会对新中国实行严厉的经济封锁,1950年爆发的朝鲜战争使得中国所处国际环境加剧恶化。当时世界上多数国家不承认新中国,还同台湾国民党当局保持着"外交关系"。美国对中国采取敌视政策,拼凑了所谓"岛链"等来遏制中国。1954年12月,美国政府与台湾蒋介石集团签订了所谓的《共同防御条约》,进一步恶化了中美关系。中国对外经济贸易发展受到"冷战"的严厉制约。在中国境内的外国商贸公司从1950年的540多家减少到1955年底的28家,进出口额占中国对资本主义市场进出口额的比重从6.25%下降到0.005%。[①] 在这种环境下,新中国不得不进一步靠近以苏联为首的社会主义阵营,实行"一边倒"型对外开放。1953—1959年,这种形势依然在延续。

这种国际形势在大的方面依然延续的同时,也有一些变化。首先,赴朝作战的中国人民志愿军,经过艰苦卓绝的抗美援朝战争,与朝鲜人民一起取得了一个又一个胜利。1953年7月,战争双方签订《朝鲜停战协定》,从此抗美援朝战争胜利结束。经过艰难斗争迎来可贵的和平,对中国发展对外经贸起到了有益的作用。

1953年12月31日,周恩来总理在同印度政府代表团就关于两国在中

---

① 傅自应:《中国对外贸易三十年》,中国财政经济出版社2008年版,第4、5页。

国西藏地区的关系问题举行谈判时,首次完整地提出了互相尊重领土主权(在亚非会议上改为互相尊重主权和领土完整)、互不侵犯、互不干涉内政、平等互惠(在中印、中缅联合声明中改为平等互利)和和平共处五项原则,并得到印方的赞同。1954年4月29日,中印两国政府把和平共处五项原则正式写入了双方签订的《关于中国西藏地方和印度之间的通商和交通协定》的序言中,从而使和平共处五项原则首次作为一个整体在国际条约上成为发展国际关系的指导原则。

1954年4月,周恩来总理率领中国政府代表团前往瑞士参加第一次日内瓦会议。会议期间,周恩来总理对我国争取同西方国家建立经济贸易关系的工作十分重视。鉴于在会上英国代表团团长艾登的态度友好,当时英国的工党领袖威尔逊、保守党议员戴维·勒拉及英国一些贸易界人士都在日内瓦,周恩来总理指示中国政府代表团多找关系同他们接触,以英国为突破口,冲破巴黎统筹委员会对我国实行的封锁禁运政策,打开英国市场。中国政府代表团主动同英国贸易界人士接触,表示中国希望同英国做生意的愿望。随后,由英国工党领袖威尔逊带头,向我方发出了邀请。中国政府很快就组织贸易代表团去英国访问,这是我国派往西欧的第一个贸易代表团。这对西方国家,特别是对日本产生了很大的影响。从此,我国开始了同西方国家的经济贸易往来。①

1954年6月25日至29日,周恩来总理先后访问印度和缅甸。访问中,周恩来总理分别于28日和29日同印度总理尼赫鲁、缅甸总理吴努发表联合声明,确认和平共处五项原则是指导两国关系的原则,并共同倡议将和平共处五项原则作为指导一般国际关系的原则。1955年,在万隆会议上,和平共处五项原则得到了引申和发展。万隆会议发表了《关于促进世界和平与合作的宣言》,其中包括和平共处五项原则的全部内容。

和平共处五项原则自问世以来不仅在中国同世界各国签署的条约、公报、宣言、声明等双边关系文件中得到确认,而且也在许多重要的国际会议和一系列国际文件中不断被引用或重申。和平共处五项原则实际上已成为超越社会制度和意识形态发展国家关系的基本原则。1957年,中国国家主席毛泽东宣布,"中国坚决主张一切国家实行和平共处五项原则"。

和平共处五项原则的提出,以及在一些重要国际会议和国际文件中不

---

① 雷任民:《回忆周总理对外贸工作的关怀和指导》,载《不尽的思念》,中央文献出版社1987年版。

断被引用或重申,对中国发展对外经贸也起到了有益的作用。

二、中国国民经济的改造与发展

1952年中国国民经济恢复任务胜利完成,使中国开始进入全面经济建设阶段。面对世界两大阵营的对抗,以及抗美援朝之后中国与以美国为首的资本主义世界的严重对立,我国一方面在社会制度上没有选择地站在了苏联一方,并开始向社会主义过渡;另一方面,还必须加快自身的经济建设,加强国防,尽快实现国家的工业化。在这样的背景下,1953年底中共中央正式提出了以"一化三改"(即实现国家工业化和对农业、手工业和资本主义工商业的社会主义改造)为核心的过渡时期总路线。这以后的几年对新中国前30年历史有重大影响,这几年的经济变化对新中国较长时期对外经贸关系也有重大影响。

1. "一五"计划的编制

随着过渡时期总路线的提出,以及为了保证总路线和总任务的顺利完成,中央政府在国内外复杂的背景和毫无经验的条件下,着手编制了第一个五年计划,明确了当下的主要任务和今后的发展方向。

当时,受国内外环境、历史遗产、资源禀赋等约束,中国的工业化水平仍然很低。毛泽东主席曾对此有过一段形象的描述:"现在我们能造什么?能造桌子椅子,能造茶壶茶碗,能种粮食还能磨成面粉,还能造纸,但是一辆汽车、一架飞机、一辆坦克、一辆拖拉机都不能造。"①工业基础极端落后,"一穷二白"的局面仍然没有得到多大改善,在此条件下要建立一个强大的社会主义国家,实现由落后的农业国向工业国的转化,显然存在很多障碍。

第一个五年计划的基本任务是:集中主要力量进行以苏联设计的156个建设项目为中心的、由限额以上的694个大中型建设项目组成的工业建设,建立社会主义工业化的初步基础,发展部分集体所有制的农业生产合作社,并发展手工业生产合作社,以建立对农业和手工业社会主义改造的初步基础;基本上把资本主义工商业分别纳入多种形式的国家资本主义轨道,以建立对私营工商业社会主义改造的基础。

"一五"计划所要达到的基本生产指标如表2-1所示。

---

① 《毛泽东文集 第六卷》,人民出版社1999年版,第358页。

表 2-1 "一五"计划中所规定的工农业生产基本指标① 单位:亿元

项目	1952年	1957年	增长/(%)	年均增长/(%)
工农业总产值	827.1	1249.9	51.1	8.6
其中:现代工业所占比重	26.7%	36.0%		
工业生产总值	270.1	535.6	98.3	14.7
其中:生产资料所占比重	39.7%	45.4%		
消费资料所占比重	60.3%	54.6%		
手工业生产总值	73.1	117.7	61.0	10.0
其中:手工业生产合作社产值所占比重	2.5%	31.9%		
农业生产总值	483.9	596.6	23.3	4.3

由上可见,工农业总产值必须由827.1亿元增加到1249.9亿元,年均增长8.6%。为了完成工农业总产值的指标,"一五"计划又制定了更加具体的工农业生产产量指标(见表2-2)。

表 2-2 "一五"计划中所规定的主要工农业产品产量的具体指标②

产品	单位	1952年产量	1957年计划产量	1957年产量占1952年产量的百分比
发电量	亿度	72.6	159.0	219
原煤	万吨	6.649	11298.5	169928
原油	万吨	43.6	201.2	461
生铁	万吨	190	467.4	246
钢	万吨	135	412	305
钢材	万吨	111	304.5	274
烧碱	万吨	7.9	15.4	195
电动机	台	91147	135515	149

---

① 《中华人民共和国发展国民经济的第一个五年计划》,人民出版社1955年版,第28、29页。
② 根据《中华人民共和国发展国民经济的第一个五年计划》,人民出版社1955年版,第36、37页相关数字计算整理而成。

续表

产品	单位	1952年产量	1957年计划产量	1957年产量占1952年产量的百分比
金属切削机床	台	13734	12720	93
棉纱	万件	361.8	500.0	138
糖	万吨	24.9	68.6	276
盐	万吨	346	593.2	171
卷烟	万箱	265	470	177
棉布	万匹	11163.4	16372.1	147
粮食	亿斤	3278.3	3856.2	118
棉花	亿斤	26.1	32.7	125

此外，在基本建设、文化建设、商业流通等领域，也作了明确具体的规定。例如，在"一五"计划内基本建设投资额为427.4亿元，具体金额的分布比例是工业占58.2%，农村水利占7.6%，交通邮电占19.2%，贸易、银行和物资储备占3.0%，文化教育卫生占7.2%，城市公用事业占3.7%，其余为1.1%。

2.社会主义工业化建设的全面展开

工业建设是"一五"计划经济建设的核心。工业建设中，重工业又是经济建设的中心。据"一五"计划执行结果的统计，除个别工业项目有所调整外，绝大多数项目建成投产，还同时增加了许多新的项目。"一五"期间建立的工矿企业达到了1万个以上，具体分布如下：电力工业599个，石油工业22个，化学工业637个，黑色金属工业312个，煤炭工业600个，金属加工企业1922个，造纸企业253个，纺织企业613个，建筑材料工业832个，食品及其他企业5000个。

在施工建设的1万多个建设单位中，限额以上的达到921个，远远超过"一五"计划的规定，新增227个项目。在这些项目之中，几乎每一个行业都有中国新建成的项目：重工业方面，比如电力工业有阜新电厂、太原第一热电厂、大连热电厂、富拉尔基热电站、抚顺电厂；黑色金属工业有鞍山钢铁公司、太原钢铁厂；石油工业有东北石油二厂、玉门矿务局；煤炭工业有阜新海州露天煤矿、鹤岗东山竖井、辽源中央立井；化学工业有大连化学厂、大连碱厂；机器制造工业有沈阳第一机床厂、哈尔滨量具刃具厂；建筑材料工业有牡丹江水泥厂、哈尔滨水泥厂;轻工业方面,食品工业有包头糖厂、北京果酒厂;造纸工业有广州造纸厂、佳木斯造纸厂;纺织工业有哈尔滨亚麻厂、北京国棉一厂、乌鲁木齐七一厂等。这些新兴项目的先后建成投产,不但使中国原有工业结构发生了巨大变化,而且使中国原有的工业布局发生了明显变化,在一定程度上改变了旧中国偏重沿海沿江地区、内地稀少的现状,导致新的工业布局的出现:以沈阳、鞍山为中心的东北工业基地,以北京、天津、唐山为中心的华北工业区,以太原为中心的山西工业区,以武汉为中心的湖北工业区,以郑州为中心的郑州、洛阳、汴河工业区,以西安为中心的陕西工业区,以兰州为中心的甘肃工业区,以重庆为中心的川南工业区,等等。当然,更为重要的是这些工业项目的建成,基本构成了中国现代化大工业的骨干,为中国社会主义工业化铺垫了初步基础。

伴随上述工业项目的全面展开和陆续建成,中国工业领域的各项指标完成或超过了计划的定量,工业生产迅速发展(见表2-3)。

表 2-3 主要工业产品产量增长表[①]

工业产品	单位	1952 年	1957 年	1957 年相比1952 年增长率/(%)
钢	万吨	135	535	296
生铁	万吨	193	594	208
原煤	万吨	6649	13000	96
发电量	亿度	72.6	193.4	166
原油	万吨	43.6	146.0	235
水泥	万吨	286	686	140
木材	万立方米	1120	2787	149
硫酸	万吨	19.0	63.2	233
纯碱	万吨	19.2	50.6	164
烧碱	万吨	7.9	19.8	151
化学肥料	万吨	18.1	63.1	249

---

① 《关于发展国民经济的第一个五年计划执行结果的公报》,中国统计出版社1959年版,第6、7页。

续表

工业产品	单位	1952年	1957年	1957年相比1952年增长率/(%)
青霉素	公斤	46	18266	39609
金属切削机床	台	13734	28000	104
电力机械	万马力	3.5	69.0	1871
发动机	万千瓦	63.9	145.5	128
发电设备	万千瓦		19.8	
机车	台	20	167	735
汽车	辆		7500	
民用船舶	万吨	1.6	5.4	238
棉纱	万件	362	465	28
棉布	亿米	38.3	50.5	32
纸	万吨	54.0	122.1	126
卷烟	万箱	265	446	68
食用植物油	万吨	98.3	110.0	12
糖	万吨	45.1	86.4	92
原盐	万吨	494.5	827.7	67

中国工业生产的迅速发展,极大地提高了中国工业生产能力,提高了中国技术装备水平,很大程度上改变了旧中国"一穷二白"的落后局面,为中国农业、手工业和资本主义工商业的社会主义改造铺垫了基础。

3.农业生产的发展

农业是国民经济的基础,中国一直重视农业生产。随着土地改革的完成,中国农业生产得到了恢复或超过了历史上最高产量。"一五"计划期间,中国除了对农业的社会主义改造外,还采取种种措施加快对农业生产的发展。一方面在加快工业化建设的同时,也加大对农林水利的投资,投资额达到61亿元;另一方面还发放农业性贷款78亿元,以支持农民发展农业生产。"一五"期间,中国一方面增加了许多耕地面积和灌溉面积,以及改良土地和提高复种土地耕种面积;另一方面则是治理各大水系,兴修了大量水利工程,如海河水系的北京官厅水库(蓄水量达 22.7 亿立方米)、淮河水系的安徽梅山水库(蓄水量达 22.75 亿立方米)、河南南湾水库(蓄水量达 9.32 亿立方米)、安徽佛子岭水库(蓄水量达 5.82 亿立方米)、河南板桥水库(蓄水量达 4.18 亿立方米)、薄山水库(蓄水量达 2.92 亿立方米)、白沙水库(蓄水量达 2.74 亿立方米),黄河水系则修建了既可防洪蓄水,又可灌溉发电的三门峡水利枢纽工程,等等。在这些措施的推动下,尽管中国很多地区遭遇了各种自然灾害,主要农作物产量仍然有了一定的增长(见表 2-4)。

表 2-4 "一五"期间主要农作物增长情况表①

项目	1952 年	1957 年	1957 年相比 1952 年的增长率/(%)
粮食/万吨	16392	19505	19.0
棉花/万吨	130.4	164.0	25.8

此外,畜牧业、渔业和林业等也取得了很大发展。畜牧业方面,生猪的存栏数比历史上的最高数量几乎增加了一倍,大牲畜的数量也超过历史上最好水平;渔业方面,不但增加了海洋渔业设备,而且淡水养殖业也得到前所未有的发展;林业方面,造了 1406.8 万公顷(1 公顷=10000 平方米)土地的林木,还在东北西部、内蒙古东部、陕西北部、甘肃河西走廊以及其他地区建立了大量的防护林。

4. 交通、邮电方面的发展

随着工农业生产的迅速发展,其他经济领域也相应地发展起来,各个经济领域形成了一个良性循环,极大地改善了人民生活,一定程度上平衡了城乡之间,沿海与内地、边疆以及少数民族地区的经济关系。

从 1953 年开始,中国对交通运输业、邮电业的投资高达 90.1 亿元,兴建了一大批交通运输路线,极大地增加了旅客、货物运输能力,加快了旅客、货物周转速度,邮路、电信等也有明显改善。具体而言,铁路方面,"一五"期间兴建铁路 33 条,恢复铁路 3 条,新建、恢复铁路干线、支线、复线等达到 1 万公里,尤其是宝成铁路、鹰厦铁路、集二铁路和武汉长江大桥的修建成功,大大改善了所经地区的交通状况,填补了四川、福建等地无铁路的历史;公路方面,大大提高了全国公路通车里程。特别是穿越"世界屋脊"

---

① 根据《中国统计年鉴(1984)》第 145 页和《伟大的十年》第 105、106 页的数据计算整理而成。

的康藏、青藏、新藏公路线的建成通车,密切了内地与西藏等边疆地区的联系,加强了各民族的团结,促进了各地,尤其是青海、西藏、新疆等地区经济文化的发展,与此同时还在全国各地农村与广大城市之间新建了大量的简易公路。空运方面,在大力发展航空线路的基础上,展开多种空中业务以支持农业、工业、林业等的发展。1956年5月20日,中国民航飞机成功飞越"世界屋脊",完成北京到拉萨以及拉萨到印度的试航任务,极大地促进了西藏与全国各地的交往,推进了西藏经济文化事业的发展。水运方面,内河航运得到极大的扩张和延伸,在沿海兴建和扩建了许多港口。同时乡村邮电事业也逐步发展起来,到1957年,全国99%的乡镇都覆盖了邮路,基本实现了乡乡通邮。

5.商业的发展变化

随着工农业、交通运输业的发展,商业逐渐繁荣起来,商品流通迅速扩大。1957年,中国商品零售额达到474.2亿元,各种消费品的零售量也有了明显增加。按照中国公布的"一五"计划执行情况的公报统计,主要消费品的零售量1957年比1952年有了很大增长:粮食增长了26%、食用油增长了35%、盐增长了26.7%、糖增长了87%、棉布增长了39%、手表增加了1.8倍、卷烟增长了75%、胶鞋增长了82%。由此表明中国人民群众的生活有了很大提高和改善。当然,商业领域的发展,伴随国家对资本主义工商业、小摊小贩的社会主义改造,国营、集体、合营商业的比重迅速上升,它们在采购工农业产品,供应工农业生产所需要的生产资料,尤其是农村的农业生产资料,以及扩大城乡物资交流、稳定市场物价等方面起到关键性作用。后来,又在工农业迅速发展与生产资料供给短缺的矛盾下,国家对关系国计民生的粮食等主要商品实施统购统销,使商业功能更加集中到国家计划内,市场功能逐步退化,商业领域的发展也就完全集中在社会主义性质的商业之中。

由于结束了多年的战乱,和平年代中国人口迅速增长,对粮食、棉花等生产生活资料的需求日益增长。另外1953年还有32亿斤用来与苏联等国交换物资的粮食出口任务,粮棉供应形势严峻。1953年11月23日,政务院第194次政务会议通过《关于实行粮食计划收购和计划供应的命令》《粮食市场管理暂行办法》,并要求从当年12月开始,除西藏和港澳台外,全国各地贯彻实施粮食"统购统销"政策。1954年10月,在政务院第224次政务会议上通过了《关于棉布计划收购和计划供应的命令》和《关于实行棉花计划收购的命令》,这样,粮食领域的"统购统销"扩大到棉花、棉布。

到1956年，粮棉领域的"统购统销"又进一步扩大到油料、生猪、烤烟、黄麻、苎麻、大蒜、甘蔗、茶叶、羊毛、牛皮、糖、脂、家蚕茧、废铜、废铝、废锡、一些药材，以及供应出口的水果和水产品。

6. 社会主义改造的提前完成

土地改革废除了封建土地所有制，建立了农民的土地所有制，初步解放了农村生产力。但是，中国农业仍然面临着生产力水平低下，小农经济分散落后，农民普遍缺乏生产资料和资金等问题。针对这种情况，毛泽东等中共领导决定再次提倡农业互助合作组织，实行把小农经济逐步改造成为社会主义的合作或联合经济的生产关系。1953年12月，中共中央发布《关于发展农业生产合作社的决议》，指出"引导个体农民经过具有社会主义萌芽的互助组①，到半社会主义性质的初级社②，再到完全社会主义性质的高级社③，是农业社会主义改造的正确道路"④。在毛泽东主席的领导和部署下，1956年高级社迅速发展起来，年底全国共建立农业合作社76万个，入社农户达11783万户，占全国农户总数的96.3%，其中参加高级社的农户占全国农户总数的87.8%。⑤ 至此，农业合作化在全国范围内已基本实现。原来预计在15年内完成农业合作化，实际上只用了4年就提前完成了。

1956年，手工业的社会主义改造也按照毛泽东主席提出的应当争取提前一些时间来完成的要求，迅速发展起来。同年，全国参加手工业合作组织的人数达509.1万人，占手工业从业人数的92.2%；产值74.27亿元，占手工业总产值的90.6%。至此，中国基本完成了对手工业的社会主义改造。

从1955年下半年开始，伴随农业的社会主义改造出现高潮，在毛泽东主席的部署和发动下，资本主义工商业全行业公私合营迅速发展起来。1956年1月1日，北京市的资本主义工商业者首先提出实行全行业公私合营的申请。随后在不到10天的时间里，全市35个工业行业的3990家私

---

① 联合起来集体劳动，但生产资料仍属组员个人所有，土地并不统一经营。
② 是一种土地入股、统一经营，具有半社会主义性质的经济形式。
③ 其主要特点是：社员的土地、生产资料完全转归合作社集体所有，不计报酬；社员参加社内分工的各项集体劳动，全部实行按劳分配。
④ 中央财经领导小组办公室：《中国经济发展五十年大事记(1949.10—1999.10)》，人民出版社、中共中央党校出版社1999年版，第63页。
⑤ 史敬棠等编：《中国农业合作化运动史料　下册》，生活·读书·新知三联书店1962年版，第990、991页。

营工厂和42个商业行业的13973户私营商业企业全部实行了公私合营。至此,北京成为第一个完成了全市工商业改造的城市。1月底,上海、武汉、广州、天津、西安、重庆等大城市以及50多个中等城市也相继实现了全市全行业的公私合营。到3月底,全国除西藏等少数民族地区和港澳台外,基本实现了全行业的公私合营。到1956年底,中国已经基本实现了全行业公私合营的目标,此时尚未公私合营的私营企业不到1.3%,私营企业的总产值则降到了0.5%。① 通过全行业的公私合营,资本主义工商业的逐利性和生产的盲目性得到完全改变,此时实行全行业公私合营的企业,除了资本家还获取一定的定息外,事实上已经跟国营企业没有多大差别了。

此外,中国对广泛存在的小商小贩也进行了社会主义改造。对城市摊贩采用经销、代销到联购分销、联购联销,最后过渡到联营组、合营组或合作社、合作商店等方式加以改造;对农村的小商小贩则通过合作商店、合作小组、代购代销到合营、经销,最后纳入社会主义的供销合作社等方式来完成改造。从新中国成立初开始,到1956年底,已经对全国332万私营商业人员中的282.4万人进行了改造,占到85.1%。

总的来看,伴随大规模经济建设的顺利展开,社会主义三大改造的迅速实现,各项经济建设指标到1956年底都基本实现或超过计划的规定,为此中国宣布"一五"计划提前完成。在1953年至1956年期间,各项投资基本到位,大大超过预算计划,如基本建设的投资总额就达到了484.9亿元,其中对重工业基本建设的投资为151.5亿元,对轻工业的基本建设的投资为26.4亿元;在此条件下,1956年,全国国民生产总值达到1639亿元,比1952年增长了60%;工农业总产值为1252亿元,国家财政收入为287.4亿元,都比1952年增长了60%;工业总产值642亿元,农业总产值610亿元,年均递增分别为19.6%和4.8%;交通运输和邮电业有明显增长,其他各项社会事业也迅速发展,人民群众生活水平有了较大提高,人口增长加快,1956年全国人口已超过6.28亿。

7."大跃进"与人民公社

1957年11月13日,《人民日报》发表社论,首次提出了"大跃进"的口号。1958年5月,在中共中央八大二次会议上正式通过了把"鼓足干劲、力争上游、多快好省"作为党的社会主义建设总路线。会上同时通过了第二

---

① 中华人民共和国国家统计局:《中国的国民经济建设和人民生活》,中国统计出版社1958年版。

个五年计划,要求缩短超英赶美的时间,并制定了一系列不切实际的任务和指标:"二五"期间,工业总产值年均增长26%~32%,农业总产值年均增长13%~16%,国民收入比"一五"时期增长一倍以上,基建投资预算支出达到1500~1600亿元。随后,各类经济建设指标不断被改进和提高。《人民日报》1958年5月27日的一篇文章中指出"建设速度问题,是社会主义革命胜利后摆在我们面前的最主要的问题",结合当时其他文献有关内容,表明总路线的核心是"快",是"一天等于20年"。

1958年8月上旬,毛泽东主席在视察河北、河南、山东等地农村时,认为"还是办人民公社好,它的好处是可以把工、农、商、学、兵合在一起,便于领导"[①]。毛泽东主席的看法经过报刊的大量报道,"人民公社好"传遍全国。1958年8月,中共中央在北戴河召开政治局扩大会议,正式通过了《关于在农村建立人民公社问题的决议》。北戴河会议后,人民公社化运动迅速在全国展开,形成办社高潮。到11月,全国74万多个农业生产合作社合并为2.65万多个人民公社,参加公社的农户达到了1.2亿多户,占全国农户总数的99.1%,全国范围内实现了人民公社化。

1958年8月,北戴河会议进一步讨论和修改了经济建设中的各类指标。会后,工业上提出"以钢为纲",确定了1958年钢产量1070万吨的指标,引发了全国几千万人掀起的"大炼钢铁运动";农业上提出"以粮为纲"及"人有多大胆,地有多大产","不怕做不到,就怕想不到"等口号,不断公布粮食亩产量层层拔高的"高产卫星"的消息。1958年9月18日《人民日报》报道,广西环江红旗人民公社"发射"的"中稻高产卫星"亩产最高已达到13万多斤!虚报浮夸的不良风气导致高层对国情判断的错误进一步扩大,"左"的错误倾向进一步发展,以高指标、瞎指挥、虚报风、浮夸风、共产风等"五风"在全国泛滥开来。

"大跃进"运动打乱了经济建设的秩序,浪费了大量的人力、财力、物力,造成了国民经济各部门比例关系的严重失调。由于片面发展重工业,轻工业发展所需的原材料及服务被挤占,轻重工业之间的比例也发生了变化,3年间,重工业成倍增长,而轻工业产值仅增长41.3%。1957年轻重工业之间的比例为55:45,1958年则变为33.4:66.6。轻工业发展的滞后造成了市场上轻工业品和手工业品的供应十分紧张。由于工业总产值的增长高于运输能力的增长,运输能力跟不上需要,只能通过过度使用运输

---

① 《人民日报》1958年8月10日。

工具和利用农村劳动力突击运输的方式来解决。即使如此,1960年仍有大约30%的铁矿石和2000万吨的煤炭积压在矿区运不出来,这也严重影响了生产的发展。在大炼钢铁运动中,国家动用了一切可用的资源,农村劳动力被大量占用,1957年农村劳动力有19310万人,到1958年农村劳动力只有15492万人。由于生产工具和劳动力的抽离,造成1958年农业丰产不丰收,损失很大。据统计,1958年农业总产值比1957年增长2.4%,是新中国成立以来增长速度最低的一年,甚至还不如灾年1954年3.4%的增长速度。从1959年开始,农业生产大幅度下降,到1960年,农业总产值仅为415亿元,比1957年下降了22.7%。尤其突出的问题是,人均粮食产量只有430斤,差不多回到了1949年的水平,粮食供应十分紧张,部分地区出现饥荒。1959年至1961年的非正常死亡和减少出生人口在4000万左右。另外,棉花产量比1957年下降35.2%,油料作物产量下降53.8%,生猪产量下降43.6%。[①]

三、国家统制贸易体制的确立

新中国成立初期建立的国家统制贸易体制,在"一五"时期得到进一步确立。具体情况如下:

1. 对外贸易部及相关机制变动

1952年9月,中央贸易部撤销,改设中央人民政府对外贸易部,作为中央人民政府统一领导和管理对外贸易工作的行政机构。1955年,国务院明确规定对外贸易部是国务院管理对外贸易工作的行政机构,它的基本任务是:领导并监督执行国家对外贸易管制和保护贸易政策;贯彻执行国家进出口政策,保护社会主义建设的顺利进行;在平等和互助合作的基础上恢复和发展同外国政府和人民的贸易关系及国际经济合作;领导国营外贸公司,巩固其在对外贸易中的领导力量,领导并完成对私营进出口商的社会主义改造。

对外贸易部成立后,设立了商品检验总局,统一领导全国进出口商品检验工作。各地商检局改由对外贸易部和地方政府双重领导。

1953年1月,中央人民政府决定将海关总署划归中央人民政府对外贸易部领导,改称中央人民政府对外贸易部海关总署。

---

① 《中国统计年鉴(1983)》,第122、149、162、163、103、184、178页;《共和国重大事件纪实(上)》,中共中央党校出版社1998年版,第570页。

1953年11月,中央人民政府对外贸易部调整了对外贸易管理工作,制定并公布《进出口贸易许可证制度实施办法》,并在部内设立进口局和出口局,负责执行进出口贸易许可证制度及签发进出口许可证,加强对进出口贸易业务的指导和管理。

1954年5月,中央人民政府决定在中国国际贸易促进委员会内设立对外贸易仲裁委员会。该仲裁委员会是一个常设的仲裁机构,受理对外贸易契约和交易中所发生的争议。

2.对外贸易主体变化

这一时期中国对外贸易主体变化主要包括两方面:一是发展国营外贸公司;二是改造私营对外贸易企业。

1950年,中央人民政府贸易部国外贸易司建立了中国进口公司(主要经营对社会主义国家的贸易)、中国进出口公司(主要经营对资本主义国家的贸易)、畜产、矿产、茶叶、蚕丝、油脂等国营外贸公司,在中央人民政府贸易部统一领导下经营对外贸易。1953年,中央人民政府对外贸易部对原有国营外贸公司进行调整,组成中国机械进口公司、中国五金电工进口公司、中国技术进口公司、中国畜产公司、中国矿产公司、中国进出口公司、中国化工杂品进口公司、中国茶叶出口公司、中国土产出口公司、中国烟麻出口公司、中国食品出口公司、中国粮谷出口公司、中国油脂出口公司、中国杂品出口公司等国营外贸公司,以及中国陆运公司、中国海运公司等专业运输公司。它们统一经营对社会主义国家的全部贸易,逐步统一经营对资本主义市场重要物资的进出口业务。以后中央人民政府对外贸易部又为了适应市场变化多次调整改组国营外贸公司,以便改善国营公司的经营。国营外贸公司实力不断壮大,业务不断发展。

新中国成立之初,中央人民政府对私营进出口商实行利用、限制和改造的政策。1953年,中央人民政府对外贸易部从外贸领域"五反"运动所揭露的事实中吸取教训,检查了外贸管理工作对私营进出口商限制不严、体现改造政策不够的缺点,及时改进了这方面工作。各国营外贸专业公司实行"按行归口,统一安排",加强对私营进出口商的领导,把他们的业务经营基本上纳入国家计划的轨道;并采取联购联销、公私联营、代进代出等多种方式,引导私营进出口商逐步走向社会主义道路;还贯彻中央"逐步地稳步地代替"方针,对名存实亡或处于半停业状态的私营进出口商予以代替,引导转业。在中国境内的外国商贸公司从1950年的540多家锐减至1955年年底的28家,进出口额占中国对资本主义市场进出口额的比重从

6.25%下降到0.005%。①

从表2-5和图2-1可以看出,经过改造和代替,国营外贸公司所占进出口额比重逐年上升,至1955年已达99.2%;相应地,私营进出口商所占进出口额比重逐年下降,至1955年只有0.8%。中国对外贸易主体进一步发生了重要变化。

表2-5 国营、私营进出口额比重变化②

年份	国营进出口额比重/(%)	私营进出口额比重/(%)
1950	58.4	31.6
1953	92.7	7.3
1954	98.3	1.7
1955	99.2	0.8

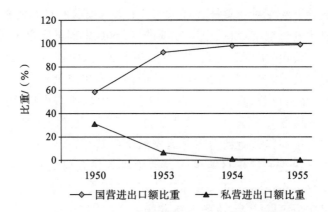

图2-1 1950—1955年国营、私营进出口额比重变化③

1956年,在资本主义工商业社会主义改造高潮中,私营进出口商也迅速实现了全行业公私合营,全国共成立了54个公私合营专业进出口公司,少数商号直接并入了国营外贸公司。至此,中国对外贸易领域基本上完成了社会主义改造。中国的进出口业务全部由国营外贸专业公司垄断经营。全国建立了高度集中、政企合一的外贸体制,进出口严格按照国家计划进行。

---

① 傅自应:《中国对外贸易三十年》,中国财政经济出版社2008年版,第4、5页。
②③ 沈觉人:《当代中国对外贸易》,当代中国出版社1992年版,根据第11页数据计算整理而成。

3. 对外贸易计划管理

中国的对外贸易计划管理于新中国成立后即开始创建,于1953年奠定了基础。中央人民政府对外贸易部成立后,设立了综合计划司,负责主管全国各项对外贸易计划工作。1953年6月,中央人民政府对外贸易部颁行《编制对外贸易计划暂行办法(草案)》,比较系统地规定了对外贸易计划工作的要求、任务和内容,对各项外贸计划的编制方法、上报下达程序、计划商品目录、计算单位及计划的执行、检查与修改等,都作了统一规定。

"一五"计划时期,编制的对外贸易计划有:商品流转计划(包括收购、内销、出口、调拨、加工、储存和国家统一分配物资计划,进口订货、到货、交货计划)、外汇收支计划、财务计划、运输计划、商品流通费用计划、基本建设计划、生产企业计划、劳动工资计划、贸易网计划、干部培养计划。此后至20世纪80年代初,对外贸易计划种类虽然有所增减,有的计划名称有所变更,但是外贸计划的基本内容没有大的变化。[1]

自1954年起,各大区对外贸易局陆续撤销,对外贸易部直接指导各省、市、自治区的外贸计划工作,各外贸专业总公司直接指导各省、市、自治区外贸分公司的计划工作。1956年以后,对外贸易全部由国营外贸公司经营,在全国实行了单一的直接计划管理形式。[2]

四、开办广交会

新中国第一个五年计划开始实施时,大量建设物资如橡胶、化肥、钢材、机械等都需要从国外进口,但进口所需的外汇很难得到。为了打破西方国家封锁、发展对外贸易、换取国家建设急需的外汇,新中国决定在近临港澳、有着悠久对外贸易历史和海上丝绸之路重要起点的广州创办"中国出口商品交易会"(周恩来总理提议简称为"广交会")。1956年先以"中国国际贸易促进委员会"的名义在广州原中苏友好大厦举办了为期两个月的"中国出口商品展览会"。1957年经国务院批准,由中国各外贸公司在广州举办了春秋两届中国出口商品交易会。1958年会址迁至"中国出口商品陈列馆"。这一年广交会出口成交额首次突破1亿美元,达1.5亿美元。广交会每年春秋两季开门迎客,请进外商来开展贸易洽谈活动,成为新中国打开通向世界大门以及与各国平等互利、互通有无、对外贸易的重要窗口

---

[1] 沈觉人:《当代中国对外贸易》,当代中国出版社1992年版,第180页。
[2] 沈觉人:《当代中国对外贸易》,当代中国出版社1992年版,第186页。

(参加采购商统计见表2-6和图2-2)。在中国对外开放和外经贸发展进程中,广交会自始至终都担当着举足轻重、牵一发而动全身的重要角色。广交会因此被称为新中国对外开放历程的一个缩影。

表2-6 1957—1959年广交会采购商统计①

项目	采购商人数	来自国家和地区数
1957年春季	1223	19
1957年秋季	1923	33
1958年春季	2256	36
1958年秋季	3096	40
1959年春季	2451	31
1959年秋季	2661	31

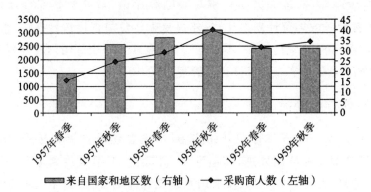

图2-2 1957—1959年广交会采购商统计②

第二节 与苏联、东欧等社会主义国家经贸关系发展

20世纪50年代,在"一边倒"对外开放大格局下,中国与苏联、东欧各社会主义国家以及越南、朝鲜、蒙古等国家经贸关系有明显发展。

---

① 资料来源:广交会官网。
② 资料来源:广交会官网。

一、与苏联经贸关系发展

新中国成立后,以美国为首的西方帝国主义国家对中国实行封锁禁运政策。中国被迫实行"一边倒"型对外开放,即主要是同苏联、东欧的社会主义国家进行经济、技术合作和贸易往来。中苏两国是近邻,开展经济贸易具有地理上的便利。20世纪50年代,中国与苏联有着良好的经济贸易关系。新中国一穷二白,急需进口大批发展工业用的机器设备、石油和钢材等,而苏联也十分需要中国的稀有金属、农副产品和纺织品等,中苏两国贸易具有明显的互补性质。两国经济合作范围广、规模大、形式多。这些促使中苏两国之间的经济贸易蓬勃发展、迅速增长。1950年中苏贸易额为3.4亿美元,到1959年猛增至20.97亿美元,平均每年递增22.5%,这样的发展速度在世界各国双边贸易中是不多见的。中苏贸易额常年占中国对外贸易总额的50%上下(见表2-7和图2-3)。当时中国从苏联进口的商品主要是成套设备、机电仪器、钢材、石油和石油制品以及化工产品,这些产品都是当时中国恢复和发展国民经济所急需的;中国向苏联出口农副产品、矿产品和一些原材料,如大豆、大米、植物油、猪肉、水果、毛皮、钨砂、锡等,这些产品对满足苏联国内市场供应、加强工业和国防建设起了积极作用。

表2-7 1950—1959年中苏贸易额[①]

年份	I 从苏进口额/万美元	E 向苏出口额/万美元	I+E 进出口额/万美元	(I+E)/中国进出口总额/(%)
1950	18519	15325	33844	29.82
1953	77762	48061	125823	53.13
1954	70461	58663	129124	53.07
1955	111964	67021	178985	56.91
1956	76209	76168	152377	47.50
1957	61773	74697	136470	43.9
1958	63970	89887	153857	39.8
1959	97906	111794	209700	47.9

---

① 根据《中国对外经济贸易年鉴(1984)》(中国对外经济贸易出版社1984年版)有关数据计算整理而成。

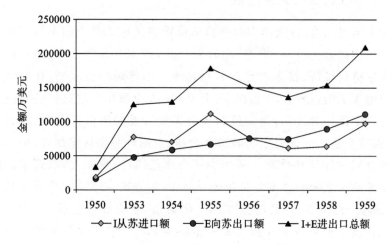

图 2-3　1950—1959 年中苏贸易额①

20世纪50年代中苏经贸关系中最突出的成绩是中国成功地引进了技术，在苏联援助下建成了一批骨干企业，从而奠定了中国工业的初步基础。苏联向中国提供了长期低息贷款，通过贷款的形式向中国提供各种物资，其中大部分是使用和消耗于抗美援朝战争中的军用物资。同时苏联也向中国提供大批成套设备，以加速中国工业化进程。中国是用物资、黄金和现汇偿还这些贷款的本利的。中国同苏联一起兴办了4家合营企业：中苏有色金属公司、中苏石油公司、中苏造纸公司和中苏民航公司。中方提供土地、厂房和劳动力，苏方提供机器、设备、器材和技术，双方共同经营。1954—1955年，中苏双方签订协定，决定将上述4家企业的苏联股份全部移交中国。中国通过贸易渠道从苏联引进大批技术设备，用于改造中国原有工业和建设新的工业。"一五"计划期间，苏联对新中国工业领域的156个援助项目②中的绝大多数建成投产，还同时增加了许多新的项目。这些工业项目的建成，基本构成了中国现代化大工业的骨干，为中国社会主义工业化铺垫了初步基础。中国还派遣大量留学生、工程技术人员和实习生、工人赴苏联学习，苏联也向中国派遣了近万名工程、教育、卫生和文化

---

①　根据《中国对外经济贸易年鉴(1984)》(中国对外经济贸易出版社1984年版)有关数据计算整理而成。

②　全部是重工业，很多是中国新兴工业部门，尤其是国防工业。具体而言，军事工业44项、冶金工业20项、化学工业7项、机械加工工业24项、能源工业52项、轻工业和医药工业3项，其他6项。

方面的专家帮助中国建设。双方的经济合作取得了成功,各自得到了收益,推动了经济的发展。

二、与东欧国家经贸关系发展

这一时期,中国与东欧社会主义国家的经贸关系也有明显发展。20世纪50年代,中国与保加利亚、罗马尼亚、匈牙利、波兰、捷克斯洛伐克、民主德国、阿尔巴尼亚等国陆续签订了为期3年、4年或5年的长期贸易协定。中国从东欧国家主要进口成套设备(如年产5000吨化纤的成套设备)和一般机械,出口农副产品和工矿原料等。发展至1959年,中国与东欧8国的贸易总额达7.24亿美元,比1956年的5.23亿美元增长了38.4%,占当年中国对外贸易总额的16.5%。① 中国与东欧国家贸易情况可参见表2-8至表2-11。

表2-8 1957—1959年中国与民主德国贸易额②

年份	I从民主德国进口额/万美元	E向民主德国出口额/万美元	I+E进出口总额	(I+E)/中国进出口总额/(%)
1957	10110	9059	19169	6.18
1958	14283	10911	25194	6.51
1959	10741	12509	23250	5.31

表2-9 1957—1959年中国与罗马尼亚贸易额③

年份	I从罗进口额/万美元	E向罗出口额/万美元	I+E进出口总额	(I+E)/中国进出口总额/(%)
1957	1493	1538	3031	0.98
1958	2360	2084	4444	1.15
1959	2871	2971	5842	1.33

---

① 沈觉人:《当代中国对外贸易》,当代中国出版社1992年版,第272页。
② 根据《中国对外经济贸易年鉴(1984)》(中国对外经济贸易出版社1984年版)有关数据计算整理而成。
③ 根据《中国对外经济贸易年鉴(1984)》(中国对外经济贸易出版社1984年版)有关数据计算整理而成。

表 2-10 1957—1959 年中国与波兰贸易额①

年份	I 从波进口额/万美元	E 向波出口额/万美元	I+E 进出口总额	(I+E)/中国进出口总额/(%)
1957	4675	3653	8328	2.68
1958	5670	4263	9933	2.57
1959	4727	5618	10345	2.36

表 2-11 1957—1959 年中国与捷克斯洛伐克贸易额②

年份	I 从捷进口额/万美元	E 向捷出口额/万美元	I+E 进出口总额	(I+E)/中国进出口总额/(%)
1957	8642	6948	15590	5.02
1958	9700	9305	19005	4.91
1959	10362	10677	21039	4.80

这一时期，中国也向阿尔巴尼亚、波兰、匈牙利分别提供了一定数额的无偿援助、外汇和长期贷款。中国与东欧国家经贸关系的发展，对促进中国工业化建设发挥了积极作用，同时也促进了东欧各国经济的发展。

三、与越南经贸关系发展

1950 年 1 月 18 日，中华人民共和国与胡志明领导的越南民主共和国正式建交，两国开始进行政府间经济交流。1952 年 4 月，两国政府在北京签订了第一份贸易协定。此后双方每年都签订一份年度贸易协定。1953 年中越进出口贸易额比 1952 年增长了一倍多。20 世纪 50 年代初，中国援助越南抵抗法国侵略。1954 年北纬 17 度线以北的越南北部全部解放，中越贸易迅猛发展，1954 年中越进出口贸易总额比 1953 年增长了近 4 倍，1955 年中越进出口贸易总额又比 1954 年增长了 1.6 倍（见表 2-12 和图 2-4）。

---

① 根据《中国对外经济贸易年鉴(1984)》(中国对外经济贸易出版社 1984 年版)有关数据计算整理而成。

② 根据《中国对外经济贸易年鉴(1984)》(中国对外经济贸易出版社 1984 年版)有关数据计算整理而成。

表 2-12　1952—1959 年中国与越南贸易额[①]

年份	I 从越进口额/万美元	E 向越出口额/万美元	I+E 进出口总额	(I+E)/中国进出口总额/(%)
1952	67	60	127	0.07
1953	109	243	352	0.15
1954	235	1509	1744	0.71
1955	288	4314	4602	1.46
1956	785	4007	4792	1.49
1957	714	6310	7024	2.26
1958	1463	4143	5606	1.45
1959	1650	4437	6087	1.39

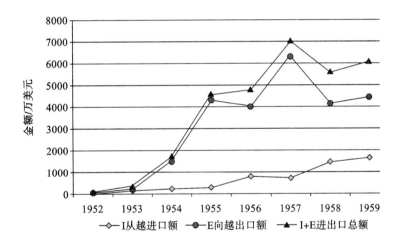

图 2-4　1952—1959 年中国与越南贸易额[②]

由于越南经济长期受战争影响,1954 年前中国向越南出口的商品主要以粮食、布匹、棉纱、牙膏、肥皂、药品等生活必需品为主,帮助越南人民坚持抗法战争;越南出口中国的商品主要是食品、茶叶、畜产品、漆、锡矿和木材等。1954 年日内瓦协议签订后,越南开始恢复国内工业,越南的进口商品逐步转向生产资料,中国向越南出口的货物增加了钢材、化工原料、机器

――――――――

[①②] 根据《中国对外经济贸易年鉴(1984)》(中国对外经济贸易出版社 1984 年版)有关数据计算整理而成。

设备、有色金属、铁路车辆等工业品;越南随着工矿业的恢复,也向中国出口水泥、煤炭、磷灰石、白棉布等工业品。

1952年,中越两国开放边境市场,允许双方边民到对方边境集市交易,中越边民互市兴起。各省也积极制定政策,鼓励边民互市。如云南省1954年与越南老街省、河江省达成决议,开放老卡—花龙、坝洒—巴沙、桥头—猛康三个边民互市口岸。边民互市的贸易额,每年可达15万~50万美元不等,中国向越南出口的商品多是生活必需品,越南出口中国的货物主要有八角、砂仁、茴油、桂油、丝麻、药材等。边境小额贸易由中越边境县政府建立边境贸易办事处进行管理。中越两国政府签订《关于开放两国边境小额贸易的协定书》和《关于两国边境贸易议定书》等文件,明确了中越边境小额贸易原则为:平等互利、互通有无、进出口平衡。中越边境省县地方国营公司等也通过开展"以货易货—对开信用证—银行清账"的形式进行贸易。例如,云南省贸易公司与越南老街省林土产公司于1956年9月签订了《滇越地方国营易货贸易进出口合同》,进行滇越地方国营公司边贸。

这一时期,中国也对越南进行经济援助。例如,1954年,中国把对越南贸易顺差近200万美元都转为对越南的无偿援助;1954年12月,中国人民救济总会向越南援助大米1万吨和棉布500万米;1955年11月,中国红十字会向越南援助价值20万元的药物和布匹等。中国政府还向越南提供无偿资金援助和长期贷款。根据1955年两国政府发表的联合公报,中国无偿援助越南8亿元。1959年,据两国政府的经济援助协定,中方向越南提供长期贷款3亿元人民币(年息1%,偿还期10年),主要用于越南工矿、交通、电力等企业的建设。

中国还对越南提供技术援助。1956年两国签订技术援助协议书,中国提供越南轻重工业所需的成套设备和派遣技术专家驻越进行指导,帮助越南恢复基础工业等。这一时期,中国援越主要项目有:修复铁路(河内—友谊关)、修建国际国内无线电发讯平台、建立统一火柴厂、河内电厂、河内卷烟厂、越池热电厂、江高引水工程闸门、海防搪瓷厂等大型企业。

四、与朝鲜经贸关系发展

在新中国成立前,中国东北解放区、华东解放区已经和朝鲜建立了贸易关系。新中国成立后,中央人民政府贸易部国外贸易司司长和朝鲜驻华大使馆商务参赞分别代表本国政府在北京签订第一个易货协定。1950年朝鲜战争爆发后,为援助朝鲜,中国在派遣志愿军入朝参战的同时,通过经济援助和贸易渠道向朝鲜提供了大量的物资。这一时期,中国与朝鲜的贸易主要是中国出口。3年间,中国出口累计8745万美元,进口累计仅692万美元;中国顺差8053万美元,于1953年无偿赠送给朝鲜。①

1953年7月,朝鲜停战协定签字。同年11月,周恩来总理和金日成首相分别代表本国政府在北京签订了中朝经济与文化合作协定,为两国在经济和文化方面进行长期合作奠定了基础。此后,中朝两国间的贸易关系迅速发展。但是朝方正在进行战后经济恢复,能向中国出口的物资不多,而他们所需的重要物资主要是在中国方面向朝鲜提供8亿元人民币无偿援助中解决,所以两国的贸易额不是太大。1956年为6850万美元。1957年,朝鲜开始执行第一个发展国民经济的五年计划,进行大规模经济建设,需要大量进口重要工业燃料和原材料,而此时中国无偿援助给朝鲜的8亿元人民币已经用完。为了满足朝鲜国民经济建设的需要,除由中国提供一般物资贷款外,中朝两国共同采取了扩大贸易的积极措施,1959年两国政府间签订第一个为期4年的贸易协定,贸易额有了显著的增长。1959年双边贸易额达到1.15亿美元,其中中方出口额7000多万美元,进口额近4500万美元,比1956年的贸易额增长了67.9%。②

五、与蒙古经贸关系发展

1952年10月,周恩来总理和蒙古部长会议主席泽登巴尔分别代表本国政府在北京签订了中蒙经济文化合作协定;1953年8月,中国外贸部副部长和蒙古驻华大使分别代表本国政府在北京签订了关于贸易结算的议定书和关于1953年货物周转及付款协定,这是两国政府间的第一个贸易协定。1954年4月,两国又签订了中蒙交货共同条件。这些条约和协定的签订为中蒙贸易关系的发展奠定了法律基础。1955年连接中蒙两国的铁路集宁至二连铁路线建成通车,这不但为中蒙贸易的发展提供了有利的运输条件,促进了两国贸易的发展,也促进了中国同苏联、东欧等国家贸易的发展,而且中国大批进出口货物运输经过蒙古国,每年中国要以出口货物支付蒙方相当数额的铁路过境运费,成为中蒙贸易关系的一个显著特点。

中蒙两国人民生活习惯有很多相似之处,双方对彼此的产品都很熟悉和喜爱,中国对蒙古出口的主要商品是水果、干果、酒、香烟、调料、绸缎、布

---

① 沈觉人:《当代中国对外贸易》,当代中国出版社1992年版,第300页。
② 沈觉人:《当代中国对外贸易》,当代中国出版社1992年版,第301页。

匹、热水瓶、乐器、羊毛剪刀、药品、医疗器械等生活资料,油漆、水泥、砖等建材,钢管、卡车、机床、工具、零配件等生产资料。中国从蒙古进口的主要商品是马、旱獭皮、羊毛、羊绒、废钢铁和药材等。20世纪50年代中蒙两国的贸易发展很快,双边贸易额由1951年的75万美元增长到1961年的4994万美元,其中中国出口4583万美元,进口411万美元。中国政府在积极发展中蒙贸易的同时,还按照两国政府1956年8月、1958年12月先后签订的中国给予蒙古经济和技术援助的协定,给蒙古提供了力所能及的经济援助。同时,中国还派出了大批专家和技术工人,帮助蒙古建设工业、交通、水利、城建等方面项目。①

第三节 与其他国家经贸关系发展

由于1951年在美国的操纵下联合国非法通过了对中国、朝鲜实行禁运的提案,并通过巴黎统筹委员会加强对中国的贸易管制措施,中美两国之间的直接贸易往来完全陷于停顿,其他西方国家对中国也实行全面封锁禁运。但是中国仍然努力打破坚冰,努力发展与其他国家经贸关系。1957年4月至5月,"对华贸易管制委员会"中除美国外的其余14国一致同意废除对华贸易禁运货单,美国同意部分取消受禁运的货物。与中国进行贸易的国家和地区由1955年的64个增加到1957年的82个。

一、与日本经贸关系发展变化

与中国一衣带水的邻国日本,原先工业化有较大发展,但是在第二次世界大战中经济受到巨大破坏。战后日本经济逐渐恢复。新中国成立不久,朝鲜战争爆发,日本吉田政府追随美国对中国实行封锁禁运政策,并冻结中国在日本的贸易资金,使中日贸易陷于中断。

之后,经中日双方民间努力,特别是1952年6月至1958年5月中国国际贸易促进委员会同日本有关贸易促进团体先后共签订了4次中日贸易协议,中日经贸关系有所发展。但是这一过程中也历经坎坷变化。

在周恩来总理的关怀下,1952年2月即将出席4月间在莫斯科召开的国际经济会议的中国代表团团长南汉宸致函日本国际经济恳谈会,表示愿意与日本代表在会议期间磋商有关发展国际经济贸易合作等问题。中方

---

① 沈觉人:《当代中国对外贸易》,当代中国出版社1992年版,第304、305页。

的提议得到日方的积极反应。在莫斯科,中日双方代表经过协商,确定在"平等、互利、和平、友好"的方针下开展中日民间贸易。日方代表还就接受邀请于5月间访问北京一事,与中国贸促会代表进行了具体商谈。6月1日,中国贸促会主席南汉宸同日方代表在北京正式签订了中日贸易协议,这是第一次中日民间贸易协议。协议规定:到1952年底以前,各方出口3000万英镑货物;出口货物按重要程度分甲、乙、丙三类。双方按相应比例输出商品,并且明确以同类物资交换为原则。

但是,由于美国和日本政府的百般阻挠,致使日方不能如期完成对中方的出口计划,协议规定的全部甲类商品和大部分乙类商品都未能成交。协议延期一年后,仍只完成原计划的5%。尽管如此,由于中国政府和有关部门及日本各界友好人士的共同努力,中日民间贸易往来终于迈出了可喜的第一步。①

1953年7月朝鲜停战协定签订后,日本民间要求促进中日经贸关系发展的呼声越来越高。10月,《人民日报》发表了《论中日关系》的社论,引述了周恩来总理的讲话,提出在中日之间建立"彼此尊重、互不侵犯、和平共处、平等友好、自主贸易和文化交流的睦邻关系"的主张,在日本各界产生了良好影响。当月,日本国会议员促进日中贸易联盟代表团应邀访华,同中国贸促会代表团南汉宸、雷任民等进行商谈。双方于10月29日在北京签订了第二次中日民间贸易协议。该协议除对商检和仲裁条款作了规定外,还对个别商品分类及出口比例进行了调整;协议金额与第一次协议相同,仍为各方出口3000万英镑。但是在协议执行中,也受到美国和日本政府的禁运限制,在14个月期间仅完成计划的38.8%。②

1955年5月,由中国贸促会代主席雷任民任团长的中国贸易代表团同日本国际贸易促进协会和日本国会议员促进日中贸易联盟在北京签订了第三次中日贸易协定③。协定金额及出口商品比例与第二次协议相同,对于同类物资交换货单做了进一步调整,并就商品检验、仲裁及相互举办展览等问题做出具体规定;同时还规定尽早互设享有外交官待遇的商务代表机构及尽早实现由双方中央银行签订中日贸易支付协定等。当时,中国与美国正在日内瓦举行谈判,亚非会议在万隆召开并通过了十项原则,国际形势有所缓和。1954年底出任的日本新首相鸠山一郎对改善日中关系、发

---

①② 沈觉人:《当代中国对外贸易》,当代中国出版社1992年版,第402页。
③ 1954年,双方商定将"贸易协议"改称"贸易协定"。

展日中贸易比较热心,对日中贸易协定表示愿给予支持和协助。日本国会通过了促进日中贸易及邀请中国代表团访日决议。这个协定第一年完成协定金额67.3%,第二年完成77.7%。1956年,中日进出口贸易总额达1.26亿美元,为三次协定期间的最高水平。根据第三次中日贸易协定,中日双方互办了展览会,中国在东京、大阪举办的展览会观众有190万人,日本在北京、上海、广州和武汉举办的展览会观众有430余万人,对加强相互了解发挥了积极作用。①

日内瓦会议期间,实现了中国贸易代表团首次访问英国,把美国的封锁禁运打开了一个口子。这对其他西方国家,特别是日本影响很大。日本在野党、工商界以及执政党的一些有识之士,莫不要求日本政府在中日贸易问题上不可落在英国等西方国家后面,反对封锁禁运政策的呼声进一步高涨。1954年9月,日本国际贸易促进协会等团体成立,加强了促进中日贸易运动的力量。11月,李德全和廖承志率领中国红十字会代表团访问日本,开展大量的友好活动。这是新中国首次访日的代表团,影响很大、很好。12月,鸠山一郎内阁成立,表示要同中国和苏联建立正常关系。日本贸促运动于是又向恢复邦交运动方向发展,成立了"日苏、日中邦交恢复国民会议"等联络各界力量的组织。日本国会还通过了促进日中贸易和邀请中国贸易代表团访日的决议。周恩来总理密切关注日本形势的变化,进一步部署了对日工作,在贸易方面,指示对日签订具有半官方性质的贸易协定,并通过两国相互举办展览会等活动,以推动中日邦交正常化。②

第四次中日贸易协定的谈判是从1956年10月开始的。由于1957年2月上台的日本安信介政府的阻挠,时断时续,三起三落,第四次中日贸易协定直到1958年3月才由中国贸促会同日本国会议员促进日中贸易联盟、日本国际贸易促进协会、日中输出入组合等三团体组成的通商访华使节团在北京签订。协定金额增加到各出口3500万英镑,将甲、乙、丙商品分类改为甲、乙两类。协定还规定,双方将继续互办展览,加强技术交流,对重要物资确保长期稳定供应关系。特别是经双方反复协商,在附件备忘录中规定了互设商务代表机构的待遇等有关事项。

1958年2月,中国矿产出口公司和中国五金进口公司同日本钢铁代表团在北京签订了长期钢铁易货协议。双方商定自1958年至1962年五年

---

① 沈觉人:《当代中国对外贸易》,当代中国出版社1992年版,第403页。
② 雷任民:《回忆周总理对外贸工作的关怀和指导》,载《不尽的思念》,中央文献出版社1987年版。

期间,双方出口金额各为1亿英镑,中方出口铁砂、煤炭等,日方出口多种钢材。

但是由于日本安信介政府对贸易协定的执行横加阻挠,又发生日本暴徒侮辱中国国旗事件,激起中方愤慨,中日贸易再度中断。①

1952—1958年中日进出口贸易额统计如表2-13、图2-5所示。

表2-13 1952—1958年中国与日本贸易额②

年份	I 从日进口额/万美元	E 向日出口额/万美元	I+E 进出口总额/万美元
1952	108	332	440
1953	312	680	992
1954	1460	2057	3517
1955	2514	5817	8331
1956	6366	6474	12840
1957	5507	5966	11473
1958	4813	3252	8065

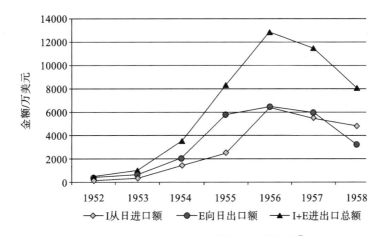

图2-5 1952—1958年中国与日本贸易额③

---

① 沈觉人:《当代中国对外贸易》,当代中国出版社1992年版,第403、404页。
②③ 根据《中国对外经济贸易年鉴(1984)》(中国对外经济贸易出版社1984年版)有关数据计算整理而成。

二、与西欧国家经贸关系发展

1950年,瑞典、丹麦、瑞士和芬兰先后同中国建交。1952年,中国同芬兰签订了两国政府间贸易协定。但是大多数西方国家追随美国对中国实行禁运政策,与中国中断了直接贸易关系。为了开拓对西方国家的贸易渠道,中国同一些尚未建交的西欧国家保持着民间的贸易关系,并努力开拓同这些国家的官方贸易往来。中国政府和外贸部门利用各种机会和途径,积极开展工作,争取团结西方国家工商界和开明人士,"以民促官",推动民间贸易以至官方贸易逐步开展。1952年在莫斯科召开的国际经济会议上,中国代表团同英国、法国、联邦德国等一些西欧国家商会组织和企业签订了协议,促进了双边贸易的发展。为了打破贸易封锁,开拓对资本主义国家进出口业务,中国于1953年7月在东柏林设立了中国进出口公司代表处,作为开展对西欧贸易业务活动的一个窗口,同西欧国家工商界人士进行广泛接触,建立了密切联系。1953年7月朝鲜停战协议签订后,中国与西欧国家关系有所缓和,一些西欧国家工商界相继组织代表团访华。中国外贸部门配合国家的外交政策,用"利用矛盾、区别对待、采取斗争与分化相结合的方式,并依照平等互利的原则积极去开展"①的策略,争取和团结愿意同中国开展贸易的发展中国家及部分资本主义国家的政府与商人,尽量组织多余和次要物资的出口并争取所需物资的进口。在1954年日内瓦会议期间,中国政府代表团同西欧一些国家政府、经济组织和企业界代表就开展中国同西欧国家双边贸易问题广泛交换了意见。英国、挪威和荷兰于1954年相继同中国建立了外交关系,中国同这些国家的官方和民间贸易往来的发展,对打破西方国家的封锁禁运,同西欧各国的贸易起了十分重要的作用。自1954年至1956年,中国还在驻芬兰、挪威、瑞典、丹麦、英国、瑞士等国的使馆或代表处设立商务处,加强了同西欧国家的贸易工作。比利时、意大利、荷兰等西欧国家的一批工商界友好开明人士,也积极推动西欧国家同中国的贸易。同时,中国各进出口公司积极致力于对西欧市场的开拓。20世纪50年代后期,中国同西欧国家之间贸易人员往来逐渐活跃,许多国家的工商界陆续组织代表团到中国访问,洽谈业务。

在整个20世纪50年代,中国同西欧国家的贸易增长速度较快。1950

---

① 中国社科院、中央档案馆:《1953—1957中华人民共和国经济档案资料选编·商业卷》,中国物价出版社2000年版,第1050页。

年,中国对西欧国家的贸易总额为1.61亿美元,占中国对外贸易总额的14.2%。其中,中国出口8395万美元,进口7709万美元。1959年,中国对西欧国家的贸易总额达到6.51亿美元,比1950年增长3倍,占1959年中国对外贸易总额的14.9%。其中,中国出口2.01亿美元,比1950年增长139.4%,占1959年中国出口总额的8.9%;进口4.5亿美元,比1950年增长483.7%,占1959年中国进口总额的21.2%。①

20世纪50年代初,中国对西欧出口的商品主要是棉花、羊绒、茶叶、松香、毛皮、桐油、猪鬃、大豆、花生和蛋品等,品种很少;从西欧进口的主要商品是钢材、有色金属、化肥、化工原料、农药、纺织原料和西药等。到20世纪50年代后期,中国出口商品仍以纺织品、土产畜产和粮油食品为主,同时增加了工艺品、轻工业品、矿产品和化工产品的出口;从西欧进口的商品增加了汽车、机床、各种机械设备、船舶和人造纤维等。在这一时期,中国对西欧国家贸易中进口增长速度明显高于出口,中国由顺差变为有较大的逆差,同时进出口商品品种也有所增加。中国与西欧国家的贸易有明显发展。

中国与英国贸易关系历史悠久,英国曾有数十年垄断了中国进出口贸易。新中国成立后,英国政府于1950年1月宣布承认新中国,表示愿意同中国建交,为两国间贸易关系的发展创造了良好的氛围。但是1951年5月,英国政府追随美国对中国实行封锁禁运后,两国间的贸易关系受到了严重的影响。由于封锁禁运给英国的经济利益带来损失,日益引起英国广大人民和经济贸易界人士的不满,要求恢复和发展两国贸易关系的呼声越来越高。当时英国工党领袖等公开发表演说,主张改善中英两国间的贸易关系。1952年莫斯科国际经济会议期间,中英双方与会代表就开展中英贸易往来问题进行了商谈后,由12人组成的英国工商界代表团于1953年7月访华,同中国进出口公司签订了双方各进出口3000万英镑的商业协议。1954年4月,周恩来总理在出席日内瓦会议期间,亲自会见了英国国会议员、前贸易大臣和英国工商界代表,并就发展中英贸易关系问题交换了意见。同时,中国代表团首席顾问、对外贸易部副部长等有关高级官员也同英国工商界人士进行了广泛接触和交谈,并由威尔逊牵头发起邀请中国方面组团访英。同年6月,中国进出口公司经理率领中国贸易代表团应邀访问了英国,这是新中国成立后,派赴西方国家的第一个官方贸易代表团,这

---

① 沈觉人:《当代中国对外贸易》,当代中国出版社1992年版,第418、419页。

次访问取得了很大的成功。后来,又有英国麦加利银行总经理普伦率领英国30家工商企业、银行和航运业代表到北京、天津、上海等地访问,同中国各有关贸易公司商谈签订了181个合同,交易金额合计500万英镑。这些活动有力地推动了中英贸易关系的发展。在此期间,英国的英中贸易委员会、48家集团、伦敦出口公司等英国友好人士,以及香港华润公司、中国进出口公司驻东柏林代表处等单位,都为促进中英贸易关系的发展做了大量的工作,起到了积极的作用。①

1954年,中英两国政府间建立了代办级外交关系,为发展两国双边贸易初步奠定了基础。1955年至1960年,中英两国间双边贸易额都保持在每年1亿美元以上的水平(见表2-14、图2-6),英国成为当时中国在西欧最大的贸易伙伴。香港当时还受英国统治,中国和英国的贸易有很多是通过香港进行的。香港也是中国内地通往外部世界,特别是西方发达国家的窗口,因此中国政府把开展内地同港澳地区的贸易作为发展中国对外贸易的一个重要的方面和反禁运斗争的一条重要战线。因此,周恩来总理和李先念副总理等国家领导人仍对港澳出口供应十分关心,做过多次重要指示。1954年中央对外贸易部召开了第一次扩大对港澳出口工作会议,会议确定了对港澳地区的贸易方针,强调要坚决贯彻执行中共中央关于对港澳地区长期稳定供应的政策,进一步贯彻"内销服从外销"的原则。经过中国外贸部门和驻港澳贸易机构的努力,内地对港澳出口为主的贸易逐步稳步增长(见表2-15、图2-7)。中国内地也通过香港和澳门市场,从西方发达国家买入一些"禁运"物资。中国直接对英国出口的主要商品是杂豆、各种畜产品、茶叶、丝绸、工艺品以及水果罐头等,从英国进口的主要商品是化肥、染料、化工原料、五金、羊毛、机械仪器和电工器材等。

表 2-14 1952—1959 年中国与英国贸易额②

年份	I从英进口额 /万美元	E向英出口额 /万美元	I+E进出口总额 /万美元
1952	1366	1215	2581
1953	6719	2985	9704

---

① 沈觉人:《当代中国对外贸易》,当代中国出版社1992年版,第428,429页。
② 根据《中国对外经济贸易年鉴(1984)》(中国对外经济贸易出版社1984年版)有关数据计算整理而成。

续表

年份	I 从英进口额 /万美元	E 向英出口额 /万美元	I+E 进出口总额 /万美元
1954	4609	2459	7068
1955	6456	4007	10463
1956	6334	4916	11250
1957	5835	4393	10228
1958	12822	7573	20395
1959	10588	9112	19700

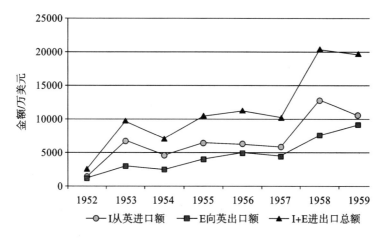

图 2-6　1952—1959 年中国与英国贸易额①

表 2-15　1952—1959 年中国内地与港澳地区贸易额②

年份	I 从港澳进口额 /万美元	E 向港澳出口额 /万美元	I+E 进出口总额 /万美元
1952	13510	16874	30384
1953	12161	16808	28969
1954	8848	12960	21808

---

①②　根据《中国对外经济贸易年鉴(1984)》(中国对外经济贸易出版社 1984 年版)有关数据计算整理而成。

续表

年份	I 从港澳进口额/万美元	E 向港澳出口额/万美元	I+E 进出口总额/万美元
1955	3462	15475	18937
1956	2808	17233	20041
1957	2518	17521	20039
1958	2539	21398	23937
1959	2045	19105	21150

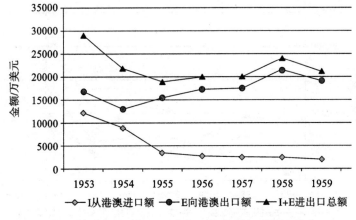

图 2-7 1952—1959 年中国内地与港澳地区贸易额①

新中国成立后，法国当时也追随美国对中国实行"禁运"和封锁，中法贸易受到严重影响。1952 年莫斯科国际经济会议期间由加德罗斯率领的法国工商界代表团同中国代表团进行了首次接触，就开展中法两国间贸易往来问题交换了意见，并签订了第一个中法民间贸易协议。1953 年 6 月，由法国国际贸易促进会主席德普拉率领的法国工商业贸易代表团首次访问了中国，同中国进出口公司签订了关于易货贸易的协定。1954 年 4 月至 7 月召开的日内瓦会议期间，法国许多重要厂商专程到日内瓦同中国代表团进行联系。对法国工商界的行动，中国方面做出了积极的反应。周恩来

---

① 根据《中国对外经济贸易年鉴(1984)》(中国对外经济贸易出版社 1984 年版)有关数据计算整理而成。

总理在日内瓦亲自接见了法国工商界人士,给予支持和鼓励。1955年3月,中国进出口公司技术参观团首次应邀访问了法国。1955年和1956年,中国国际贸易促进委员会分别派出展览团参加了里昂和巴黎国际博览会。在巴黎举办博览会期间,法国总统戈蒂到中国团参观并题名留念。许多观众在题词和讲话中纷纷要求法国政府承认新中国。法国和其他西方国家的许多商人要求同中国有关公司洽谈贸易并建立联系。中法两国民间贸易人士的往来和展览等活动,推动了法国官方人士同中国的接触,1956年1月和1957年9月,由法国参议院经济事务委员会主席罗希洛率领的工商界代表团两次访问中国。法国代表团的成员包括法国国民议会议员、财政部官员,以及法兰西银行、法国雇主协会和国营企业的代表或负责人。1956年,中国又派出技术考察团访问法国考察电机车,并于1958年中法双方签订了购买法国电机车的合同,这笔交易在法国企业界产生了很大影响。这些活动有力地推动了中法两国间贸易关系的发展(见表2-16、图2-8)。①

表2-16　1952—1959年中国与法国贸易额②

年份	I 从法进口额/万美元	E 向法出口额/万美元	I+E 进出口总额/万美元
1952	77	165	242
1953	1774	618	2392
1954	956	561	1517
1955	1398	951	2349
1956	1994	1845	3839
1957	2569	1103	3672
1958	1892	1550	3442
1959	2637	1809	4446

---

① 沈觉人:《当代中国对外贸易》,当代中国出版社1992年版,第432、433页。
② 根据《中国对外经济贸易年鉴(1984)》(中国对外经济贸易出版社1984年版)有关数据计算整理而成。

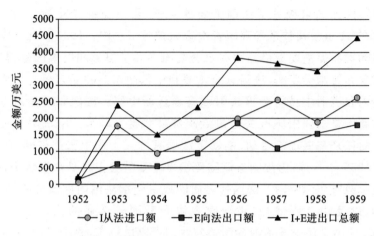

图 2-8　1952—1959 年中国与法国贸易额①

三、与亚非发展中国家贸易的发展

中国通过丝绸之路和海上丝绸之路，与亚洲、非洲国家有悠久的贸易关系。新中国成立后，中国政府除了实行"一边倒"开放以外，大力开展与亚非国家的经贸活动。但是由于当时许多亚非发展中国家刚刚或正在摆脱殖民主义枷锁，经济条件较差，贸易额不大。1953 年中国与巴基斯坦签订煤炭换棉花的贸易合同，促进了两国易货贸易。1955 年 4 月，周恩来总理率领中国政府代表团出席在印度尼西亚万隆召开的亚非会议，扩大了中国在亚非地区的政治影响。1955 年，在周恩来总理直接领导下，我国同埃及签订贸易协定，解决埃及面临的棉花出口和粮食进口问题，两国建立了有外交豁免权的商务代表处，不久就建立了正式外交关系，互派大使。在这前后几年中，我国先后同尼泊尔、叙利亚、阿拉伯也门共和国、柬埔寨等一大批亚非国家建立了经济贸易关系和外交关系。② 这些活动，推动了中国同亚非发展中国家贸易在曲折中由小到大，逐步发展（见表 2-17、图 2-9、表 2-18、图 2-10、表 2-19、图 2-11）。

---

①　根据《中国对外经济贸易年鉴(1984)》(中国对外经济贸易出版社 1984 年版)有关数据计算整理而成。

②　雷任民：《回忆周总理对外贸工作的关怀和指导》，载《不尽的思念》，中央文献出版社 1987 年版。

表 2-17　1952—1959 年中国与巴基斯坦贸易额①

年份	I 从巴进口额 /万美元	E 向巴出口额 /万美元	I＋E 进出口总额 /万美元
1952	8010	99	8109
1953	671	169	840
1954	2097	110	2207
1955	3090	14	3104
1956	1442	860	2302
1957	1022	316	1338
1958	1682	905	2587
1959	160	672	832

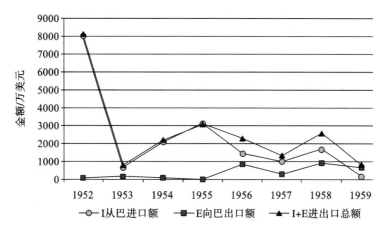

图 2-9　1952—1959 年中国与巴基斯坦贸易额②

①② 根据《中国对外经济贸易年鉴(1984)》(中国对外经济贸易出版社 1984 年版)有关数据计算整理而成。

表 2-18　1952—1959 年中国与马来西亚贸易额①

年份	I 从马进口额/万美元	E 向马出口额/万美元	I＋E 进出口总额/万美元
1952	18	356	374
1953	97	477	574
1954	622	691	1313
1955	408	1625	2033
1956	956	2462	3418
1957	3107	2887	5994
1958	386	1384	1770
1959	79	595	674

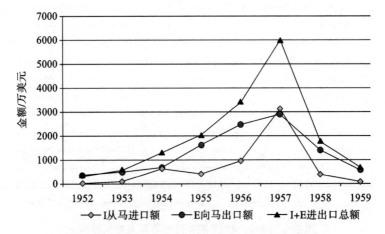

图 2-10　1952—1959 年中国与马来西亚贸易额②

①② 根据《中国对外经济贸易年鉴(1984)》(中国对外经济贸易出版社 1984 年版)有关数据计算整理而成。

表 2-19　1952—1959 年中国与埃及贸易额[①]

年份	I 从埃进口额/万美元	E 向埃出口额/万美元	I+E 进出口总额/万美元
1952	861	38	899
1953	977	63	1040
1954	1053	72	1125
1955	2453	200	2653
1956	2485	1288	3773
1957	3000	1865	4865
1958	3538	2118	5656
1959	3655	2128	5783

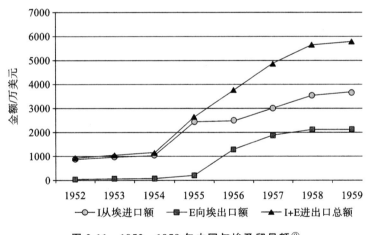

图 2-11　1952—1959 年中国与埃及贸易额[②]

第四节　1953—1959 年外贸发展主要特点

1953 年至 1959 年,中国国家统制贸易体制确立。中国与苏联和东欧社会主义国家的经贸关系仍然在发展,无论是进口还是出口,苏联仍然占

---

　①② 根据《中国对外经济贸易年鉴(1984)》(中国对外经济贸易出版社 1984 年版)有关数据计算整理而成。

据中国贸易对象国的第一位。中国与西欧国家经贸关系出现好转趋势。中国与亚非其他发展中国家的贸易也有一定发展。此外,这一时期中国对外贸易还有以下主要特点。

一、在本国经济发展基础上中国对外贸易有明显增长

1953年至1959年,在本国经济发展基础上中国对外贸易有明显增长。从表2-20可以看出,从1952年至1959年中国年进口贸易额由11.18亿美元增加到21.20亿美元,中国年出口贸易额由8.23亿美元增加到22.61亿美元,中国进出口贸易总额由19.41亿美元增加到43.81亿美元,中国进出口额占世界进出口额比重也由1.14%增加到1.81%。1956年,中国对外贸易顺差额0.82亿美元,扭转了几十年来的贸易逆差局面。之后中国对外贸易年年顺差,1959年顺差额达1.41亿美元。

表2-20　1950—1959年中国进出口贸易额①

年份	I 进口额 /亿美元	E 出口额 /亿美元	I+E 进出口总额 /亿美元	E-I 贸易平衡 /亿美元	中国进出口额 占世界进出口 额比重/(%)
1950	5.83	5.52	11.35	−0.31	0.90
1951	11.98	7.57	19.55	−4.41	1.14
1952	11.18	8.23	19.41	−2.95	1.14
1953	13.46	10.22	23.68	−3.24	1.40
1954	12.87	11.46	24.33	−1.41	1.39
1955	17.33	14.12	31.45	−3.21	1.62
1956	15.63	16.45	32.08	0.82	1.50
1957	15.06	15.97	31.03	0.91	1.32
1958	18.90	19.81	38.71	0.91	1.72
1959	21.20	22.61	43.81	1.41	1.81

1957年,中国进出口贸易总额达31.03亿美元,比1952年增长59.9%(见图2-12)。

---

① 根据海关总署统计分析司编:《改革开放40年中国对外贸易发展报告》(中国海关出版社2018年版)附表表1、表3有关数据改编。

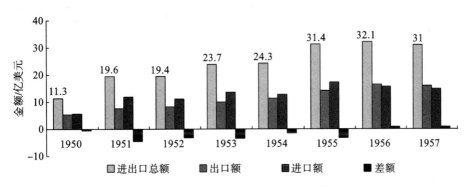

图 2-12 1950—1957 年中国对外贸易情况①

二、进口商品结构以生产资料为主

从这一时期中国进口商品分类统计来看,中国进口商品以成套设备和技术、机器仪表、五金矿产等生产资料为主。"一五"时期,中国从苏联和东欧的社会主义国家进口的货物中,生产资料占较大比重,1954 年占 93.5%,其中从苏联进口的货物中,生产资料约占 97%。这些物资绝大部分是以美国为首的西方国家所谓的"禁运"物资。在这些进口的生产资料中,成套设备主要是由苏联供应的。"一五"计划标志性的"156 项"工程,主要设备的绝大部分是由苏联供应的。东欧等国家也向中国提供了包括电站、化工、电信、制糖等部门的成套设备供应。中国政府将有限的外汇用于急需恢复发展的工业和国防方面,这些进口的生产资料对中国工业化建设所起的作用不可低估。此外,中国还从苏联和东欧的社会主义国家进口了大量其他重要物资,如各种工作母机、矿山运输和机械设备、各种钢材、有色金属、电工和电信器材、精密仪器、石油、车辆、船舶、农用机械、医药等。"一五"时期,中国进口商品中,消费资料占比平均不到 8%,比之前经济恢复时期的占比有较大下降。② "一五"时期之后两年,进口商品结构以生产资料为主的态势仍然持续。1958 年,成套设备和技术、机器仪表、五金矿产这 3 大类物资进口额合计占中国进口总额的 63.1%;1959 年,这 3 大类物资进口额合计占中国进口总额的比重达到 70.2%(见表 2-21、图 2-13)。

---

① 《新中国六十年统计资料汇编》。
② 《中国对外经济贸易年鉴(1984)》,中国对外经济贸易出版社 1984 年版。

表 2-21　1952—1959 年中国外贸进口商品分类统计①

年份	进口总额/万美元	成套设备和技术占比/(%)	机器仪表占比/(%)	五金矿产占比/(%)
1952	111825	26.3	13.9	10.3
1953	134611	17.2	17.9	16.4
1954	128737	24.3	23.3	13.7
1955	173331	43.4	13.9	9.4
1956	156343	25.6	18.1	11.7
1957	150587	28.9	17.3	10.8
1958	189045	23.7	22.0	17.4
1959	211999	32.5	21.3	16.4

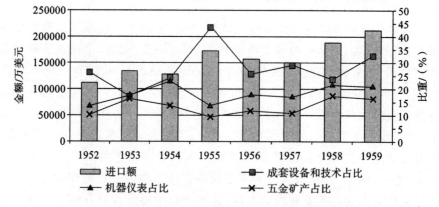

图 2-13　1952—1959 年中国外贸进口商品分类统计②

三、出口商品结构仍以农副产品为主，工业品出口占比上升

由于当时中国刚刚从"一穷二白"中走来，还是一个经济发展水平落后的农业国，在出口商品中农副产品及其加工产品仍然占主要比重。③ 从表 2-22 和图 2-14 可以看出，1953 年，粮油食品与土产畜产这两大类商品出口额合计占中国出口总额的 72.9%，比重很高；至 1956 年，这两大类商品出口额合计占中国出口总额的 58.5%；1959 年这两大类商品出口额合计占中国出口总额的比重已下降为 47.6%，比重虽然仍较高，但降幅明显。与

---

①② 根据《中国对外经济贸易年鉴(1984)》(中国对外经济贸易出版社 1984 年版)有关数据计算整理而成。

③ 《中国对外经济贸易年鉴(1984)》，中国对外经济贸易出版社 1984 年版。

此同时,纺织品出口额占中国出口总额的比重,1953年为8.5%,1956年为15.7%,1959年为27.7%,升幅明显。其他工业品,如钢材、玻璃、铁钉、缝纫机等,出口也有所增加。这些都反映了中国工业生产水平的提高。

表2-22　1952—1959年中国外贸出口商品分类统计①

年份	出口总额/万美元	粮油食品占比/(%)	纺织品占比/(%)	土产畜产占比/(%)
1952	82294	47.3	6.5	25.8
1953	102212	49.6	8.5	23.3
1954	114580	44.2	10.0	22.5
1955	141188	42.9	12.4	18.4
1956	164483	40.6	15.7	17.9
1957	159755	32.6	19.3	19.5
1958	198110	34.3	19.0	18.6
1959	226135	32.1	27.7	15.5

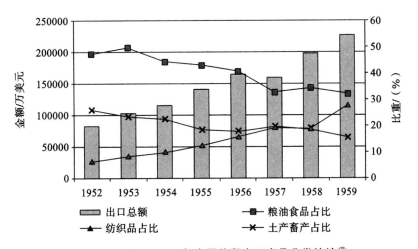

图2-14　1952—1959年中国外贸出口商品分类统计②

①② 根据《中国对外经济贸易年鉴(1984)》(中国对外经济贸易出版社1984年版)有关数据计算整理而成。

中华人民共和国经济
与社会发展研究丛书
1949—2018

中篇
Part Two

"突围"型开放下
外贸发展

第三章
1960—1972年对外贸易发展

1960年以后,中苏两国关系急剧恶化,以美国为首的西方国家对华封锁禁运依然存在,中国对外开放形势犹如处于双重包围之中。中国对外开放由"一边倒"型转为"突围"型。为了抵补国家外汇收支出现的逆差,中共中央于1960年8月10日发出《关于全党大搞对外贸易收购和出口运动的紧急指示》,并建立出口商品生产基地和出口专厂专车间,努力扩大出口。为了减缓全国粮食供应极端困难的局面,不得不挤出部分外汇用于增加粮食进口。中国外贸重心从苏联和东欧的国家再转回西方资本主义国家,同时扩大与第三世界国家的经贸交往。1971年10月25日,第二十六届联合国大会恢复中国合法席位,中国"突围"型对外开放取得决定性胜利。

第一节 中苏关系恶化后对外开放形势严峻

20世纪50年代末60年代初,中苏两国关系急剧恶化,连带中国与苏联和东欧的国家的经贸关系恶化,"一边倒"型开放结束。同时,以美国为首的西方国家对华"禁运"与封锁依然存在。中美关系因台海局势及第二次印度支那战争等更加紧张。在"左"倾错误思想指导下的"大跃进""文革"等也使得中国经济发展受到较大挫折。中国对外开放形势严峻。

一、中苏关系恶化

1958年4月,中苏两国之间因"长波电台"和"联合(潜艇)舰队"事件发生争执。1958年8月,为惩罚台湾地区国民党当局的挑衅和打击美国制造"两个中国"的阴谋,中国炮击金门和马祖,而这与赫鲁晓夫对美和解的政策又背道而驰。1959年8月,在印度挑起第一次边境武装冲突后,苏联发表了不负责任的《塔斯社声明》。该声明不是谴责发动武装挑衅的印度,而是谴责中国,这在社会主义国家关系史上尚属首次。1959年10月2日,中苏领导人举行正式会谈,双方就中印边界冲突发生了激烈争执。赫鲁晓夫蛮不讲理地让中国迁就印度,说:"你们为之战斗的土地是在西藏的人口稀少的高山上。为这样一些小块的荒凉高地真的值得流血吗?这些年来你们不打仗也过去了。这边界是几十年前确定的。为什么等到现在才拿它来小题大做?"①在这次会谈中,毛泽东主席照顾到中苏关系,很克制地说:"对尼赫鲁,我们还是要同他友好,还是要团结他。我们的原则是人不犯我,我不犯人,人若犯我,我必犯人。不为天下先。但是谁要欺负我们,那是不行的。谁都不行。"②会谈结束后赫鲁晓夫在海参崴发表演讲,不指名地影射中国"像一只好斗的公鸡"。1960年2月,在华沙条约政治协商委员会会议上,中国观察员代表中共中央宣布:"没有中国参加签字,赫鲁晓夫和艾森豪威尔签订的任何条约对中国没有约束力。"中国观察员的发言阐明了中苏双方的分歧和中国的立场,对国际舆论震动很大。1960年4月,中共中央连续发表了《列宁主义万岁》等3篇文章,公开了与苏共中央关于国际共运和国际政策的理论和政策分歧,中苏关系进一步恶化。这一年,赫鲁晓夫突然撤回在华全部专家,撕毁了两国政府签订的12个协定,废止了257个科技合作项目,停止了许多重要设备和物资的供应,导致中国大量企业和事业单位的建设处于停顿或半停顿状态。例如,包头钢铁厂原设计产能为年产钢300万吨、钢材240万吨以及相应的铁矿开采、炼铁、炼焦等,在1953年5月15日和1959年2月7日分别签订了一、二期工程的合同,其中第一期工程的设计建设规模为:年产铁156.5万吨、钢材122万吨以及相应的铁矿开采与炼焦等能力。至1960年底,苏方已交付100万吨炼钢能力和70万吨轧钢能力的设备。因此,该厂在1960年底投产时炼钢能力只能达到95万吨。另外,64个单项设备等引进合同,已执行的仅29项。上述解除义务的89项成套设备合同和35个单项设备等合同,实际用汇金额仅折合1.245亿美元,占20世纪50年代全部从苏联引进技术总用

---

① 〔苏〕赫鲁晓夫:《最后的遗言——赫鲁晓夫回忆录续集》,东方出版社1988年版,第467页。

② 吴冷西:《十年论战:1956—1966中苏关系回忆录》,中央文献出版社1999年版,第226页。

汇金额的6.4%。① 苏联的这一举动,给中国经济发展造成了巨大损失。1969年3月中苏两国对峙,发生了珍宝岛之战,使两国的贸易关系降至冰点。

中苏关系恶化后,中苏双边贸易大大萎缩。1959年中苏贸易总额约合20.97亿美元,占中国进出口总额的比重达47.9%(20世纪50年代有些年份占一半以上);1960年中苏贸易总额降到16.6亿美元;1961年这一总额继续降到8.28亿美元,占中国进出口总额的比重降至29.8%;1965年中苏贸易总额约合4.07亿美元,占中国进出口总额的比重继续降至9.6%;1967年这一总额为1.11亿美元;至1970年,中苏贸易总额约合0.47亿美元,占中国进出口总额的比重仅1%(见表3-1、图3-1)。1970年的贸易额为新中国成立后两国贸易额的最低点。

表3-1　1961—1970年中苏贸易额②

年份	I从苏进口额/万美元	E向苏出口额/万美元	I+E进出口总额/万美元	I+E/中国进出口总额/(%)
1961	29165	53626	82791	29.8
1962	21092	49066	70158	26.4
1963	19428	40678	60106	20.6
1964	13358	31164	44522	12.9
1965	18577	22167	40744	9.6
1966	16473	14041	30514	6.6
1967	5594	5547	11141	2.7
1968	5921	3293	9214	2.3
1969	2698	2742	5440	1.3
1970	2406	2317	4723	1.0

---

① 陈慧琴:《技术引进与技术进步研究》,经济管理出版社1997年版,第26、27页。
② 根据《中国对外经济贸易年鉴(1984)》(中国对外经济贸易出版社1984年版)有关数据计算整理而成。

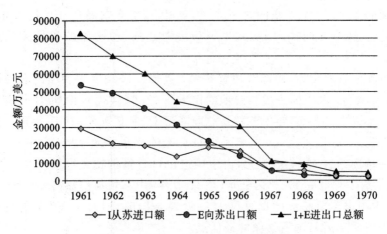

图3-1　1961—1970年中苏贸易额①

20世纪50年代,中国与苏联签订了11笔贷款协定,总计金额为12.74亿卢布(折合人民币53.68亿元),本息合计中国将归还苏联14.06亿卢布(折合人民币57.42亿元)。在上述贷款中,用于购买军事装备物资和支付苏联移交旅大军事基地、合营公司等设施、物资的费用占76.1%;用于购买经济建设设备物资的费用占23.9%。② 在这11笔贷款中,比较大的有两笔:一是1950年的3亿美元长期贷款;二是1954年的5.2亿卢布长期贷款。1960年以后,我国需要偿还的苏联债务,主要是以下三笔:一是1950年苏联长期贷款3亿美元,当时规定从1954年开始每年偿还3000万美元,到1963年底以前还清;二是1954年苏联长期贷款5.2亿卢布(约合5.3亿美元),当时规定从1955年开始偿还,到1964年底还清;三是1960年中国对苏联的贸易欠账2.88亿卢布,根据1961年双方的协定,不计利息,从1961年至1965年内分期偿还,即1964年偿还1.7亿卢布,1965年偿还1.18亿卢布。另外,还有1961年苏联借给中国50万吨糖,当时规定在1964—1967年归还,不计利息。

中国在这一时期克服巨大经济困难,在1964年前基本偿还了20世纪50年代苏联向中国提供的贷款和利息(见表3-2、图3-2);1965年又提前两年还清了1961年借的50万吨糖。

---

① 根据《中国对外经济贸易年鉴(1984)》(中国对外经济贸易出版社1984年版)有关数据计算整理而成。

② 石林:《当代中国的对外经济合作》,中国社会科学出版社1989年版,第318页。

表 3-2　1958—1965 年国家债务支出情况①

年份	1958	1959	1960	1961	1962	1963	1964	1965	合计
国外借款还本付息/亿元	7.23	7.11	6.73	6.58	6.42	2.86	0.96	0.70	38.59
国内借款还本付息/亿元	1.81	2.58	3.37	4.35	3.95	4.72	4.27	5.66	30.71

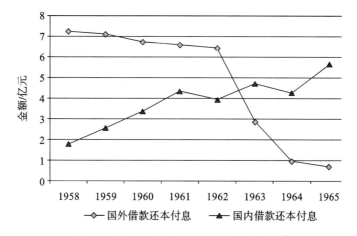

图 3-2　1958—1965 年国家债务支出情况②

中苏两国进出口商品结构也发生了变化。从 1966 年起，由于大庆等油田开发，中国石油工业取得重大发展，不再从苏联进口石油及其制品；中国向苏联出口商品虽仍以农产品为主，但随着欠苏联债务的基本还清，加上国内自然灾害等原因引起的供应困难，相继停止对苏联大豆、大米等农产品的供应。③

东欧的国家追随苏联，中苏两党之间政治关系和两国经济关系的恶化，也影响到中国与部分东欧的国家之间政治经济关系的变化。20 世纪 50 年代中国与东欧的国家签订的成套设备供应合同 116 项，后撤销 8 项；单项设备供应合同 88 项，实际执行 74 项，解除义务的 14 项合同实际用汇

---

①② 财政部综合计划司：《中国财政统计（1950—1985）》，中国财政经济出版社 1987 年版，第 89 页。
③ 孟宪章：《中苏贸易史资料》，中国对外经济贸易出版社 1991 年版，第 580、610 页。

金额折合 107 万美元。① 这一时期它们对华贸易额也有明显下降。例如，波兰对华年贸易总额 1959 年为 10345 万美元，至 1963 年降至 2682 万美元；民主德国对华年贸易总额 1959 年有 23250 万美元，至 1964 年降至 3090 万美元；匈牙利对华年贸易总额 1959 年有 8165 万美元，至 1964 年降至 1518 万美元。②

二、西方国家对华封锁依然存在

这一时期以美国为首的西方国家对华"禁运"与封锁依然存在。中美关系因台海局势及第二次印度支那战争等更加紧张。"不论是在朝鲜停火之前还是之后，华盛顿都在想方设法遏制中国"③。

20 世纪 50 年代末 60 年代初，台海局势越来越紧张。美国搞了"花样繁多的敌对行动"：军事挑衅，援助和保护台湾，为反共政权提供军事支持，等等。美国人认为北京是一个威胁：中国领导人公开表示，支持世界各地的革命斗争，"美帝国主义"被看成是中国的头号敌人。美国的对策则包含几次"较富侵略性的活动"，其中有"横渡台湾海峡的作战，国民党军队控制的沿岸岛屿发动的攻击，军事性的飞越大陆上空"等。④

1959 年，越共中央委员会决定武装统一越南，并派遣大量军事人员前往南越组织武装暴动。1960 年，民族解放阵线成立，它由反吴庭艳政权的各派组成，事实上由越共中央委员会控制。当时虽然"中苏论战"爆发，但是中国和苏联都积极支持北越对南方进攻。1961 年 5 月，为了进一步帮助吴庭艳政府，美国政府派遣一支特种部队进驻南越，开启了美军战斗部队进入越南的先河。这一事件也常被认为是越战（亦称为第二次印度支那战争，越南称之为越南抗美战争）开始的标志。1964 年 8 月 2 日，一艘执行任务的美国驱逐舰"马多克斯号"遭到北越鱼雷艇袭击，美国随即以轰炸北越海军基地作为报复，这就是著名的"东京湾事件"（"北部湾事件"）。北越和美国双方都把"东京湾事件"看作对方的蓄意攻击，并做出了强硬反应。美国国会通过了"东京湾决议案"，授权总统可以采取包括武力在内的一切手段对付这一挑衅行为。这事实上给予了总统林登·约翰逊在不经宣战的

---

① 陈慧琴：《技术引进与技术进步研究》，经济管理出版社 1997 年版，第 27 页。
② 《中国对外经济贸易年鉴(1984)》，中国对外经济贸易出版社 1984 年版。
③ 迈克尔·谢勒：《二十世纪的美国与中国》，生活·读书·新知三联书店 1985 年版，第 199 页。
④ 迈克尔·谢勒：《二十世纪的美国与中国》，生活·读书·新知三联书店 1985 年版，第 200—202 页。

情况下发动战争的权力,约翰逊随即将战争大大升级。1964年10月中国第一颗原子弹爆炸成功后,美国总统约翰逊称"这是世界历史上最不幸的时刻之一"。他说:"即使共产党中国最后发展了一只可靠的核力量,也不会影响美国对付共产党中国侵略的决心。"美国于12月26日和28日先后派出两艘核潜艇到西太平洋。美国记者称:"这样做是为了随时能够向共产党中国发射猛烈的核火力。"[①]1965年3月8日,3500名美国海军陆战队员在岘港登陆。短短数月之后,美军在越人数已多达22万。约翰逊还批准了"轰雷行动"("滚雷行动"),对北越进行大规模轰炸。在美国总统约翰逊心目当中,越南战争"是北京和华盛顿之间的意志较量及其代理人的战争";"河内的统治者受到北京的鼓励"。[②] 在这种情况下,以美国为首的西方国家加强了对华封锁。

由于香港当时是中国内地与外部,特别是与西方国家联系的重要窗口,这种局势也对香港的转口贸易产生较大影响。表3-3从港澳进口数据折射了以美国为首的西方国家加强对华封锁的情况,向港澳出口数据则大致反映中国内地坚持对港澳同胞生活资料的提供情况(见表3-3、图3-3)。

表3-3　1958—1969年中国内地与港澳地区贸易额[③]

年份	I 从港澳进口/万美元	E 向港澳出口/万美元
1958	2539	21398
1960	1661	19832
1961	1183	18976
1962	971	22787
1963	816	30064
1964	1565	40431
1965	1771	46162
1966	1614	58057

---

① 李长久、施鲁佳:《中美关系二百年》,新华出版社1984年版,第204页。
② 迈克尔·谢勒:《二十世纪的美国与中国》,生活·读书·新知三联书店1985年版,第219、220页。
③ 根据《中国对外经济贸易年鉴(1984)》(中国对外经济贸易出版社1984年版)有关数据改编。

续表

年份	I 从港澳进口/万美元	E 向港澳出口/万美元
1967	1236	49673
1968	1077	53207
1969	1343	57468

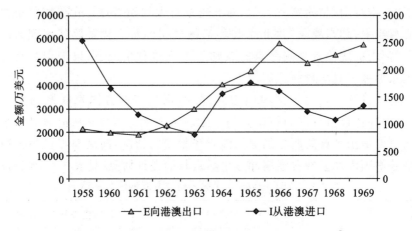

图 3-3　1958—1969 年中国内地与港澳地区贸易额①

三、中国经济发展受挫

由于在"左"倾错误思想指导下,搞"大跃进"、人民公社化,中国经济出现了大倒退,导致三年的国民经济困难:国民经济比例关系严重失调,基建规模过大,粮食紧缺,市场供应紧张,人民生活困难。

为此,中共中央在 1960 年冬不得不做出调整,提出了对国民经济实行"调整、巩固、充实、提高"的八字方针,力图纠正前期的失误,以克服日益严重的经济问题,引导国民经济健康顺利发展。国家在政策、财力、物力、人力等方面加大了对农业的倾斜:一方面压缩"大跃进"过程中日益膨胀的城镇人口,1960 年至 1964 年大量城镇人口重新返回农村,以充实农业生产第一线;另一方面,增加农村所需贷款和物资,减少粮食征购任务,降低农业税,提高农副产品的收购价格,促进农业生产的恢复,增加农民的收益,与

---

①　根据《中国对外经济贸易年鉴(1984)》(中国对外经济贸易出版社 1984 年版)有关数据计算整理而成。

此同时,号召和组织各行各业从各方面加强对农业的支援。通过这些措施,农业战线的劳动力得到了保障,农民收入得到了增加,农业技术也得到了发展,农村恢复了生机和活力。

1962年初,中共中央召开了有7000人参加的扩大的中央工作会议,初步总结了"大跃进"中的经验教训,扭转了急躁冒进情绪。陈云、邓小平等人认为中央应认真研究一下农民自发采取的"包产到户"等做法。邓小平在《怎样恢复农业生产》一文中讲"(不管)黄猫、黑猫,只要捉住老鼠就是好猫",哪一种方法有利于恢复生产,群众愿意采取,就用哪一种方法。① 但是毛泽东称此为"刮单干风",对此进行了严厉批评。"文革"中,"黄猫黑猫"论被指责为"唯生产力论",遭到错误批判。

毛泽东对当时社会的主要矛盾做出了错误的判断,认为防止修正主义和资本主义复辟是我国的主要任务,阻碍其理想模式发展者是其主要敌人,试图发动一场空前的群众运动来清除一切既有的文化传统。中国开展了长达十年的"文革",国家陷入了动乱时期。

随着"文革"在全国的展开,人员的大流动,一方面增加了国家财政困难,另一方面又加重了交通运输负担。1966年8月23日《人民日报》发表社论《工农兵要坚决支持革命学生》,各地闻风而起,大字报铺天盖地,"破四旧"活动如火如荼。10月出现"踢开党委闹革命"浪潮,工交企业的生产秩序被打乱,经济管理部门受到冲击。由此出现了上无指挥、内有"造反派"、外有学生串连的混乱局面,导致工厂停产减产、交通阻塞,商业、邮电、金融等部门不畅,严重影响了人民生活和经济建设。

1967—1968年,夺权风暴遍及全国,到1968年9月全国先后成立了"革命委员会",出现"打倒一切""全面内战"的政治局势,严重破坏了经济建设的正常进行。在各部门夺权运动中,经济管理机构陷于瘫痪,原先形成的一系列正确的经济政策和规章制度被抛弃,甚至被废除,正常的经济生活秩序被打破,经济发展处于无序状态,经济管理难以为继,经济发展失去了控制。一些沿线和交通枢纽城市的大规模武斗,严重地影响了交通运输的正常进行,导致煤炭等生产资料的供应困难,直接约束了钢铁、电力等基础工业部门,进而影响到经济领域的其他部门。如此局面,造成经济各部门生产产量大幅度下降,财政收入大大萎缩,市场供应紧张,国民经济连续两年负增长,给国家和人民带来了灾难性后果。

---

① 《邓小平文选 第一卷》,人民出版社1994年版,第323页。

第二节 "突围"型开放与外贸政策大调整

一、努力扩大出口及增加粮食进口

由于1959年我国的国民经济已经进入困难时期,1960年上半年我国外贸收购和出口计划完成得很差,国家外汇收支出现很大逆差。到1960年7月,中共中央发现当年的出口计划很难完成,为了保证"对苏联和东欧兄弟国家的贸易欠账务必做到今年少欠,明年基本还清",中共中央于8月10日发出《关于全党大搞对外贸易收购和出口运动的紧急指示》。《关于全党大搞对外贸易收购和出口运动的紧急指示》要求千方百计挤出物资来出口;同时规定了"五先"原则,即在国家计划规定的范围内,对于出口商品,应当安排在先,生产在先,原材料和包装物料供应在先,收购在先,运输在先。①

为了适应国际市场要求以扩大出口,需要认真建立出口商品基地。外贸部门为贯彻这一方针,采取了两项增加出口货源的措施:一是从1960年开始建立出口商品生产基地和出口专厂专车间;二是从1961年开始扩大1957年以来外贸部实行的以进养出,主要是进口原料加工成品出口。这两项措施对中国外贸出口事业的发展起到了很大的作用。

当时国内市场供应紧张,迫切需要解决人民的吃穿用问题。特别是由于农业严重减产,1960年下半年出现了全国粮食供应极端困难的局面,京、津、沪、沈等大城市告急。国务院副总理陈云为解燃眉之急,不顾当时一些人的指责②,向中央提出:挤出部分外汇用于进口粮食,"稳定市场,关键是进口一些粮食。进口粮食,就要下定决心拿出东西来出口,先国外,后国内。把粮食拿进来,这是关系全局的一个重大问题。进来粮食,就可以向农民少拿粮食,稳定农民的生产情绪,提高农民的生产积极性。用两三年的时间把农业生产发展起来,国内市场问题也就可以得到解决,农民手头的粮食宽裕了,就可以多养鸡、鸭、猪,多生产经济作物和各种农副产品,增

---

① 中共中央文献研究室:《建国以来重要文献选编(第十三册)》,中央文献出版社1966年版,第452—455页。

② 当时,提出这一意见是有风险的。因为在意识形态宣传上,我们长期把进口粮食同"卖国主义"相联系。有人认为陈云关于进口粮食的主张会造成很坏的影响;当时也有一些人认为吃进口粮食是修正主义。参见尚长风:《陈云与新中国的粮食进出口贸易》,《党史与文献研究》2017年第7、8期;姜长青:《建国后陈云若干重大粮食决策》,《粮食问题研究》2011年3期。

加出口"①。如时任外贸部副部长的雷任民所说:"中国是一个农业大国,吃进口粮是禁区,是一个很大的问题。周总理和陈云同志就是要突破中国禁区,解决国家的困难。"②

中共中央和国务院经过再三考虑,采纳了陈云的建议,决定根据当时的特殊情况调整进口结构,在继续进口中把粮食列为首位,依次安排化肥、农药、油脂、工业原料、设备等进口。1961年3月,中共中央在广州会议上正式决定1961年进口粮食500万吨、翌年进口350万吨至400万吨。由此,我国的粮食国际贸易方针,发生了由大规模净出口向大规模净进口的重大转变。

为了保证国内粮食供应,周恩来总理、陈云副总理和对外贸易部部长叶季壮想方设法落实粮食进口计划,全面研究粮食进口的来源、运输、外汇等问题,了解粮食订购和到货情况。周恩来总理指示雷任民去香港搞清三个问题:一是能不能买到粮?二是运输问题能不能解决?三是中国银行能不能解决外汇支付问题?因为当时台湾海峡局势比较紧张,运输和资金显得特别重要。雷任民到香港召集华润公司、中国银行等单位经过了解情况,进行研究,认为货源、运输、外汇问题可以解决。周恩来总理为解决粮食问题,每天晚上都把雷任民叫去向他汇报粮食订购、运输到货情况,船只航行的情况等。③

经过外贸部门广大职工的努力,1961年至1965年每年进口小麦500万吨到600万吨,④保证了重灾区和大城市的粮食供应,对于稳定市场,恢复和发展农业生产,克服国民经济的暂时困难起了重要作用。⑤

20世纪60年代,国际市场上有能力大规模出口粮食的国家基本上都是西方国家。在当时的冷战格局下,我国作为东方阵营的重要成员,与西方阵营尖锐对立。不过,大多数西方国家对我国实施军火以及战略物资的禁运,并不包括粮食这类生活必需品。由于面临粮食过剩的问题,西方粮

---

① 国家经济贸易委员会:《中国工业五十年:新中国工业通鉴 第四部1961—1965(上卷)》,中国经济出版社2000年版,第691页。
② 金冲及:《周恩来传(四)》,中央文献出版社1998年版,第1565页。
③ 雷任民:《回忆周总理对外贸工作的关怀和指导》,载《不尽的思念》,中央文献出版社1987年版。
④ 武力:《中华人民共和国经济史》,中国经济出版社1999年版,第579页。
⑤ 孙业礼、熊亮华:《共和国经济风云中的陈云》,中央文献出版社1996年版,第195—200页。

食出口国虽然"有时受政治的干扰,但是商业最终还是战胜了道义上的顾忌"①,积极向中国出口粮食。1961年我国进口的粮食主要来自加拿大、澳大利亚、法国、阿根廷、联邦德国、意大利等国。中国紧急粮食进口计划的实施,得到这些国家粮食出口机构乃至政府的破例合作。当我国初次从加拿大进口粮食时,两国尚未建立外交关系。依据加拿大法规,官方特许的银行不得向尚未建立外交关系的国家提供出口商业信用。然而,加拿大小麦委员会成功说服了加拿大政府,破例同意加拿大有关银行为我国第一批小麦进口提供了短期出口信贷。我国从澳大利亚进口的小麦也争取到较为优惠的条件。②

为降低粮食进口成本,陈云还提议通过第三国转口美国粮食。当时美国是世界粮食市场的最大供应国,报价也较低,但出于众所周知的原因,在选择进口国时有意回避。1961年上半年,加拿大、澳大利亚等国宣传(本国)自然灾害,"放出卖粮食不能迟期付款的空气;可能还要涨价"。在这种情况下,陈云考虑到经济上的合理性,认为国家宝贵的外汇应当精打细算地使用。在1961年8月的庐山中央工作会议上,陈云向毛泽东提出,可否通过当时同中国关系比较密切的法国转口购买美国粮食,毛泽东表示可以。不久后,美国粮食也通过转口源源不断地进入中国。③

为应对粮食危机,国家仅1961年就进口了580多万吨粮食,需4亿美元的外汇,加上购买古巴的糖约需1亿美元,合计约需5亿美元,占当年国家进口总额三成多。而1960年的国家外汇储备仅1.02亿美元。在此之前,中国是出口粮食换取外汇的,一出一进,外汇紧张状况顿显。陈云采取开源节流的办法筹措外汇,以支持粮食进口。陈云主张减少一些农副、土特产品和服装的消费,把这些产品用于出口换汇。我国的工业品在国际市场上打开销路不容易,农副产品则不同,销路有保证。一些灾区因为粮食紧张,打算把一切可吃的东西如核桃、杏仁、枣仁、黑白瓜子甚至甘草之类的中药材,统统拿来顶粮食吃,因而减少了这些传统的出口商品。针对这种状况,陈云指出:"有些东西要出口,比如核桃、瓜子、红枣等,国内吃的就少了。我们现在究竟要顾哪一头?我看,要顾进口粮食这一头。如果顾那些零零碎碎的吃的东西,是解决不了大问题的,还不如把这些有出口市场

---

① 约翰·英格里斯、诺曼·赫尔摩:《当代加拿大外交》,中国社会科学出版社2002年版,第169页。
② 卢锋:《粮食禁运风险与粮食贸易政策调整》,《中国社会科学》1998年第2期。
③ 尚长风:《陈云与新中国的粮食进出口贸易》,《党史与文献研究》2017年第7、8期。

的东西都集结起来,换粮食进来。"①1961年,国家硬是挤出3.09亿元的农副产品出口。

陈云还主张利用国际市场米、麦之间的价差,开展外汇套利交易,以求在不增加外汇支出的情况下,增加粮食进口数量。在20世纪60年代初期的国际粮食市场上,小麦的价格较低,大米的价格较高。每斤大米相当于2～2.5斤小麦的价格。粮食部提出,可否用出口大米进口小麦的方法来增加国内粮食的总量。陈云当即表示同意并批准了这一建议。从1961至1965粮食年度,中国共进口粮食547亿斤,出口127亿斤。进出口相抵,净进口420亿斤。在这出口的127亿斤粮食中,除了少量的大豆、杂粮之外,绝大部分都是大米——用国家储备的大米换取小麦。如果按在127亿斤出口粮中有110亿斤大米,而且按1斤大米相当于2斤小麦计算,那么110亿斤大米就相当于220亿斤小麦。也就是说,中国在进口的547亿斤粮食中,有220亿斤小麦是通过出口大米换回的。这样一出一进,实际上就等于同样外汇增加进口粮食110亿斤。②

二、"突围"型开放及外贸重心再次转移

进入20世纪60年代以后,以美国为首的西方资本主义阵营对华"禁运"与封锁依然存在,以苏联为首的苏东另一大阵营对华关系迅速恶化,使得中国对外开放形势犹如处于双重包围之中。毛泽东过去曾多次成功地带领红军突围,这次又要带领全中国人突围,中国对外开放由"一边倒"型转为"突围"型。中国政府采取了一系列"突围"举措。

20世纪50年代周恩来总理倡导和平共处五项原则,以及在万隆会议上所做出的促进世界和平与合作的努力等,对20世纪60年代中国"突围"型开放也起到了有益的影响。1961年,第十六届联大总务委员会通过了讨论中国在联合国席位问题的议题,这无疑是对美国为阻止中国恢复其席位设置的重重障碍敲响了第一声警钟。

但是美国仍顽固坚持其错误做法,另出花招,强行把恢复中国代表权作为必须由联大以2/3多数票赞成才算通过的"重要问题"。这就是说在美国处于少数情形时,仍能阻挠中国恢复在联合国的合法席位。

进入20世纪60年代以后,我国对外贸易的重心再次发生了转移。20

---

① 《陈云文选 第三卷》,人民出版社1995年版,第141页。
② 尚长风:《陈云与新中国的粮食进出口贸易》,《党史与文献研究》2017年第7、8期。

世纪50年代初,外贸重心曾经因为西方资本主义阵营对华禁运而由资本主义国家转向苏联和东欧的国家。这次外贸重心则是从苏联和东欧的国家再转回西方资本主义国家。在技术引进方面,中国开始从以前面向苏联和东欧的国家转为面向西方国家,同时扩大与第三世界国家的经贸交往。

为拓展外交活动空间,促进睦邻友好关系的发展,1963年至1966年,中国国家主席刘少奇、总理周恩来一再率代表团出访印度尼西亚、缅甸、巴基斯坦、阿拉伯联合共和国、阿尔及利亚、摩洛哥、突尼斯、加纳等亚非国家。

1964年1月,经中法两国领导人的共同努力,法国成为西方大国中第一个同中国建立正式外交关系的国家,这被称为外交史上的"核爆炸",西方对华封锁墙出现大裂缝。

中国政府努力办好每年两季的广交会,把广交会作为对外开放的重要窗口。1960—1972年,广交会坚持举办(虽然在1966年后受到"文革"的干扰),采购商人数不断增加,参会国家和地区一再增多,全年成交额明显增长(见表3-4、图3-4),显示了"突围"型开放的成就。

表3-4 历届广交会成效统计①

年份	采购商人数	参会国家和地区数	全年成交额/亿美元
1960	2542	31	2.3
1961	2244	31	2.7
1962	3640	36	2.6
1963	3100	42	3.6
1964	4444	51	5.2
1965	5961	56	7.6
1966	6329	52	8.4
1967	6662	60	8.2
1968	7012	65	8.8
1969	7721	63	7.6

① 资料来源:广交会官网。

续表

年份	采购商人数	参会国家和地区数	全年成交额/亿美元
1970	8046	57	9.1
1971	10606	70	12.0
1972	14598	82	18.7

注：为节省篇幅，采购商人数及参会国家和地区数仅列秋季的。

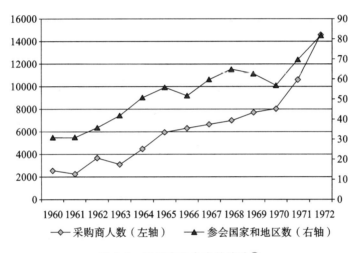

图 3-4　历届广交会成效统计[①]

1970年，在第二十五届联合国大会上，支持恢复中国席位并驱逐国民党集团"代表"的表决结果是51票赞成、47票反对，赞成票第一次超过了反对票。当时联大会议厅里，掌声四起，持续时间之长和气氛之热烈是少有的。

1971年4月6日，中国邀请美国乒乓球队访问中国，开始著名的"小球推动大球"的乒乓外交。1971年7月6日，当时的美国总统尼克松在堪萨斯城发表讲话，把世界分为五极，称中国是五极之一，第一次对中国使用了中华人民共和国的称谓。1971年7月9日，美国总统国家安全事务助理基辛格博士秘密来华访问。同年10月，基辛格再次来华访问，与上次不同的是，这次是公开的。

1971年10月25日，第二十六届联合国大会以76票赞成、35票反对、

---

① 资料来源：广交会官网。

17票弃权的压倒性多数,通过了阿尔巴尼亚、阿尔及利亚等23个国家提出的要求"恢复中华人民共和国在联合国的一切合法权利,立即把蒋介石集团的代表从联合国一切机构中驱逐出去"的提案。26日,中国代理外交部长姬鹏飞收到联合国秘书长吴丹发来的正式通知,中华人民共和国在联合国和安理会中被非法剥夺了20多年的席位得到恢复。中国政府当即决定积极参加联合国的活动,在毛泽东主席、周恩来总理的过问和关怀下,很快组成中国出席第二十六届联大代表团。11月8日晚上,代表团成员及部分工作人员,由周恩来总理带领到中南海毛泽东主席住处,受到毛泽东主席的亲切接见。这再一次表明,中国领导人对联合国恢复中国合法席位是多么重视。中国"突围"型对外开放取得决定性胜利。

第三节 与亚非国家经贸关系发展

1960—1971年,我国外贸重心在转回西方资本主义国家的同时,还承担着对亚非发展中国家的经济援助的重担。当时,我国对外援助的方式主要有:①向受援国家提供成套机器设备;②向受援国派出工程技术人员和技术工人;③向受援国提供所需的建设物资,对有的受援国还提供现汇援助。由于有些精密机器设备我国还不能制造,有的原材料如特殊钢材我国还不能生产,只好用外汇购买后提供给受援国。① 这对亚非国家产生了很大影响,中国与亚非国家经贸关系有较大发展。

一、与越南经贸关系变化

越南取得抗法战争胜利后,中越贸易迅速发展,1960年进出口贸易额达到8331万美元。但是1961年5月,美国派遣特种部队进驻南越,越战开始,越南大部分时间处于抗美战争中,国内的正常生产生活遭受严重破坏,致使越南对中国的出口额逐年下降,1965年越南对中国出口额为2500万美元,1969年越南向中国的出口额已下降为300万美元。这一时期中国为了支援越南抗击美军,出口越南的商品主要是战时物资,对越南出口额有增无减,在1965年突破1亿美元大关,之后年份仍大幅上升,于1971年达2.24亿美元(见表3-5、图3-5)。

---

① 林海云:《关于周恩来外贸思想的片断回忆》,载《不尽的思念》,中央文献出版社1987年版。

表 3-5　1958—1971 年中国与越南贸易额①

年份	I 从越进口额/亿美元	E 向越出口额/亿美元	I＋E 进出口总额/亿美元
1958	0.15	0.41	0.56
1960	0.19	0.64	0.83
1961	0.17	0.60	0.77
1962	0.15	0.44	0.59
1963	0.15	0.41	0.56
1964	0.20	0.55	0.75
1965	0.25	1.25	1.50
1966	0.11	1.40	1.51
1967	0.05	1.30	1.35
1968	0.05	1.53	1.58
1969	0.03	1.50	1.53
1970	0.06	1.29	1.35
1971	0.07	2.24	2.31

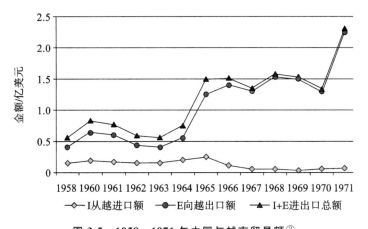

图 3-5　1958—1971 年中国与越南贸易额②

①② 根据海关总署统计分析司：《改革开放 40 年中国对外贸易报告》（中国海关出版社 2018 年版）第 971 页有关数据计算整理而成。

二、与朝鲜、蒙古经贸关系变化

1959年,中朝两国政府间签订第一个为期4年的贸易协定,贸易额有了显著增长。1959年双边贸易额达到1.15亿美元,其中,中方出口额7000多万美元,进口额近4500万美元,比1956年的贸易额增加了67%。①1960年,朝鲜国内粮食供应困难,当时中国也遭受自然灾害,经济也相当困难。但为了帮助朝鲜克服困难,中国还是向朝鲜出口了23万吨粮食。两国双边贸易额基本维持上年水平。1961年,中国对朝鲜出口的主要商品有粮食、食用油等,其他商品也尽量满足朝鲜的需要,双边贸易额没有下降。中国从1962年开始向朝鲜出口原油、成品油。而朝鲜出口商品主要是各种钢材、机床、电动机等机电产品,以及无烟煤、铁砂、有色金属等矿产品和水产品等。1963年,中朝两国政府签订了为期五年的第二个长期贸易协定。随着两国经济形势的好转,双方基本上能履行长期贸易协定,双边贸易额不断增长,1966年超过2亿美元,其中中国出口1.15亿美元、进口8846万美元。1967年双边贸易额为1.77亿美元。中方出口商品主要是粮食、棉花、食用油等生活必需品,还有焦炭、煤等工业用燃料和矿产品,以及化工产品和部分机械产品。中朝第二个长期贸易协定执行完毕后,双方未再签订新的长期贸易协定,双方贸易额显著下降,1968年贸易额降至1.13亿美元,比1967年贸易额下降36%。1970年4月,周恩来总理访问朝鲜,使中朝两国间的贸易关系进入新的发展阶段。同年10月,两国政府在北京签订了1971年至1976年为期六年的第三个长期贸易协定,贸易额迅速增长。1971年贸易额比1970年贸易额增长45%(见表3-6、图3-6)。

表3-6　1958—1971年中国与朝鲜贸易额②

年份	I 从朝进口额 /万美元	E 向朝出口额 /万美元	I+E 进出口总额 /万美元
1958	4281	4774	9055
1960	5297	6740	12037
1961	5311	6382	11693
1962	5414	8043	13457

---

① 沈觉人:《当代中国对外贸易》,当代中国出版社1992年版,第301页。
② 根据沈觉人:《当代中国对外贸易》(当代中国出版社1992年版)有关数据计算整理而成。

续表

年份	I从朝进口额/万美元	E向朝出口额/万美元	I+E进出口总额/万美元
1963	6432	8706	15138
1964	6504	9029	15533
1965	8325	9701	18026
1966	8846	11476	20322
1967	8299	9364	17663
1968	4587	6719	11306
1969	4494	4721	9215
1970	5420	6088	11508
1971	7241	9432	16673

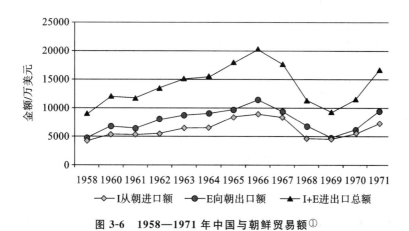

图 3-6　1958—1971 年中国与朝鲜贸易额①

虽然1961年10月《中蒙通商条约》签订，但是20世纪60年代初中苏关系恶化使中蒙两国关系也受到严重的影响，中蒙两国的贸易急转直下而陷入低潮。最低的1967年，双方双边贸易额只有35万美元。同时，由于中国经蒙古铁路运输从苏联和东欧的国家进口商品大量减少，支付给蒙古的铁路过境运费随之锐减，加剧了中蒙两国贸易额的下降。在这个时期，

---

① 根据沈觉人:《当代中国对外贸易》(当代中国出版社1992年版)有关数据计算整理而成。

中国援助蒙古的7个在建项目被迫停止。

三、与日本经贸关系变化

1958年5月,由于日本岸信介政府对中国采取敌视政策,中日贸易关系中断。为了谋求恢复中日贸易关系的途径,日本自民党有识之士松村谦三、高崎达之助应周恩来总理、陈毅副总理邀请于1959年、1962年和1964年相继到中国访问。日本前通商大臣高崎达之助同周恩来总理和陈毅副总理会谈时表示,日方强烈要求大力恢复日中贸易,并提出日方一些设想。1960年6月,岸信介政府下台,趁此机会,周恩来总理于8月份提出对日贸易"三原则"(即政府协定、民间合同、个别照顾),于是一度中断的中日贸易又恢复和发展起来,并由20世纪50年代的民间贸易阶段转入60年代的友好贸易和"备忘录贸易"阶段。

1962年10月松村谦三访问中国,双方确认了在平等互利基础上发展中日双边的长期的、综合的、大宗的、易货的、包括延期付款的备忘录贸易的意愿。1962年11月,中日友好协会会长廖承志与日本前通商大臣高崎达之助分别代表中日双方在北京签署了关于发展中日两国民间贸易的备忘录。备忘录规定:1963—1968年为第一个五年协议,平均每年成交额3600万英镑。备忘录在形式上虽然是民间协议,但廖承志和高崎达之助实际上是各自国家政府的代表,因此,"备忘录贸易"实质上是中日贸易三原则中提到的第一种政府协定下的贸易。

1962年12月,中国贸促会与日本的日中贸促会、国际贸促协会、国际贸促协会关西本部等三个团体签订中日贸易议定书。这是继20世纪50年代中日双方签订四次民间贸易协定之后,进一步发展两国民间贸易的新起点。至此,中日贸易形成了两个"车轮":一个是廖承志-高崎达之助备忘录(简称"备忘录贸易");另一个就是中日贸易议定书(简称"议定书贸易"或"中日友好贸易")。后者之所以又被称为"中日友好贸易",是因为申请与中国外贸公司进行贸易的日本商社,必须由日本友好团体推荐,并经中国贸促会同意,指定为"中日友好贸易商社"之后,方能被中国公司接受为贸易伙伴。进行"友好贸易"的主要场所是广州中国出口商品交易会。

根据中日贸易议定书的规定,1963—1964年,在北京和上海举办了日本工业展览会;在东京、大阪举办了中国经济贸易展览会。这些展览会,不仅规模大、观众多,而且开展了丰富多彩的友好活动,促进了两国人民之间的相互了解。在"备忘录贸易"方面,第一个五年协议执行得比较顺利。

1963年日本政府批准仓敷人造丝株式会社利用日本输出银行出口信贷,以延期付款方式成功地向中国出口了维尼纶成套设备。1964年双方还签订了为期三年的化肥长期合同。1963年,中日贸易即恢复到1956年水平,1965年的贸易额又比1963年增长五倍多。1966年"备忘录贸易"总额超过了2亿美元。①

为了执行"备忘录贸易"协议,双方于1964年就互设常驻联络办事处和互换记者达成了协议,并于1964年7月和1965年1月分别在各自首都互设了具有半官方协定的"廖承志办事处"和"高崎达之助办事处"(1968年改称"备忘录贸易办事处")。

1964年11月佐藤内阁成立伊始就露骨地推行敌视中国,公开制造"两个中国"的政策。1965年1月佐藤荣作拒不批准大日本纺织株式会社和日立造船株式会社等使用政府资金向中国出口第二套维尼纶成套设备和货轮,迫使两个合同相继失效。此后,直至1972年中日两国建交,日本未再向中国出口成套设备,使"备忘录贸易"难以达到预期目标。1968年以后,中日双方不再续签五年长期协议,仅在每年商定一次贸易协议事项,因此"备忘录贸易"的总额急剧下降,1971年降至8300万美元,仅占中日贸易额的10%。

1958—1971年中国与日本贸易额如表3-7、图3-7所示。

表3-7 1958—1971年中国与日本贸易额②

年份	I 从日本进口额 /万美元	E 向日本出口额 /万美元	I+E 进出口总额 /万美元
1958	4813	3252	8065
1960	19	0	19
1961	1445	2164	3609
1962	4216	3163	7379
1963	6444	6482	12926
1964	16081	14128	30209
1965	26183	19243	45426

① 沈觉人:《当代中国对外贸易》(上),当代中国出版社1992年版,第31页。
② 根据沈觉人:《当代中国对外贸易》(当代中国出版社1992年版)有关数据计算整理而成。

续表

年份	I从日本进口额/万美元	E向日本出口额/万美元	I+E进出口总额/万美元
1966	33377	26938	60315
1967	30427	23366	53793
1968	33489	20491	53980
1969	38176	20080	58256
1970	58273	22381	80654
1971	59443	28135	87578

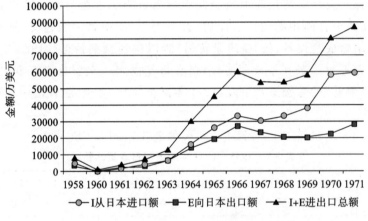

图3-7 1958—1971年中国与日本贸易额①

四、与亚非其他国家的经贸关系发展

1960年,中缅两国签订了友好和互不侵犯条约及边界问题的协定,两国友好关系有了进一步的巩固和发展,两国的进出口贸易也有很大增加。中国对缅甸出口的商品主要是棉布、棉纱、花生油、铝制品、手工艺品、丝绸、棉针织品、铁钉、陶瓷、松香、新闻纸、水产品、罐头、电池等,以上商品占中国对缅甸出口总值的83%。中国从缅甸进口的商品主要是橡胶、棉花、米、木材等。中国同叙利亚、黎巴嫩、阿拉伯也门共和国、也门民主人民共和国、阿富汗、伊拉克、巴基斯坦、尼泊尔相继建立了政府间的贸易往来,并

---

① 根据沈觉人:《当代中国对外贸易》(当代中国出版社1992年版)有关数据计算整理而成。

且同土耳其、塞浦路斯开始了直接贸易。

20世纪50年代后期,随着非洲民族独立和解放运动的高涨,许多非洲国家相继取得了独立。新独立的非洲国家面临着发展民族经济、实现经济独立的艰巨任务,许多国家都希望同中国发展友好合作关系。中国同非洲国家的贸易逐渐发展。中国同北非的埃及、摩洛哥和突尼斯签订了政府间的贸易支付协定,同撒哈拉以南的一些非洲国家开展了民间贸易。1963年12月至1964年2月初,周恩来总理出访非洲10国,增进了中国同非洲国家的友谊和相互了解,促进了友好合作关系。在周恩来总理访问非洲期间,中国在马里举办了中国经济建设展览会,给非洲人民留下深刻的印象,为进一步扩大中国同非洲国家的贸易关系,创造了条件。1958—1971年中国与非洲贸易额如表3-8、图3-8所示。

表3-8　1958—1971年中国与非洲贸易额[①]

年份	I 从非洲进口额/万美元	E 向非洲出口额/万美元	I+E 进出口总额/万美元
1958	4703	3760	8463
1960	7673	3384	11057
1961	3700	3736	7436
1962	3771	3862	7633
1963	7784	4914	12698
1964	7110	6883	13993
1965	12224	12449	24673
1966	10072	11766	21838
1967	7464	11302	18766
1968	8418	10254	18672
1969	7182	11042	18224
1970	6521	11200	17721
1971	11899	14527	26426

---

① 根据沈觉人:《当代中国对外贸易》(当代中国出版社1992年版)有关数据计算整理而成。

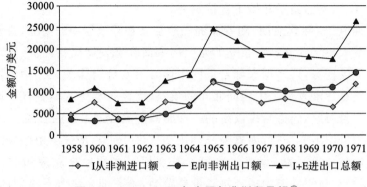

图 3-8　1958—1971 年中国与非洲贸易额①

第四节　与欧美国家经贸关系发展

20 世纪 60 年代初,中国对外贸易的发展重点开始转向西方发达国家。西欧一些大国如法国、意大利等,要求同中国开展友好往来和建立外交关系的呼声越来越高。1964 年,中法两国建立外交关系,带动了中法贸易关系的发展。同年,中国分别同意大利、奥地利达成互设商务代表处的协议,对促进中国同西欧国家经济贸易关系的发展起着积极作用。虽然这种发展势头后遭"文革"的干扰,但是中国同西欧国家之间的贸易关系,在 20 世纪 60 年代仍然得到较大发展,对西欧贸易在中国对外贸易总额中所占的比重有较大的增加。1969 年,中国对西欧国家的贸易总额达到 11.26 亿美元,比 1959 年增长 73.0%,占中国对外贸易总额的 27.9%,其中中国出口 4.3 亿美元,比 1959 年增长 113.9%,占中国出口总额的 19.6%;进口 6.95 亿美元,比 1959 年增长 54.4%,占中国进口总额的 38%。20 世纪 60 年代,中国对西欧贸易的一个重要特点是,中国开始从西欧国家引进成套设备和技术。这一时期,中国积极发展同拉丁美洲各国的贸易。

一、与英国经贸关系发展

20 世纪 60 年代初,中英两国的贸易往来一度活跃起来。1963 年 3 月,中国对外贸易部副部长卢绪章应邀访问了英国。1964 年 11 月,英国在北京举办了机械及科学仪器展览会,时任英国贸易大臣主持了开幕式并访问了中国。1958 年至 1971 年除个别年份外,中英两国双边贸易额都保持

---

①　根据沈觉人:《当代中国对外贸易》(当代中国出版社 1992 年版)有关数据计算整理而成。

在 1 亿到 4 亿美元的水平。后来由于"文革"干扰,上述发展趋势受到影响(见表 3-9、图 3-9)。

表 3-9　1958—1971 年中国与英国贸易额①

年份	I 从英进口额/万美元	E 向英出口额/万美元	I+E 进出口总额/万美元
1958	12822	7573	20395
1960	10451	8196	18647
1961	4625	5783	10408
1962	3196	6020	9216
1963	4290	7267	11557
1964	6966	10160	17126
1965	12306	13554	25860
1966	20375	13910	34285
1967	21943	12994	34937
1968	17626	11852	29478
1969	28355	11992	40347
1970	38562	10389	48951
1971	16617	12358	28975

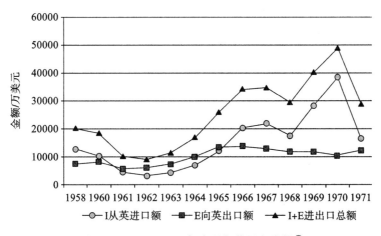

图 3-9　1958—1971 年中国与英国贸易额②

①② 根据沈觉人:《当代中国对外贸易》(当代中国出版社 1992 年版)有关数据计算整理而成。

二、与欧洲共同体经贸关系发展

1957年3月25日,法、意、联邦德国、荷、比、卢6国外长在罗马签订了建立欧洲经济共同体与欧洲原子能共同体的两个条约,即《罗马条约》,目标是:"通过共同市场的建立和各成员国经济政策的逐步接近,在整个共同体内促进经济活动的和谐发展,不断的均衡的扩展,日益增长的稳定,生活水平加速提高以及各成员国间越来越密切的关系。"为了使欧洲经济共同体有效地发挥作用,条约还规定:在各成员国之间取消商品进出口的关税和定量限制,以及具有同等影响的一切其他措施、建立共同的农业政策、建立共同的运输政策等。该条约经六国议会批准,于1958年1月1日生效,标志着欧洲经济共同体的正式诞生。1965年4月8日,6国签订了《布鲁塞尔条约》,决定将欧洲煤钢共同体、欧洲原子能共同体和欧洲经济共同体统一起来,统称欧洲共同体。

这一时期中国与欧洲共同体经贸关系发展主要表现为中法经贸关系发展。随着中法双方贸易往来日趋活跃,中法两国间的贸易额逐年增长,1960年双边贸易额达5991万美元,到1963年继续增长至9308万美元,其中中国出口1902万美元,从法国进口7406万美元。中法两国双边贸易额的迅速增长,尤其是法国对华出口的大幅增长,引起了法国舆论界、工商界及法国政府的普遍重视,主张同中国建交和发展贸易的呼声越来越高。1964年,中法两国建立外交关系,不仅带动了中法贸易关系的发展,使得中国与法国贸易额连年上升(后来由于"文革"干扰,上述发展趋势受到影响(见表3-10、图3-10)),而且掀起西欧国家要求同中国发展贸易的热潮。

表3-10 1958—1971年中国与法国贸易额[①]

年份	I 从法进口额 /万美元	E 向法出口额 /万美元	I+E 进出口总额 /万美元
1958	1892	1550	3442
1960	4149	1842	5991
1961	3373	1515	4888
1962	5448	1552	7000

① 根据沈觉人:《当代中国对外贸易》(当代中国出版社1992年版)有关数据计算整理而成。

续表

年份	I 从法进口额 /万美元	E 向法出口额 /万美元	I+E 进出口总额 /万美元
1963	7406	1902	9308
1964	6466	3748	10214
1965	7194	4898	12092
1966	11877	5960	17837
1967	8822	5665	14487
1968	11478	6735	18213
1969	5731	7175	12906
1970	10951	6332	17283
1971	11332	6404	17736

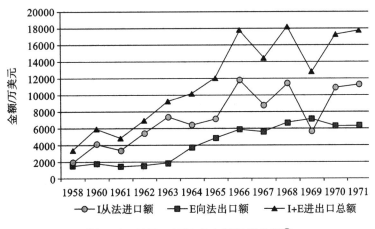

图 3-10　1958—1971 年中国与贸易额①

三、与拉丁美洲国家贸易发展

中国对拉丁美洲各国一贯本着平等互利、互通有无的方针，积极发展同拉丁美洲各国的贸易。1960 年 12 月，中国同古巴建立外交关系和政府

---

① 根据沈觉人：《当代中国对外贸易》（当代中国出版社 1992 年版）有关数据计算整理而成。

间的贸易关系,此后每年都有部长级官员率领的贸易代表团进行互访。20世纪60年代,中国同巴西、智利和阿根廷的贸易也有较大发展。1961年,巴西副总统率领贸易代表团访问中国,双方签订了银行间贸易支付协定。同年,中国和巴西双方的国际贸易促进委员会代表团也进行了互访,中国从巴西进口的商品是棉花、糖和咖啡等,中国对巴西出口的商品是油脂、松香、药材、香料、锑、猪鬃等。1965年,中国国际贸易促进委员会在智利设立了商务代表处,1966年中国与智利贸易额达1756万美元。中国从智利进口的商品主要是铜和硝石,向智利出口的商品主要是轻纺产品。中国对阿根廷的贸易主要是进口阿根廷的小麦,向阿根廷出口轻纺产品。中国在智利和墨西哥还分别举办了中国经济贸易展览会,这些活动都有助于推动中国与拉丁美洲各国贸易关系的进一步发展。从表3-11、图3-11可以看出,1966年以前,中国与拉丁美洲贸易有明显发展;1966年以后由于"文革"干扰,波动较大,但是与20世纪50年代相比还是有较大发展。

表3-11　1958—1971年中国与拉丁美洲国家贸易额①

年份	I 从拉美进口额/万美元	E 向拉美出口额/万美元	I+E 进出口总额/万美元
1958	295	37	332
1960	2103	1025	3128
1961	12236	10816	23052
1962	14757	8181	22938
1963	8055	9113	17168
1964	21761	10879	32640
1965	22824	11488	34312
1966	20879	9110	29989
1967	7108	8067	15175
1968	7156	6451	13607
1969	5210	7854	13064
1970	7060	7522	14582
1971	10061	7145	17206

① 根据沈觉人:《当代中国对外贸易》(当代中国出版社1992年版)有关数据计算整理而成。

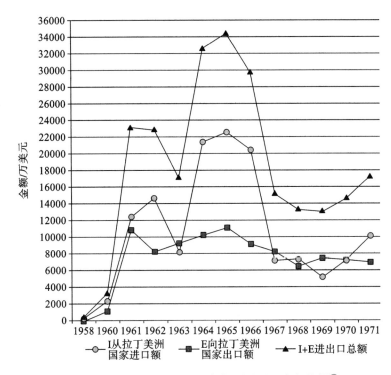

图 3-11　1958—1971 年中国与拉丁美洲国家贸易额①

第五节　1960—1971 年中国外贸发展的主要特点

1960 年至 1971 年,中国与苏联和东欧的国家关系恶化,对外贸易的发展重点开始转向西方发达国家,中国与亚非其他发展中国家贸易也有一定发展。此外,这一时期中国对外贸易还有以下主要特点。

一、中国对外贸易出现 U 型增长

20 世纪 60 年代初,中国与苏联和东欧的国家经贸关系恶化,以致中国进出口贸易额从 1959 年的 43.81 亿美元跌至 1962 年的 26.63 亿美元。之后,"突围"型开放成效在贸易方面得到显现,中国进出口贸易额从 1962 年的 26.63 亿美元逐渐升至 1971 年的 48.41 亿美元(见表 3-12、图 3-12),出现 U 型增长。但由于世界其他国家进出口贸易发展相对快,这一时期中国进出口贸易额占世界进出口贸易额比重下降(见图 3-13)。

---

① 根据沈觉人:《当代中国对外贸易》(当代中国出版社 1992 年版)有关数据计算整理而成。

表 3-12　1959—1971 年中国进出口贸易额①

年份	I 进口额 /亿美元	E 出口额 /亿美元	I+E 进出口额 /亿美元	E-I 贸易平衡 /亿美元	中国进出口额占世界进出口额比重/(%)
1959	21.20	22.61	43.81	1.41	1.81
1960	19.53	18.56	38.09	-0.97	1.42
1961	14.45	14.91	29.36	0.46	1.05
1962	11.73	14.90	26.63	3.17	0.91
1963	12.66	16.49	29.15	3.83	0.91
1964	15.47	19.16	34.63	3.69	0.96
1965	20.17	22.28	42.45	2.11	1.09
1966	22.48	23.66	46.14	1.18	1.08
1967	20.20	21.35	41.55	1.15	0.93
1968	19.45	21.03	40.48	1.58	0.82
1969	18.25	22.04	40.29	3.79	0.72
1970	23.26	22.60	45.86	-0.66	0.71
1971	22.05	26.36	48.41	4.31	0.67
1972	28.58	34.43	63.01	5.85	0.74

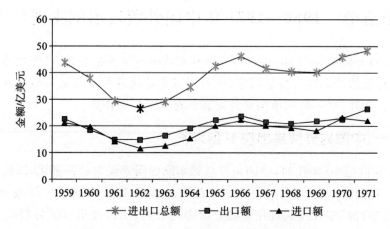

图 3-12　1959—1971 年中国进出口贸易额统计②

① 根据海关总署统计分析司：《改革开放 40 年中国对外贸易发展报告》（中国海关出版社 2018 年版）有关数据计算整理而成。

② 由《中国对外经济统计年鉴 2004》《1992 年中国统计年鉴》《新中国 55 年统计资料汇编 1949—2004》数据统计而来。

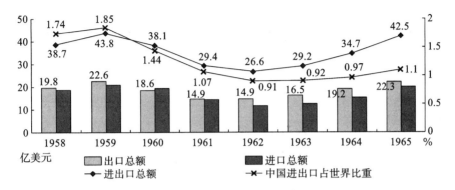

图 3-13　1958—1965 年中国进出口贸易及占世界贸易总额的比重①

二、进口商品结构以生产资料为主，粮油食品占比先升后降

在 20 世纪 60 年代，中国进口商品结构发生了较大变化，消费资料的进口比重不断上升，生产资料进口的比重相应下降。1959 年，成套设备和技术、机器仪表、五金矿产这 3 大类物资进口额合计占中国进口总额的比重达到 70.2%。20 世纪 60 年代初，由于中苏关系恶化，成套设备和技术进口锐减，以致成套设备和技术、机器仪表、五金矿产这 3 大类物资进口额合计占中国进口总额的比重也大幅下降，到 1962 年已降到 25.6%，1963 年为 19.5%。我国技术引进的重点逐步转向日本和西欧等西方发达国家，主要引进了石油、化工、冶金、矿山、电子和精密机械等成套设备，再加上五金矿产以及化工等，生产资料在进口总值中的比重又有所上升。总之，这一时期中国进口商品结构仍可以说以生产资料为主。由于"文革"的干扰，我国技术引进工作遭到极大的破坏。20 世纪 60 年代初，由于国内农业生产严重受挫，不得不大量进口粮食，砂糖、动植物油进口也有增加，粮油食品进口额合计占中国进口总额的比重猛然上升。1962 年这一比重达到 41.3%，其后粮油食品这一占比呈下降趋势（见表 3-13、图 3-14）。

表 3-13　1959—1971 年中国外贸进口商品分类统计②

年份	进口总额/万美元	成套设备和技术占比/(%)	五金矿产占比/(%)	化工占比/(%)	粮油食品占比/(%)
1959	211999	32.5	16.4	20.3	10.0

---

① 《新中国六十年统计资料汇编》和世界银行数据库。
② 根据《中国对外经济贸易年鉴(1984)》(中国对外经济贸易出版社 1984 年版)有关数据计算整理而成。

续表

年份	进口总额/万美元	成套设备和技术占比/(%)	五金矿产占比/(%)	化工占比/(%)	粮油食品占比/(%)
1960	195319	33.2	18.9	19.2	1.7
1961	144536	13.6	9.9	19.6	35.8
1962	117293	9.1	10.2	20.4	41.3
1963	126646	4.3	9.2	22.0	39.3
1964	154737	3.5	11.6	16.3	39.9
1965	201740	4.3	16.0	16.4	29.3
1966	224787	4.5	22.1	16.7	24.9
1967	201990	5.3	26.8	18.3	21.1
1968	194468	4.0	27.1	22.7	20.8
1969	182592	0.4	31.8	26.4	15.5
1970	232605	—	39.9	18.9	15.4
1971	220488	—	33.8	18.3	13.6

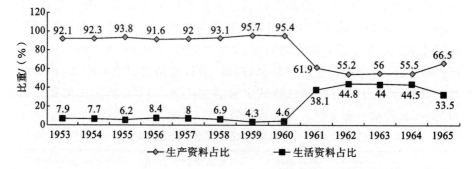

图 3-14 1953—1965 年中国生产、生活资料进口占比[1]

---

[1] 根据《中国对外经济贸易年鉴(1984)》(中国对外经济贸易出版社1984年版)有关数据计算整理而成。

三、出口商品结构仍以初级产品为主

随着中国工业化的发展和进口替代政策的实施,我国出口商品结构也逐步发生了一些变化。20世纪60年代,我国轻纺产品出口增长较快,初级产品出口占出口总额的比重下降至60%左右,工业制成品占出口总额的比重提高到40%左右。特别要提及的是,到1965年,机械及运输设备的产品出口从1953年的零出口发展到了占工业制成品的7.5%。但是由于20世纪60年代中国经济发展水平仍然比较落后,虽然出口商品结构不断优化,工业制成品出口发展很快,但始终以初级产品出口为主(见表3-14、图3-15),同时工业制成品出口也处在以粗加工品为主的状态。

表3-14 1959—1971年中国外贸出口商品分类统计[①]

年份	出口总额/万美元	粮油食品占比/(%)	纺织品占比/(%)	土产畜产占比/(%)
1959	226135	32.1	27.7	15.5
1960	185601	25.7	32.4	14.1
1961	149063	16.9	37.3	11.8
1962	149023	17.1	35.6	12.0
1963	164921	23.0	31.3	12.8
1964	191634	26.9	25.9	13.6
1965	222790	30.4	21.3	14.3
1966	236575	35.1	21.9	13.5
1967	213531	36.9	22.1	13.2
1968	210298	34.8	23.1	15.5
1969	330352	30.5	23.5	17.1
1970	225981	30.7	23.0	16.1
1971	263601	29.6	21.4	16.2

[①] 根据《中国对外经济贸易年鉴(1984)》(中国对外经济贸易出版社1984年版)有关数据计算整理而成。

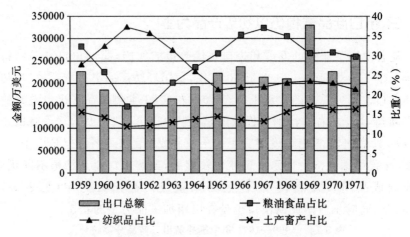

图 3-15　1959—1971 年中国外贸出口商品分类统计[①]

---

①　根据《中国对外经济贸易年鉴(1984)》(中国对外经济贸易出版社 1984 年版)有关数据计算整理而成。

第四章
1973—1978年对外贸易发展

1972年美国总统尼克松、日本首相田中角荣访华，20多年来以美国为首的西方国家封锁遏制中国所形成的"坚冰"被打破。中国利用这个机会，从西方资本主义发达国家进口了一大批成套设备。这成为世界贸易史和技术交流史上的大事件。毛泽东主席和周恩来总理等克服了"四人帮"的干扰，使中国对外贸易和技术引进得以发展。

第一节 打破"坚冰"

1972年2月美国总统尼克松访问中国，中美双方在上海签订了《中美联合公报》，标志着中美两国关系正常化的开始；同年9月，日本首相田中角荣访华，中日签署《中日联合声明》，实现中日邦交正常化。这以后出现了很多国家同中国建交的热潮。新中国成立以来以美国为首的西方国家封锁遏制中国所形成的"坚冰"被打破。

一、中美两国关系正常化的开始

20世纪70年代初，毛泽东主席和周恩来总理从调整中、美、苏"大三角"关系的外交战略需要出发，通过请美国作家斯诺传话、邀请美国乒乓球队访华等方式，发出愿与美方接触、争取打破中美关系僵局的信息。

1971年7月9日—11日，美国国家安全事务助理基辛格博士秘密访华，中美双方讨论了国际形势及中美关系问题，并就美国总统理查德·尼克松访华一事达成协议，7月16日发表了《公告》。《公告》说："获悉，尼克松总统曾表示希望访问中华人民共和国，周恩来总理代表中华人民共和国政府邀请尼克松总统于1972年5月以前的适当时间访问中国。尼克松总统愉快地接受了这一邀请。"

1972年2月21日上午,尼克松乘坐的"空军一号"飞机降落在北京机场,尼克松成为首位访问中华人民共和国的美国总统。尼克松及夫人急忙走下舷梯,向前去迎接的中国总理周恩来伸出了手。中美两国领导人的手握在一起,被尼克松本人称为"跨越太平洋的握手"。这标志着中美关系一个新时代的开始。

之后,毛泽东主席在中南海会见尼克松总统,两位领导人就中美关系和国际事务认真、坦率地交换了意见。周恩来总理和尼克松总统就中华人民共和国和美利坚合众国关系正常化以及双方关心的其他问题进行了广泛、认真和坦率的讨论。此外,国务卿威廉·罗杰斯和外交部部长姬鹏飞也同样举行了会谈。尼克松等在北京还登长城、游故宫,参观了文化、工业和农业项目;他们还访问了杭州和上海,在那里继续同中国领导人进行讨论,并参观了类似的项目。

1972年2月28日,周恩来总理和尼克松总统签署了著名的《中美联合公报》。《中美联合公报》在阐明双方对重大国际问题的各自看法和立场、承认中美两国的社会制度和对外政策有着本质区别后,强调指出双方同意以和平共处五项原则来处理国与国之间的关系。双方郑重声明:中美两国关系走向正常化是符合所有国家的利益的,双方都希望减少国际军事冲突的危险;任何一方都不应该在亚洲-太平洋地区谋求霸权,每一方都反对任何其他国家或国家集团建立这种霸权的努力;任何一方都不准备代表任何第三方进行谈判,也不准备同对方达成针对其他国家的协议或谅解。双方还认为,大国相互勾结反对其他国家或在世界上划分利益范围都是违背世界各国人民利益的。

关于台湾问题,中方在《中美联合公报》中重申:台湾问题是阻碍中美两国关系正常化的关键问题;中华人民共和国政府是中国的唯一合法政府,台湾是中国的一个省,解放台湾是中国的内政,别国无权干涉;全部美国武装力量和军事设施必须从台湾撤走;中国政府反对任何旨在制造"一中一台""一个中国、两个政府""两个中国""台湾独立"和鼓吹"台湾地位未定"的活动。美方则表示:它认识到在台湾海峡两边的所有中国人都认为只有一个中国,台湾是中国的一部分,美国对这一立场不提出异议;美方重申对由中国人自己和平解决台湾问题的关心。考虑到这一前景,它确认从台湾撤出全部美国武装力量和军事设施的最终目标。在此期间,它将随着这个地区紧张局势的缓和逐步减少它在台湾的武装力量和军事设施。

《中美联合公报》还规定,双方将为逐步开展中美贸易以及进一步发展两国在科学、技术、文化、体育和新闻等领域的联系和交流提供便利;并将通过不同渠道保持接触,包括不定期地派遣美国高级代表前来北京,就促进两国关系正常化进行具体磋商,并继续对共同关心的问题交换意见。

《中美联合公报》的发表标志着中美两国关系正常化的开始,为以后中美关系的进一步改善和发展打下了基础。尼克松访华的一周被称为"改变世界的一周"。1973年5月,中美两国同意在各自首都设立对方的联络处。1975年12月,美国总统福特应邀访华。1978年12月16日,中美两国发表了《中美建交联合公报》。[①] 中美两国逐渐打破坚冰,建立彼此尊重的关系,不仅加强了中美关系,也使得中国与整个西方国家关系得到改善,推动了世界和平与文化经济交流,为中国改革开放创造了良好的外部环境。

二、中日两国邦交正常化

1971年基辛格来华访问,为尼克松访华做铺垫。这一事件直到公布前的最后一刻才通知日本政府,日本人深感被美国所抛弃。佐藤内阁在外交上进退失据,被迫总辞。日本政坛和外交政策因此受到了巨大冲击,称为"尼克松冲击"。

1972年9月,日本内阁总理大臣田中角荣应中国总理周恩来的邀请,来华访问。陪同田中角荣总理大臣的有大平正芳外务大臣、二阶堂进内阁官房长官以及其他政府官员。毛泽东主席于1972年9月27日会见了田中角荣总理大臣,双方进行了认真、友好的谈话。

周恩来总理、姬鹏飞外交部长和田中角荣总理大臣、大平正芳外务大臣,始终在友好气氛中,以中日两国邦交正常化问题为中心,就两国间的各项问题,以及双方关心的其他问题,认真、坦率地交换了双方的意见,同意签署和发表《中日联合声明》。

《中日联合声明》指出:中日两国是一衣带水的邻邦,有着悠久的传统友好的历史。两国人民切望结束迄今存在于两国间的不正常状态。战争状态的结束,中日邦交的正常化,两国人民这种愿望的实现,将揭开两国关系史上新的一页。

[①] 迈克尔·谢勒:《二十世纪的美国与中国》,生活·读书·新知三联书店1985年版,第250—269页;李长久、施鲁佳:《中美关系二百年》,新华出版社1984年版,第229—253页。

日本方面痛感过去由于战争给中国人民造成的重大损害的责任，表示深刻的反省。日本方面重申站在充分理解中华人民共和国政府提出的"复交三原则"的立场上，谋求实现日中邦交正常化这一见解。中国方面对此表示欢迎。

中日两国尽管社会制度不同，应该而且可以建立和平友好关系。两国邦交正常化，发展两国的睦邻友好关系，是符合两国人民利益的，也是对缓和亚洲紧张局势和维护世界和平的贡献。

《中日联合声明》宣布：（一）自本声明公布之日起，中华人民共和国和日本国之间迄今为止的不正常状态宣告结束。（二）日本国政府承认中华人民共和国政府是中国的唯一合法政府。（三）中华人民共和国政府重申：台湾是中华人民共和国领土不可分割的一部分。日本国政府充分理解和尊重中国政府的这一立场，并坚持遵循波茨坦公告第八条的立场。（四）中华人民共和国政府和日本国政府决定自一九七二年九月二十九日起建立外交关系。两国政府决定，按照国际法和国际惯例，在各自的首都为对方大使馆的建立和履行职务采取一切必要的措施，并尽快互换大使。（五）中华人民共和国政府宣布：为了中日两国人民的友好，放弃对日本国的战争赔偿要求。（六）中华人民共和国政府和日本国政府同意在互相尊重主权和领土完整、互不侵犯、互不干涉内政、平等互利、和平共处各项原则的基础上，建立两国间持久的和平友好关系。根据上述原则和联合国宪章的原则，两国政府确认，在相互关系中，用和平手段解决一切争端，而不诉诸武力和武力威胁。（七）中日邦交正常化，不是针对第三国的。两国任何一方都不应在亚洲和太平洋地区谋求霸权，每一方都反对任何其他国家或国家集团建立这种霸权的努力。（八）中华人民共和国政府和日本国政府为了巩固和发展两国间的和平友好关系，同意进行以缔结和平友好条约为目的的谈判。（九）中华人民共和国政府和日本国政府为进一步发展两国间的关系和扩大人员往来，根据需要并考虑到已有的民间协定，同意进行以缔结贸易、航海、航空、渔业等协定为目的的谈判。

《中日联合声明》仪式结束之后，日本外务大臣大平正芳就得马上赶赴民族饭店举行记者招待会，对声明的内容进行说明，宣布根据《波茨坦公告》和《开罗宣言》（两者并非正式条约，也无签字），台湾是中国的领土；作为日中邦交正常化的结果，日本和台湾当局"断交"；"日华和平条约"失去存在的意义并宣告结束。

《中日联合声明》的签署使两国之间多年来的不正常关系结束，建交之后,两国关系和双方的各方面交流蓬勃发展。中日两国政府先后签订了贸易、航空、海运、渔业商标保护、科技、投资保护等一系列协定。1974年1月5日,中日政府贸易协定签订。协定明确规定要尊重已有民间贸易所积累的成果,在关税上互相给予最惠国待遇等。日本和中国建交,也促使更多国家承认中国,中国的建交国家数目有了跃进。

第二节 "文革"的干扰与促进外贸发展的努力

西方国家封锁遏制中国所形成的"坚冰"被打破后,"文革"对外贸发展的干扰更加凸显。周恩来、陈云等领导人对极左思潮对外贸的干扰进行了抵制,为促进外贸发展做出了很大的努力。

一、"文革"对国内经济发展的干扰

"文革"期间,在"左"倾错误思想的指导下,加上林彪、江青等反革命集团的干扰、破坏,中国经济建设脱离客观实际,片面追求高指标、高速度,过度强调战备,忽视经济效益和人民生活质量的提高,给中国经济和社会发展带来严重的后果。

1971—1975年是中国发展国民经济的第四个五年计划时期。由于受到国内外经济环境的影响,"四五"计划的编制仍然没有改变过去高指标、高速度的趋向,"以阶级斗争为纲,狠抓备战,促进国民经济的新飞跃","集中力量建设大三线的战略后方,建立不同水平、各有特点、各自为战、大力协同的经济协作区,初步建成中国独立的、比较完整的工业体系的国民经济体系"。在此思想的指导下,"四五"计划延续了前期的急于求成、盲目冒进的做法,过分突出重工业、强调高积累,一味追求生产上的高指标,忽视经济绩效和人民生活。因此,为了保证"四五"计划的实现,在经济发展过程中造成国民经济各部门各行业之间的比例严重失调,导致1971年内职工人数突破5000万人、工资总额突破300亿元、粮食销售量突破4000万吨等"三大突破"。"三大突破"给中国经济建设产生诸多不利,严重削弱了农业发展的基础,大大缩减了农业劳动力。而城镇职工的大量增长,既降低了职工整体素质,导致劳动生产率下降,又增加了财政支出,扩大了货币投放,还加剧了粮食等生活资料供应的紧张局面,中国国民经济出现了新的比例失调现象。

针对"三大突破"的严重经济后果,周恩来总理在1972年国民经济计

划中提出了加强统一计划、整顿企业管理、落实党对干部、管理者、技术人员等的政策,坚持又红又专,反对无政府主义和空头政治。随后,各种调整措施虽然遭遇"四人帮"的干扰,但从1972年,尤其是1973年,在经济建设过程中还是部分执行了上述措施,调整了"四五"计划纲要,降低了计划指标,部分纠正了经济领域的"左"倾错误思想,"三大突破"基本得到控制,工农业生产得到明显好转,人民生活开始得到部分改善。

1974年,受到"九·一三"事件后"批林批孔"运动影响,一些领导干部重新被打倒,许多单位重新瘫痪,政治出现新的动乱局面,给国民经济的发展造成很大危害,出现二次夺权的浪潮,刚刚好转的经济秩序再次出现无序状态。工业生产急剧下降,交通不畅,财政赤字严重,市场供应紧张。如此经济形势引起人民的不满,也引起毛泽东主席的注意。11月,毛泽东主席作出要把国民经济搞上去的指示。随后,被下放的邓小平在1974年得到重新启用,1975年初全面主持党政军的中央日常工作。在邓小平努力排除各种干扰下,对国民经济各领域各部门进行了全面整顿,全国经济形势明显好转,逐步摆脱了停滞的状态。

然而,好景不长。国民经济的全面调整遭到了"四人帮"的大力干扰,在"批邓、反击右倾翻案风"运动中,导致复出不久的邓小平在11月下旬起重新被停止了对中央日常工作的主持。在此期间,"四人帮"把各项整顿工作诬蔑为"复辟",对各项整顿文件当作"毒草"加以批判,各级经济管理机构重新被冲击、改组,领导干部被批斗、打倒,规章制度被废除,正常的经济秩序遭到破坏,引致1976年国民经济陷入停滞、几乎瘫痪的状态。

总的来说,"文革"期间国民经济各部门间的比例关系极不协调,在以"阶级斗争为纲、战备为核心"的思想约束下,经济效益全面下降,人民生活水平下滑,全民所有制各部门职工年人均名义工资由1966年的636元减少到1976年的605元,下降了4.9%,实际工资则下降了近6.6%。城市居民的生活必需品紧缺,粮、油、布、副食、煤和许多日用工业品都实行了严格的低水平的定量供应,城市的商业网点和服务行业大量并缩,给城市人民生活造成严重困难和不便;农民收入几乎没有增加,有些地区还出现下降趋势;此外,知识青年上山下乡,以及教育、文化事业的严重破坏,影响了一代人科技文化素质的提高,也进一步拉大了我国同国外先进科技水平的差距,其损失巨大,无法估量。"文革"结束时,国民经济几乎到了崩溃边缘,而经济管理体制极度紊乱,计划几度出现停滞局面,严重干扰和破坏了正常的经济发展秩序,最终导致中国与世界主要国家之间的经济差距越来越大。

二、成套设备和先进技术的引进及极左思潮的干扰

成套设备和先进技术的引进是中国工业化发展的必要措施。20世纪50年代这类引进是中国进口贸易的重要内容,而60年代在双重包围下这类引进受到很大影响。中国通过开发大庆油田等,成为年产原油超千万吨的产油大国,但是缺乏将石油加工为化纤和化肥的设备与技术。1972年1月,李先念、纪登奎、华国锋联名向周恩来总理报送国家计委《关于进口成套化纤、化肥技术设备的报告》,建议引进中国急需的化纤新技术成套设备4套、化肥设备2套及部分关键设备和材料,约需4亿美元。这一报告经周恩来总理批示呈报,毛泽东主席圈阅批准。1973年1月,国家计委提交《关于增加设备进口、扩大经济交流的请示报告》,对前一阶段和今后的对外引进项目做出总结和统一规划,建议今后3~5年内引进43亿美元的成套设备,其中包括13套大化肥、4套大化纤、3套石油化工、3个大电站、43套综合采煤机组等。这个方案被通称为"四三方案"。①

"四三方案"的批准实施,带动了对外技术引进工作的大规模开展。政府有关部门又提出从美国引进彩色显像管成套生产技术项目、利用外汇贷款购买新旧船舶组建远洋船队项目、购买英国三叉戟飞机项目等。但是这些项目遭到"四人帮"极左思潮的干扰破坏。

1976年10月,"四人帮"被抓,华国锋主政。1978年2月,在中央政治局讨论"10年规划",初步确定了对外引进的180亿美元规模。华国锋要求:180亿进口,可以一起谈。6月,听取林乎加、谷牧出访汇报后,华国锋说:"关于利用国外资金建设几个大型煤矿、钢铁厂、化纤厂,凡是中央原则定了的,你们就放开干。"在夏季的国务院务虚会上,华国锋又提出新的要求说:"10年规划要修改调整,中国有条件加快现代化速度,在引进问题上要思想再解放一点,胆子再大一点,办法再多一点,步子再快一点。"②1978年,我国以现汇方式引进了22个大型项目,其中包括宝山钢铁厂一期工程、大庆炼油厂等,合同金额为78亿美元,简称"78计划"。在"78计划"执行中,还产生了设立特区的构想,当时设想将与日本关系密切的大连建设成北方经济对外窗口。但是"78计划"执行中也出现了急于求成的倾向,给

---

① 陈东林:《20世纪50—70年代中国的对外经济引进》,《上海行政学院学报》2004年第6期。

② 陈东林:《20世纪50—70年代中国的对外经济引进》,《上海行政学院学报》2004年第4期。

国民经济造成一定的困难,后来被批评为"洋冒进"。

三、克服干扰,促进外贸发展

"文革"期间,周恩来等领导人对极左思潮对外贸的干扰就进行了抵制,他们为促进外贸发展做出了很大的努力。这些努力主要包括以下几方面。

1.确保广交会开办

1967年4月14日,在"造反派"要冲击广交会的紧急关头,周恩来总理致信毛泽东主席等,提出确保广交会开幕的意见,并亲自飞抵广州做说服造反派的工作。1971年5月15日,周恩来总理在了解到参加广交会的外商抱怨中国不履行合同的情况后指示外交部:广交会闭幕后,各省、市及各总公司的同志不要马上走,要很好地进行总结。他说,有些外商提出我们不能按合同交货,贸易函电迟迟不复,各省、市争着成交,成交后又不认真履行合同。我们是社会主义对外贸易,这样对外影响不好,订了合同就要按期交货,不交不行。在周恩来总理努力下,广交会在"文革"时期也没有中断(见表4-1、图4-1)。

表4-1　历届广交会成效统计①

年份	采购商人数	参会国家和地区数	全年成交额/亿美元
1973	13649	85	29.7
1974	15781	88	23.6
1975	15878	110	26.7
1976	15326	92	29.2
1977	17370	94	32.3
1978	21081	97	43.3

注:为节省篇幅,采购商人数及来自国家和地区数仅列秋季的。

2.努力发展出口商品生产

周恩来、陈云、李先念等领导人努力扩大出口,办好出口商品生产基地,千方百计纠正极左思潮对外贸的干扰,搞好出口商品质量等。

---

① 资料来源:广交会官网。

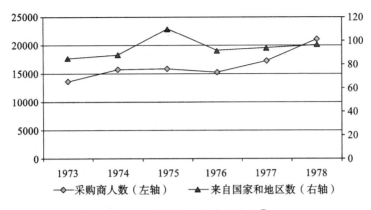

图 4-1　历届广交会成效统计①

3. 从国外进口棉花加工成棉布出口

"文革"初期,国内棉花歉收,棉布供应紧张,而国际市场棉布价格较高,棉花价格偏低,一些人提出进口棉花加工成棉布出口。这一主张遭到极左思潮的反对,认为这样做是依靠国外,不符合自力更生方针。1973年陈云在协助周恩来总理抓外贸期间,肯定了进口棉花加工成棉布出口的主张。他指出:"这样搞是合理的。我们有劳动力,可以为国家创造外汇收入。这样做,归根到底是为了加快国家的工业建设。"根据陈云的指示,1973年外贸部门进口了850万担棉花,进行棉布加工。

4. 出口商品按国际市场价格作价

"文革"以前出口商品采取的是按国际市场价格作价的办法。"文革"中,"四人帮"指责外贸部门出口商品按国际市场价格作价是修正主义。结果,许多商品不顾国际市场情况乱提价,造成中国出口商品失去国际市场。1973年5月,陈云提出按国际市场价格随行就市,使出口商品得以卖出去。在陈云的推动下,出口商品价格过高的问题得到解决,丧失的出口市场逐步得到恢复。

5. 肯定出口初级产品的正确性

"文革"以前,由于中国经济发展刚刚从"一穷二白"中走出,在中国的出口产品中初级产品的出口一直比重较大。"文革"中,"四人帮"指责中国出口初级产品是卖国主义,是出卖资源,认为中国只能出口成品,不能出口原料。这显然是荒谬的,因为按照中国当时的技术水平,加工产品出口要达到国际市场的要求是很难的。在这种情况下禁止初级产品出口,中国的

---

① 资料来源:广交会官网。

出口贸易就无法开展。1973年,陈云顶住"四人帮"的压力,肯定了出口初级产品的正确性。由于陈云的坚持,初级产品的出口才未被停止。

6.利用资本主义国家的商品交易所和期货市场

"文革"前,中国在国际市场购买货物往往只图完成任务,有时价格越涨越要买,不注意掌握价格涨落的时间差,因此外商常常乘机抬价,造成中国经济上的损失。1973年4月,中国粮油食品进出口总公司所属香港丰润公司在接到购入原糖47万吨任务后,没有急于购入现货,而是于当年4月购入期货26万吨,然后再购入现货41万吨,待到5月砂糖价格大幅度上涨后卖出多余的期货。这样,不仅完成了购买任务,而且为国家赚取240万英镑的外汇。陈云听了汇报后肯定了上述做法,并专门就此事向国务院写了报告,提出:对于商品交易所,我们应该研究它利用它,而不能只是消极回避,在今后两年里对交易所要认真进行研究。陈云的报告得到中央的肯定,这样中国外贸史上开始有了期货贸易的方式。①

第三节 与工业化发达国家经贸关系发展

中国工业化初级阶段离不开成套设备和先进技术的引进,农业现代化也需要现代工业的支持。在打破"坚冰"后,中国努力发展与西方工业化发达国家的经贸关系,引进先进技术。而20世纪70年代初发生的石油危机、美元危机等也使得西方国家要扩大市场,要发展与中国的贸易。这一时期,中国与美、日、德、法等发达国家的经贸关系变化各不一样,但都有明显发展。

一、与美国贸易的变化

为摆脱越南战争时期美国社会失业、通货膨胀、国际收支赤字的困境,减缓美元暴跌、大量黄金外涌的危机,尼克松政府于1971年8月15日宣布实行"新经济政策"。该政策对外采取了两项措施:放弃金本位,停止美元兑换黄金和征收10%的进口附加税,从而导致第二次世界大战后的"布雷顿森林体系"崩溃,加剧了国际经济、金融的动荡。美国对外政策发生巨大转变,特别是要改善和中国的关系。

---

① 《陈云与新中国经济建设》编辑组:《陈云与新中国经济建设》,中央文献出版社1991年版,第266页。

1972年,《上海公报》发表,"共同推进贸易"的条款也被写进了《上海公报》之中。1972年3月,美国国务院牵头,商务部、农业部等多部门展开了一项交叉研究,评估在《上海公报》的条件下,中美两国的人员往来和发展双边贸易的前景。研究最终形成了两份重要的对华政策备忘录,即NSSM-148和NSSM-149。

NSSM-149文件指出,中国虽然难以在广泛的工业上对陷入停滞的美国经济产生巨大推动,但至少可以确认中方对美国的喷气飞机等高科技产品非常有兴趣,而相关产业又正处于危难之中。美国工商界批评政府先前采取对华禁运的政策很不明智。对于美国的缓和策略来说,中美贸易也扮演着重要的作用。NSSM-148文件就指出,希望利用贸易带来的人员交流,为两国关系提供切实的动力。在注定曲折的中美和解进程中,贸易恐怕是少数最有可能取得进展的领域。首先这将有助于美国绕开两国的政治难题,而与中国取得"看起来不错的进展"。①

NSSM-148报告明确指出,两国间缺乏有效的交流机制,并且如果这种状态持续下去的话,两国的隔绝状态将难以进一步打破。美方决定成立一个由美国政府引导,美国商人执行的"美中贸易全国委员会"(以下简称美国贸委会),与中国贸促会联系,解决"政府之间难以处理的问题"。美国开始从"官""民"两个渠道向中国开展自己的贸易策略。中方欢迎美国贸委会的成立,并指派中国贸促会作为联系单位。

1973年11月,美国贸委会代表团访问中国,在北京与贸促会会谈,又分别受到了中国外贸部部长李强,以及国务院主管经济的副总理李先念的接见。贸委会正式成为美国解决中美贸易问题不可或缺的助推器。

贸委会认为代表团此行是非常成功的,双方达成了5项重要成果:①贸促会同意作为中国的商业代表团于次年访美;②贸促会同意在双边举办展销会;③双方都同意及时准确地互相交换信息并促进人员交流;④将美国在法律、银行问题上的相关情况发送给贸促会的法律部门,以减少不必要的纠纷;⑤与贸促会建立对口工作关系。

1973年,中美贸易有明显发展。但是随后中国的"批林批孔"运动,矛头直指周恩来总理1972年以来的整顿方针,这场运动对中美关系(包括贸易关系)造成了一定影响,如从美国引进彩电显像管生产线的大订单搁置

---

① (美)罗伯茨编,张颖译:《紫禁城之窗:戴维·布鲁斯的北京日记》,中央文献出版社2006年版,第320页。

下来(后来订单给了日本)。中国在美国进口粮食中发现了病虫害。1974年2月5日,上海市对外贸易革委会指示有关粮食进口部门"充分揭露美商以次充好、以少报多、弄虚作假的行为",并要求驻外机构和人员做好调研和检疫工作。2月19日,国务院副总理李先念对这一问题进一步做出了三点批示:第一,对以往外贸工作的松懈和大意提出批评。"我们花费了宝贵的外汇购买外国的东西(粮食、棉花、设备、材料等),必须保质保量,千万不要吃亏,望特别注意和警惕"。第二,要求有关部门"派人出国先行检验,不要等东西到了我们的港口,再进行检验,甚至扯皮,贻误事情"。第三,"外国商人如搞我们的鬼,我们要向他们索赔,这是完全应当做到的,决不能让步。对这批带病的小麦要立即召集有关部门处理,不能再拖"[1]。另外,中国金属矿物进出口公司陆续同美国钢铁公司签订了钢铁屑进口协议,但是随着美国经济危机日益加剧,尼克松政府实施了更为严格的钢铁屑管制政策,原本同中国签订供应合同的不少美国公司由于贸易管制而无法向中方交货。这些使得其后年份中美贸易额下降(见表4-2、图4-2)。1975年9月,中国贸促会代表团对美国贸委会进行了回访,双方重点讨论了互办展览和中美贸易人员往来问题。访问期间,中国代表团同美国工商金融界一些重要人士进行了接触,同总统福特、商务部部长莫顿等美国政府领导人会见。这些活动对推动中美贸易和经济技术合作的发展起到了很大的作用。

1972年,中美两国间的贸易关系开始恢复时,双边贸易额只有1288万美元。其中中国进口331万美元,出口957万美元。到1978年,中美双边贸易额增长到9.9亿美元,相当于1972年的77倍,其中中国进口7.2亿美元,出口2.7亿美元(见表4-2)。中国从美国主要进口粮食、纺织品原料、化工品、机械及技术产品。中国向美国出口纺织品、土产畜产、工艺品、五金产品等。

表4-2 1972—1978年中国与美国贸易额[2]

年份	I 从美进口额 /万美元	E 向美出口额 /万美元	I+E 进出口总额 /万美元
1972	331	957	1288

---

[1] 《李先念传》编写组,鄂豫边区革命编辑部:《李先念年谱 第六卷(1979—1992)》,中央文献出版社2011年版,第383、384页。

[2] 根据沈觉人:《当代中国对外贸易》(当代中国出版社1992年版)有关数据计算整理而成。

续表

年份	I从美进口额/万美元	E向美出口额/万美元	I+E进出口总额/万美元
1973	22066	3972	26038
1974	37285	10286	47571
1975	34183	12888	47071
1976	16064	15604	31668
1977	11462	17963	29425
1978	72110	27067	99177

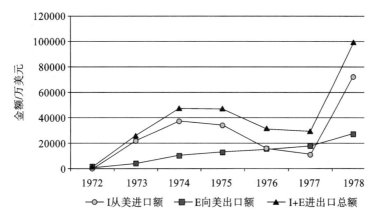

图 4-2　1972—1978 年中国与美国贸易额①

二、与日本贸易的发展

20 世纪 60 年代以后,日本政府推行了以提高本国重化工业国际竞争力为主要目标的贸易保护政策,有效提高了日本的化学、石油化学、钢铁、有色金属及机械等部门的实际保护率,并且日本政府积极协助重化工业企业开拓国际市场。到 70 年代,日本通过引进并消化世界先进技术,工业整体水平迅速提高,日本产业国际竞争力得到极大提高,促进了日本出口贸易的迅速发展,成为世界第一出口大国。

1972 年中日邦交正常化之后,中日两国政府确认了两国银行签署的人民币日元结算业务协议,先后签订了贸易、航空、海运、商标保护、投资保护等一系列协定。1974 年 1 月 5 日,中日政府间贸易协定签订。协定明确规

---

① 根据沈觉人:《当代中国对外贸易》(当代中国出版社 1992 年版)有关数据计算整理而成。

定要尊重已有民间贸易所积累的成果,在关税上互相给予最惠国待遇等。1978年,中日两国签署《中日和平友好条约》和《中日长期贸易协议》,为双边贸易发展奠定了良好的政治与经济基础。这一时期,中日贸易保持了较快的发展势头,年进出口贸易总额从1971年的8.76亿美元迅速增长到1978年的48.24亿美元(见表4-3、图4-3)。在这一时期的中日贸易呈明显的工业发达国家与落后农业国家之间的经济关系特征,中日进出口商品结构垂直性分工特点十分突出,中国对日本主要出口煤炭、石油、农副产品等初级产品,主要进口机械设备等工业制成品。

表4-3　1971—1978年中国与日本贸易额①

年份	I从日本进口额/万美元	E向日本出口额/万美元	I+E进出口总额/万美元
1971	59443	28135	87578
1972	62739	41187	103926
1973	110745	84112	194857
1974	198271	114255	312526
1975	239248	140300	379548
1976	181661	122291	303952
1977	210854	135671	346525
1978	310515	171865	482380

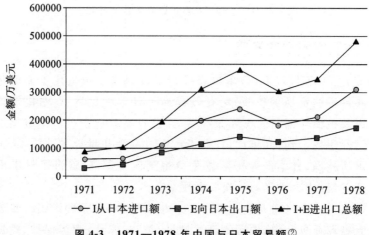

图4-3　1971—1978年中国与日本贸易额②

①② 根据沈觉人:《当代中国对外贸易》(当代中国出版社1992年版)有关数据计算整理而成。

三、与欧洲共同体贸易的发展

欧共体创始国为法国、联邦德国、意大利、荷兰、比利时和卢森堡6国。1973年,丹麦、爱尔兰和英国加入欧共体。这一时期中国与欧共体贸易的发展,可以法国、联邦德国、英国为例。

法国凭借当时已经建立的中法外交关系,官方互访成为这一时期推动中法贸易的重要手段。中法两国政府领导人和经济贸易代表团的互访活动日益频繁。例如,1971年7月,法国议会代表团访华。10月,中国对外贸易部革命委员会主任白相国访问法国,并受到总统蓬皮杜的接见。1972年1月,法国国民议会外交委员会代表团访问北京。4月,中国代表团受邀参加巴黎博览会。7月,法国议会再次派团访华。同月,法国外交部部长莫里斯·舒曼正式访问中国。10月,在法国工商业界具有重要影响的法国全国雇主协会派出代表团访问中国,该团成员受到了李先念、白相国等人的接见。11月,法国在北京举办法国科学与技术展。1973年1月,该展会又在上海举办。1973年,法国总统蓬皮杜访问了中国,这是西欧大国中的元首第一次应邀访华,对加强中法两国友好合作关系具有十分重要的意义。在这几次访问期间,法方多次向周恩来等人表达了扩大经济合作的愿望,并强调向中国出口工业设备的可能性。"四三方案"的出台,会同法国扩大对华出口的努力,共同开启了20世纪70年代中国从法国大规模引进工业成套技术设备的进程。1971—1974年,中国从法国进口了一批成套技术设备和交通运输工具,如水力发电站、化纤设备、化肥设备、直升机、卡车、大型机车组等。1974年,中国自法国的进口额从1971年的1.13亿美元增长到7.34亿美元,中国对法国的出口额也从1971年的0.64亿美元增长到1.8亿美元,两国双边贸易额达9.14亿美元(见表4-4、图4-4),占同期中国对外贸易总额的6.3%。在中国的进口贸易中,法国一度是第二大供应国。

1975年,邓小平副总理应邀访问法国。他当时表示,随着中法政治关系的发展,应该进一步加强两国经济关系。1978年,中国国务院总理华国锋应邀访问了法国。同年,法国工业部部长访问了中国。1978年12月,中国对外贸易部部长和法国外贸部部长分别代表本国政府签订了关于发展经济关系和合作的长期协定,这是中国同西方大国签订的第一个长期经济合作协定。

表 4-4 1971—1978 年中国与法国贸易额①

年份	I 从法国进口额 /万美元	E 向法国出口额 /万美元	I+E 进出口总额 /万美元
1971	11332	6404	17736
1972	13184	8585	21769
1973	48109	16732	64841
1974	73437	18011	91448
1975	35581	14810	50391
1976	47741	12885	60626
1977	27921	14150	42071
1978	24707	17839	42546

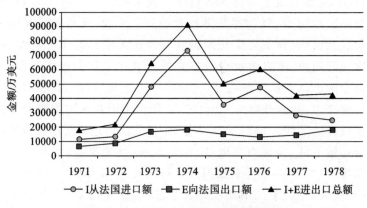

图 4-4 1971—1978 年中国与法国贸易额②

中国和联邦德国自 1972 年 10 月建立外交关系以来,两国之间经济贸易关系日益密切。1973 年双方签订了贸易支付协定。1975 年 1 月,在科隆举办了第一届中国出口商品大型博览会。同年 10 月,两国建立了"促进双方经济合作关系混合委员会",在贸易收支、筹资、市场准入等方面展开合作。20 世纪 70 年代中德贸易有明显发展,两国双边贸易额从 1971 年的 2.3 亿美元增加到 1978 年的 13.6 亿美元(见表 4-5、图 4-5)。中国从联邦德国进口的主要是机械、车辆、动力设备等,对联邦德国出口的主要是食

---

①② 根据沈觉人:《当代中国对外贸易》(当代中国出版社 1992 年版)有关数据计算整理而成。

品、原材料等初级加工产品。

表 4-5　1971—1978 年中国与联邦德国贸易额①

年份	I 从联邦德国进口额/万美元	E 向联邦德国出口额/万美元	I+E 进出口总额/万美元
1971	15749	7333	23082
1972	18352	9039	27391
1973	36338	15596	51934
1974	49390	20524	69914
1975	59564	21990	81554
1976	72099	22488	94587
1977	52978	26081	79059
1978	103011	32952	135963

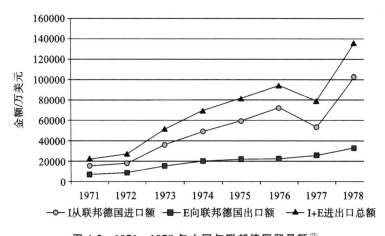

图 4-5　1971—1978 年中国与联邦德国贸易额②

1972 年,中英两国从互派代表代办升格为互派大使,正式建立了外交关系,使两国间的贸易往来再度活跃起来,双方相互举办展览会,经济贸易界人士往来日益增多。1973 年 3 月,英国贸易工业部和英中贸易协会在北京举办了英国工业技术展览会。英国贸易工业大臣沃尔科访华并主持了开幕式。英国一些民间贸易机构如英中贸易委员会、48 家集团等继续发挥积极作用。中英两国双边贸易额从 1971 年的 2.9 亿美元增长到 1978 年

①② 根据沈觉人:《当代中国对外贸易》(当代中国出版社 1992 年版)有关数据计算整理而成。

的 6.7 亿美元（见表 4-6、图 4-6）。这个时期双方进出口商品结构变化不大，中国出口英国的主要产品是食品、饮料、纺织原料、鞋类等一些附加值不高的传统性商品，从英国进口的主要产品是钢材、机械、计量仪器、航空和煤炭开采设备等。

表 4-6　1971—1978 年中国与英国贸易额①

年份	I 从英进口额/万美元	E 向英出口额/万美元	I+E 进出口总额/万美元
1971	16617	12358	28975
1972	18588	13400	31988
1973	42373	20843	63216
1974	44382	28205	72587
1975	24410	24166	48576
1976	16988	26670	43658
1977	27936	25809	53745
1978	29630	37044	66674

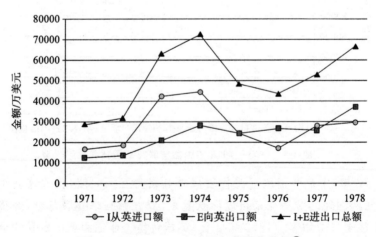

图 4-6　1971—1978 年中国与英国贸易额②

①② 根据沈觉人：《当代中国对外贸易》（当代中国出版社 1992 年版）有关数据计算整理而成。

第四节 1972—1978年外贸发展的主要特点

1972年2月,中美发表联合公报;同年9月,中日邦交正常化。这些都大大推动了我国对外贸易国别地区关系的发展。到1978年,同我国有经济贸易关系的国家和地区发展到160多个,如表4-7所示。

表4-7 改革开放前我国出口/进口贸易对象结构① 单位:%

国家或地区	出口贸易对象结构			进口贸易对象结构		
	1955	1965	1975	1955	1965	1975
日本	4.1	8.6	19.3	1.4	12.9	31.9
东南亚	2.5	7.8	5.7	1.4	3.2	1.7
西亚	0.1	2.8	5.5	—	1.9	2.5
东欧	17.4	7.8	7.6	13.3	6.3	6.5
苏联	47.4	9.9	2.0	64.5	9.2	3.2
西欧	6.3	17.0	13.9	10.1	20.7	25.0
美国	—	—	1.7	—	—	6.1
加拿大	0.1	0.7	1.1	—	6.2	4.5
澳大利亚	0.1	0.9	0.9	0.3	10.5	5.3
非洲	0.5	5.5	6.1	1.5	6.0	2.9
拉丁美洲	—	5.1	1.6	0.4	11.0	4.0

1972年至1978年中国外贸发展的突出现象是,中国克服极左思潮的干扰,利用打破"坚冰"的机会,通过卖方信贷的方式从日本、西欧等国进口了一大批成套设备。成套设备和先进技术的引进,促进了中国基础工业,尤其是冶金、化肥、石油化学工业的发展,为20世纪80年代经济腾飞提供了必要的物质条件。成套设备和先进技术的引进,也带动了中国与西方发达国家的进出口贸易,中国同这些国家贸易的增速超过同期中国外贸总额的增速。这一时期我国贸易对象国别结构已由20世纪50年代以苏联和东欧的国家为主改变为以西方资本主义国家为主。不过这一时期中国与苏联的贸易有缓慢增长。此外,这一时期中国对外贸易还有以下主要特点。

---

① 《当代中国对外贸易》编辑委员会编:《当代中国对外贸易 下》,当代中国出版社,香港祖国出版社2009年版,第7页。

一、中国对外贸易增长明显

这一时期中国对外贸易增长明显,中国进出口贸易年总额由 1971 年的 48.41 亿美元增加到 1978 年的 206.38 亿美元(见表 4-8、图 4-7),位居全球第 27 位,其中出口额为 97.5 亿美元,仅占世界份额的 0.75%(见图 4-8),居全球第 28 位;进口 108.93 亿美元,占世界份额的 0.81%,居全球第 27 位。这一时期中国进出口额占世界进出口额比重有所上升,但是幅度不大。

表 4-8 1971—1978 年中国进出口贸易额①

年份	I 进口额/亿美元	E 出口额/亿美元	I+E 进出口额/亿美元	E-I 贸易平衡/亿美元	中国进出口额占世界进出口额比重/(%)
1971	22.05	26.36	48.41	4.31	0.67
1972	28.58	34.43	63.01	5.85	0.74
1973	51.57	58.19	109.76	6.62	0.93
1974	76.19	69.49	145.68	-6.7	0.86
1975	74.87	72.64	147.51	-2.23	0.82
1976	65.78	68.55	134.33	2.77	0.67
1977	72.14	75.90	148.04	3.76	0.64
1978	108.93	97.45	206.38	-11.48	0.77

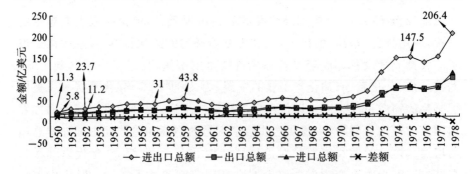

图 4-7 1950—1978 年中国进出口贸易情况②

---

① 据海关总署统计分析司:《改革开放 40 年中国对外贸易发展报告》(中国海关出版社 2018 年版)有关数据计算整理而成。

② 根据《新中国六十年统计资料汇编》《中国对外经济贸易年鉴 1984》相关数据计算整理而成。

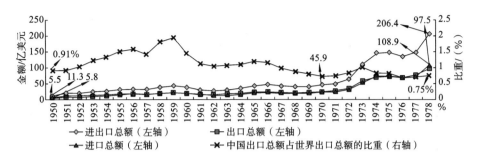

图 4-8　1950—1978 年中国进出口贸易及出口总额占世界比重①

二、进口商品以成套设备和其他生产资料为主

1972 年至 1978 年,随着国际环境的改善,中国恢复了中断多年的成套设备和新技术的引进,主要从日本和西欧等西方发达国家引进了石油、化工、冶金、矿业、电子和精密机械等成套设备,再加上五金矿产以及化工等,生产资料在进口总值中的比重又有所上升。这一时期中国进口商品结构仍以生产资料为主。粮油食品仍有一定占比,1975 年后呈下降趋势(见表4-9)。中国也适当进口了化肥、农药、化纤、毛条、塑料、纸张、手表、药品、电视机、录音机等,以适应人民生活和发展农业、轻纺工业生产的需要。

表 4-9　1972—1978 年中国外贸进口商品分类统计②

年份	进口总额/万美元	成套设备和技术占比/(%)	五金矿产占比/(%)	化工占比/(%)	粮油食品占比/(%)
1971	220488	—	33.8	18.3	13.6
1972	285832	0.6	30.7	17.4	17.9
1973	515748	1.4	32.9	14.2	20.9
1974	761906	4.1	27.9	13.5	21.9
1975	748650	13.0	29.2	16.5	12.5
1976	657791	17.1	31.6	15.0	10.0
1977	721395	5.2	30.6	16.7	20.1
1978	1089311	4.3	37.0	14.6	15.4

---

①　根据《新中国六十年统计资料汇编》《中国对外经济贸易年鉴1984》相关数据计算整理而成。

②　根据《中国对外经济贸易年鉴(1984)》(中国对外经济贸易出版社1984年版)有关数据计算整理而成。

20世纪70年代,在生产资料增长的比重中,除了成套设备和新技术占进口总值的比重有所增长,工业生产用的原材料增长幅度很大,1970—1978年的9年中,工业中生产原料进口额为272.93亿美元,是整个60年代工业生产原料进口额的3.67倍(见图4-9)。

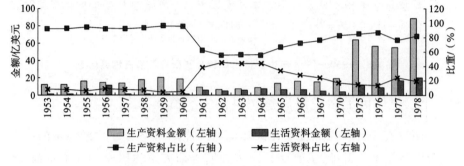

图 4-9　1953—1978年中国进口商品结构①

20世纪70年代,在生产资料增长的比重中,除了成套设备和新技术占进口总值的比重有所增长外,工业生产用的原材料增长幅度很大。1970—1978年的9年中,工业中生产原料进口额为272.93亿美元,是整个60年代工业生产原料进口额的3.67倍(见图4-10)。

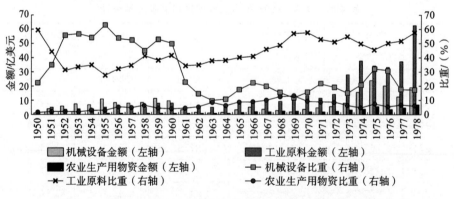

图 4-10　1950—1978年中国生产资料进口额及其比重变动情况②

20世纪70年代中国从西方国家的引进以大型设备为主,对提升中国主要工业行业的生产能力及技术水平有显著的促进作用,使钢铁、石化、化

---

① 根据《中国对外经济贸易年鉴(1984)》(中国对外经济贸易出版社1984年版)有关数据计算整理而成。
② 根据《中国统计年鉴》(1985)相关数据计算整理而成。

纤、化肥等行业骨干的技术水平与世界先进水平的差距迅速缩小,并对中国进入80年代以后的工业发展产生了深远的影响。进口化肥、化肥设备、农药及农用机械等农业用生产资料加速了农业生产的发展。进口轻纺机械设备和轻纺原料,促进了中国轻纺工业的发展。这一时期进口的明确目的仍是通过引进项目扩展国内生产能力,并为加强国产能力提供原材料,因此仍然是服务于进口替代、重工业优先发展的工业化模式。①

三、轻纺产品和重工业产品出口比重增大

中国出口商品长期以农副产品和原料性矿产品为主,虽然1953—1978年出口过于偏重初级产品的状况有所改善,但对外贸易出口以初级产品为主的根本特征并没有发生根本性改变(见图4-11、图4-12)。1958年以后,中国开始有意识地改变出口结构过于偏重原料性初级产品的状况,强调出口原料性商品和出口半成品、制成品并重,出口农副产品和出口工矿产品并重等原则,出口大宗商品和出口新、小商品并重,并取得了一定成效。按1978年的出口实绩分析,农副产品的出口占27.6%,农副产品加工品占35%,工矿产品占37.4%。工矿产品比重增加的一个重要原因是中国从1973年起开始出口石油。此外,出口大宗商品和出口新、小商品并重。出口商品品种从新中国成立初期的不足1万种增加到5万种左右。

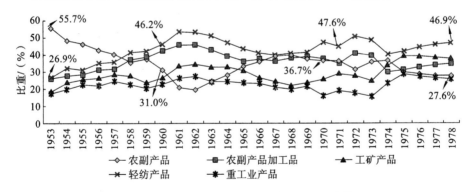

图4-11　1953—1978年中国出口商品结构②

---

① 黄晓玲:《外贸、外资与工业化——理论分析与中国实证研究》,对外经济贸易大学出版社2002年版,第171—189页。
② 根据《中国对外经济贸易年鉴(1991)》相关数据计算整理而成。

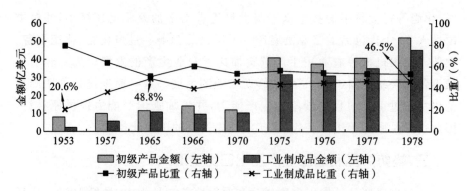

图 4-12 1953—1978 年中国初级产品、工业制成品出口比重①

从图 4-12、图 4-13 可以进一步看出,工业制成品出口还是以轻纺产品为主,至 1978 年重化工业产品在出口工业制成品中只占 22.3%,而在重化工业产品出口中,机械及运输设备又只占约 1/3,比重很小,耐用消费品出口则基本上是个空白。

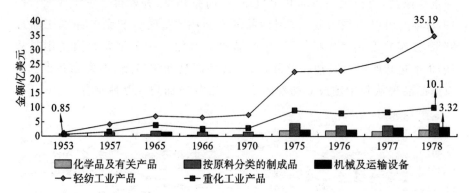

图 4-13 1953—1978 年不同时期中国出口工业制成品构成②

---

①② 根据《中国对外贸易经济年鉴(1991)》相关数据计算整理而成。

中华人民共和国经济
与社会发展研究丛书

1949—2018

下篇
Part Three

"扩大"型开放下

外贸发展

第五章
1979—1988 年对外贸易迅速发展

1978 年 12 月,中共十一届三中全会在总结国际、国内历史经验的基础上,做出了在自力更生的基础上积极发展同世界各国的经济合作,努力采用世界先进技术和先进装备的重大决策,把对外开放作为与改革相并列的一项基本国策。1982 年 12 月,对外开放政策被正式写入我国宪法。新时期我国对外开放大致可分为"经济特区—沿海开放城市—沿海经济开放区—沿江、内陆和沿边开放城市"等步骤。经过多年的对外开放实践,不断总结经验和完善政策,我国的对外开放由南到北、由东到西层层推进,宽领域、多层次、有重点、点线面结合的全方位对外开放新格局逐步形成。

20 世纪 80 年代,国际形势趋于缓和,发达国家和一批新兴工业化国家建立起以科技进步为动力,以贸易、投资为纽带的国际分工体系,催生国际产业结构新一轮调整。这一时期,中国采取灵活措施和优惠政策,提出从经济特区、沿海向内地发展战略,吸收和利用外商直接投资于劳动密集型出口产业。中国抓住了 80 年代国际产业结构调整的机遇。改革开放以来,随着国内外经济形势的改变,中国经济体制从高度集中的计划经济体制逐步转向市场经济体制。经特区的许多对外开放政策逐渐延伸至各类经济开发区、沿海地区和全国,有力地推动了我国对外开放的不断扩展和深化。20 世纪 80 年代,中国与西方工业化发达国家、苏联、东欧国家和发展中国家与地区的贸易都有很大发展。中国进出口贸易增长迅速。出口商品结构基本上实现了由农副产品和工矿初级产品为主向工业制成品为主的转变。加工贸易与服务贸易都在发展。

第一节　中共十一届三中全会与改革开放新形势

1978年12月,中共十一届三中全会在总结国际、国内的历史经验基础上,做出了在自力更生的基础上积极发展同世界各国的经济合作,努力采用世界先进技术和先进装备的重大决策,把对外开放作为与改革相并列的一项基本国策。1982年12月,对外开放政策被正式写入我国宪法。新时期我国对外开放大致可分为"经济特区—沿海开放城市—沿海经济开放区—沿江、内陆和沿边开放城市"等步骤。到1993年,经过多年的对外开放实践,不断总结经验和完善政策,我国的对外开放由南到北、由东到西层层推进,基本上形成了一个宽领域、多层次、有重点、点线面结合的全方位对外开放新格局。至此,我国的对外开放城市已遍布全国所有省区。

一、现代化建设成为中心任务

1976年10月6日,中共中央政治局采取果断行动,结束了"文革"。

但是由于中国自上而下长期受到"左"倾思想的影响,这个影响不能很快消除。1977年7月,邓小平复职。他主张要完整准确地理解毛泽东思想,要坚持"实事求是",坚持党的群众路线。1978年3月18日,邓小平在全国科学大会上发表讲话,指出科学技术是生产力,知识分子是工人阶级的一部分。同年5月10日,中共中央党校内部刊物《理论动态》发表了由胡耀邦审定的《实践是检验真理的唯一标准》一文,随后,《光明日报》《人民日报》和《解放军报》同时予以转载。这篇文章引起了全国各界的关注,引发了一场关于真理标准问题的全国性大讨论。这场讨论高扬"实事求是"精神,打破了对毛泽东个人崇拜的教条主义禁锢,得到邓小平等老一辈革命家及时有力的支持。邓小平在《解放思想,实事求是,团结一致向前看》讲话中指出:"一个党,一个国家,一个民族,如果一切从本本出发,思想僵化,迷信盛行,那它就不能前进,它的生机就停止了,就要亡党亡国。"①

1978年9月,全国计划会议召开。会议提出,经济战线必须实行三个转变,其中之一是从那种不同资本主义国家进行经济技术交流的闭关自守或半闭关自守状态,转到积极地引进国外先进技术、利用国外资金、大胆地进入国际市场的开放状态上来。会议特别提出,必须多方面地改变不适应

---

① 《邓小平文选　第二卷》,人民出版社1994年版,第143页。

生产力发展的生产关系,改变不适应经济基础的上层建筑,改变工农业企业的管理方式和思想方式,使之适应于现代化的大经济的需要。要在政治挂帅的前提下,放手发挥经济手段和经济组织的作用,按经济规律办事,改变那些不讲经济核算,不讲经济效果,不讲经济效率,不讲经济责任的老框框、老办法。各级领导干部要自觉地认识这些变革的重要性、复杂性、艰巨性,站在斗争的前列,依靠广大群众,大胆而又细致地去领导这些变革。这次会议从总体上明确了改革开放的发展思路。

1978年12月,中共十一届三中全会召开。全会重新确立实事求是、一切从实际出发、理论联系实际的马克思主义思想路线,实现从"两个凡是"向实事求是转变的指导思想;果断停止使用"以阶级斗争为纲""无产阶级专政下继续革命"等错误口号,决定把全党工作重点转移到社会主义现代化建设上;恢复党民主集中制的优良传统,加强党的集体领导,陈云再任政治局常委及中央委员会副主席、中央纪律检查委员会第一书记,邓小平则成为世人公认的"改革开放的总设计师",形成以邓小平为核心的党中央领导集体。

中共十一届三中全会提出:要多方面地改变同生产力发展不适应的生产关系和上层建筑,改变一切不适应的管理方式、活动方式和思想方式,妥善解决生产、建设、流通、分配和城乡人民生活中多年积累的一系列问题。全会高举改革开放的大旗,使改革开放正式成为中国进行社会主义现代化建设的总方针。全会审查和解决了历史上一批重大冤假错案和一些重要领导人的功过是非问题,以发展安定团结的政治局面,保证党的工作重点顺利转移。

中共十一届三中全会对经济工作十分重视,除了做出把现代化建设作为全国各项工作的中心任务的决定外,开始逐步纠正经济工作中长期存在的"左"的错误。

首先,在宏观经济方面要停止"洋跃进",调整国民经济。全会指出,国民经济中还存在不少问题。一些重大的比例失调状况没有完全改变过来,生产、建设、流通、分配中的一些混乱现象没有完全消除,城乡人民生活中多年积累下来的一系列问题必须妥善解决。我们必须纠正急于求成的错误倾向,切实注意解决国民经济比例严重失调问题,做到综合平衡,基本建设必须积极而又量力地循序进行,要集中力量打歼灭战。

在中微观经济方面,全会指出现在我国经济管理体制的一个严重缺点是权力过于集中,应该有领导地大胆下放,让地方和工农业企业在国家统一计划的指导下有更多的经营管理自主权；应该坚决实行按经济规律办事，重视价值规律的作用，注意把思想政治工作和经济手段结合起来；对经济管理体制和经营管理方法进行认真的改革。

在对外经济关系方面，全会强调要在自力更生的基础上积极发展同世界各国平等互利的经济合作，努力采用世界先进技术和先进设备。

全会认为全党目前必须集中主要精力把农业尽快搞上去。全会认真讨论了农产品价格问题，决定为了调动农民生产积极性，发展农业这个基础，要大幅度提高粮棉等主要农产品的收购价格，同时较大幅度降低农业机械、化肥、农药、农用塑料等农用工业品的出厂价格和销售价格。全会还要求减少全国粮食征购指标，增加粮食进口，以利于农民减轻负担，休养生息。

全会还讨论了1979、1980年两年国民经济计划的安排，并原则上通过了相应的文件。全会还提出了重视科学、教育的方针。

二、改革开放成为基本国策

全党工作重心转移到现代化建设上来，必然要改变对外关系的有关决策。关于这一点，邓小平曾明确指出："对外开放具有重要意义，任何一个国家要发展，孤立起来、闭关自守是不可能的，不加强国际交往，不引进发达国家的先进经验、先进科学技术和资金，是不可能的。"[①]他一再强调实行对外开放政策，加强国际经济技术交流"是我们坚定不移的方针"；要"加强国际往来，特别注意吸收发达国家的经验、技术，包括吸收国外资金来帮助我们发展"。中共十一届三中全会明确提出，"在自力更生的基础上积极发展同世界各国平等互利的经济合作，努力采用世界先进技术和先进设备"。实行对外开放政策，把对外开放作为与改革相并列的一项基本国策，揭开了我国经济发展的新序幕。

对外开放是开展现代化建设事业的迫切需要。这一重大决策来之不易。

20世纪50年代，日本通过对外开放承接了战后第一次世界产业转移，从而实现了经济腾飞。20世纪六七十年代，新加坡、韩国等通过对外开放，承接第二轮国际产业转移，发展对外贸易，积极参与国际竞争，经济获得持续高速增长，人民生活显著改善，成为新兴工业国家和地区，从而为发展中

---

① 《邓小平文选　第三卷》，人民出版社1993年版，第117页。

国家的经济发展树立了成功的典范。

20世纪70年代后期,美苏之间的争霸陷于僵持状态,使中国在国际均势中的作用突显,西方国家希冀中国发展壮大。1978年6月,国务院副总理谷牧在访欧汇报中阐述了一个重要的观点,即欧洲"希望中国强大,希望为我们的四个现代化出点力量"。① 1979年8月28日,美国副总统蒙代尔在北京举行的记者招待会上则公开表示,"一个安定的现代化的中国是符合美国利益的"②,从而形成了中国对外开放的良好机遇。

20世纪70年代以来,世界技术进步加速,特别是电子信息技术的广泛应用,标志着世界进入了高科技时代,世界各国间的经济联系日益密切,相互依赖性显著加强,对外开放成为强大的世界潮流。伴随科技进步的加速,产品生命周期缩短,发达国家面临新一轮的产业升级,需要寻找新的生产基地,把失去优势的劳动密集型产业转移出去。具有丰富廉价劳动力和巨大潜在市场的中国具备了承接劳动密集型产业的能力。

从1977年开始,中央派出多个国家级和地方级的代表团先后出国考察。1977—1978年,对外贸易部部长李强对英国、法国、埃及、比利时、卢森堡、联邦德国、新西兰、澳大利亚等国家进行了友好访问。1977年9月,由中国国际贸易促进委员会主任王耀庭率领的代表团应美中贸易全国委员会的邀请到美国进行访问;1978年5月,国务院派出了新中国第一个由时任国务院副总理谷牧带队的赴西欧考察的经济代表团,他们在法国、联邦德国、比利时、丹麦和瑞士进行了一个多月的考察。6月下旬,中央政治局专门开会听取考察团的汇报。7月,国务院召开关于经济建设的务虚会,充分讨论了对外经济合作的问题,并在几个重要问题上达成了共识:一是,第二次世界大战后,资本主义经济发达国家的社会经济都发生了重大的变化,科学技术和经济发展日新月异,资本主义有很多我们可以借鉴的地方;二是,我国的社会主义建设虽然取得了很大的成绩,但与资本主义比较还比较落后,与发达国家的发展差距不是缩小了,而是拉大了;三是,发达资本主义国家出于政治和经济的考虑也想和我国进行经济合作,他们需要投资的市场和产品销售的市场;四是,在发展对外经济关系中,许多国际上流行的做法,包括补偿贸易、合作生产、吸收国外投资等,我国都可以研究采用。这些海外考察活动开阔了决策层的视野,把握了现代经济发展的一些

---

① 房维中:《在风浪中前进:中国发展与改革编年纪事》(1977—1989)(1979年卷),第126页。

② 《人民日报》1979年8月28日。

基本经验和路径,从而明确了中国经济发展的方向和基本道路。①

邓小平明确提出了中国的现代化建设应该充分参与国际发展的总潮流,充分对外开放。他指出:"对外开放具有重要意义,任何一个国家发展,孤立起来,闭关自守是不可能的,不加强国际交往,不引进发达国家的先进经验、先进科学技术和资金,是不可能的"。邓小平多次讲:"对外开放政策只会变得更加开放,路子不会越走越窄,只会越走越宽"②;"我们将长期实行对外开放,我国的对外开放、吸引外资的政策是一项长期持久的政策";"要争取多出口一点东西";"中国经济发展了,对外贸易也会增加"。他表示要"坚定不移地实行对外开放政策"。③

1981年11月召开的五届人大四次会议上的政府工作报告明确指出:"实行对外开放政策,加强国际经济技术交流,是我们坚定不移的方针。"1982年12月,对外开放政策被正式写入我国宪法。1984年10月,中共十二届三中全会通过了《中共中央关于经济体制改革的决定》,正式将对外开放确定为我国的"长期基本国策"。至此,对外开放成为我国进行社会主义建设坚定不移的方向。

三、实行改革与开放相互促进的"扩大"型对外开放

中共十一届三中全会以后,中国实行改革与开放相互促进的"扩大"型对外开放。邓小平把改革称为"对内开放",并认为"改革是全面的改革,不仅经济、政治,还包括科技、教育等各行各业"。1984年,邓小平强调指出,我国的对外开放是全方位的开放,既向西方发达国家开放,也向苏联东欧国家开放,同时还向第三世界开放。④ 对外开放的重点是经济对外开放,但又不仅限于经济,同时也包括政治、文化、社会等方面。邓小平对外开放理论不仅仅是强调要发展对外贸易、利用外资和各种形式的对外经济合作与交流,而且是与社会主义市场经济体制相结合,利用两个市场、两种资源,走开放型经济发展道路。关于经济领域的对外开放,邓小平指出:"不仅要继续扩大对外贸易,而且可以让外商来华直接投资办企业,搞加工贸易,我们还可以间接使用外资,包括向国际金融机构、外国政府和商业银行贷款,

---

① 孙玉琴等:《中国对外开放史 第三卷》,对外经济贸易大学出版社2012年版,第254、255页。
② 《邓小平文选 第三卷》,人民出版社1993年版,第3、9、70、79、119页。
③ 《邓小平文选 第三卷》,人民出版社1993年版,第117页。
④ 《邓小平文选 第三卷》,人民出版社1993年版,第98、99页。

甚至可以到国际市场融资等。"同时,"要利用外国智力,请一些外国人来参加我们的重点建设以及各方面的建设……请来之后,应该很好地发挥他们的作用"。① 可以说,在邓小平理论中,改革与开放是同义语。②

经济体制改革的核心问题是处理好政府和市场的关系。中共十一届三中全会指出,现在我国经济管理体制的一个严重缺点是权力过于集中。当发展面临体制障碍难以前行、"山重水复疑无路"时,就要解放思想、实事求是,通过改革扫除障碍、激发活力、增添动力,就会"柳暗花明又一村"。坚持与时俱进、求真务实,不断破除过于集中的计划经济体制束缚,简政放权,实行对外贸易体制改革,有利于发展对外贸易,扩大对外开放。

扩大对外开放,更好地发展外贸,引进外资,更好地学习外国先进经验,也有利于中国推进经济体制改革,有利于中国逐步建立和完善社会主义市场经济体制,推动经济社会持续向前发展。

我国改革是渐进的,扩大开放也是在不断改革旧的管理体制,不断总结经验的基础上,由点到面、由浅入深,在地域上以经济特区和沿海开放城市为重点,逐步向中、西部内陆地区推进的,既保证了对外开放的不可逆转,又避免了盲目开放给产业带来的巨大冲击。

中共十一届三中全会以后,中国坚定不移深化各方面改革,坚定不移扩大开放,使改革和开放相互促进、相得益彰。

第二节 对外贸易体制改革

原有的对外贸易活动由国家进行统一安排和管理,难以充分调动对外贸易企业的积极性。改革开放以来,随着国内外经济形势的改变,中国经济体制从高度集中的计划经济体制逐步转向市场经济体制。

一、改革开放前中国外贸的主要问题

改革开放前30年,中国的对外贸易有所发展,有力地支持了我国经济建设事业,但是也存在着很多问题,主要表现在以下几个方面。

(一)对外贸易总体竞争力偏弱,发展规模偏小

1950—1978年的29年中,外贸发展很不平衡,进出口贸易总额有19

---

① 《邓小平文选 第三卷》,人民出版社1993年版,第32页。
② 陈文敬、李刚、李健:《振兴之路:中国对外开放30年》,中国经济出版社2008年版,第16页。

年实现增长,但也有9年出现下降,约占所有年份的1/3,而且间隔出现;其中出口贸易有7年出现下降,约占整个年份的1/4;进口贸易有13年出现下降,接近1/2。贸易平衡方面,有18年为贸易顺差,11年为贸易逆差,总体贸易顺差累计很少,只有10.49亿美元。① 1951年到1978年对外贸易不稳定的状态,表明中国对外贸易基础不牢固,逆差年份过多表明出口商品竞争力弱。

由于总体竞争力不强,贸易关系空间受限,中国对外贸易在世界中的地位长期偏低,1978年仅排名第32位。对外贸易总额占世界贸易总额的比重从1950年的0.61%上升到1951年的1.16%;到1961年前,一直保持在1%以上;1962年到1964年下降到1%以下;1965年和1966年回升到1%以上;1967年到1978年又下降到1%以下,同期中国经济总量占世界经济总量的比重由1967年的3.22%降至1978年的1.74%。1960—1978年,无论是中国经济总量占世界比重,还是对外贸易总额占世界比重都表现出下降的趋势(见图5-1)。中国大国优势地位没有表现出来。

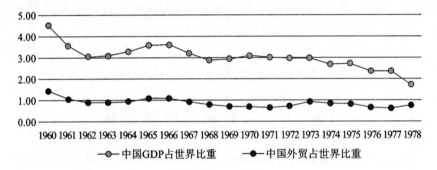

图5-1　1960—1978年中国GDP、外贸分别占世界比重②

造成中国贸易地位低而且下降的主要原因有以下几点:第一,先后遭遇西方国家封锁禁运和苏联撕毁合同等严峻的国际政治、经济贸易环境;第二,高度集中垄断的对外贸易体制对外贸企业活力的约束;第三,在把对外贸易放在互通有无、调剂余缺的思想指导下,中国未能充分利用国际分工和交换来加快国内经济对外贸易的发展;第四,在此期间,世界经济尤其是发达国家经济取得高速发展。在第三次科技革命作用下,随着20世纪50年代后贸易自由化和资本国际化,世界经济贸易高速发展,中国尽管进

---

① 《中国统计年鉴(2000)》。
② 中华人民共和国对外经济贸易部:《对外贸易统计资料汇编(1950—1989)》;世界银行数据库。

出口贸易总额有所增加,但与世界贸易发展的差距日益拉大。

(二)高度集中的外贸体制缺乏活力

新中国成立后到改革开放前夕,中国实行的是高度集中垄断的外贸体制。这种体制在初期符合当时的历史条件,有利于统一对外和集中调度中国国内资源、发展出口贸易;同时也是当时贸易重心转向苏东国家和打破西方封锁禁运的需要。但是,随着朝鲜战争结束后国家形势的缓和和中国对外贸易对象的多样化,这种必要性越来越弱,而它束缚中国外贸企业活力的负面作用越来越突出,制约了中国对外贸易的快速发展和对外贸易积极作用的发挥。一是国家外贸公司独家垄断经营,产销脱节,阻滞外贸带动经济的传递作用。国家通过外贸专业公司统一经营对外贸易,造成贸易渠道和经营形式单一,影响了各地方、各生产部门和企业发展对外贸易的主动性和积极性。其后果是造成中国工贸分离、产销脱节,使生产企业不能面向国际市场,积极发展优质实销的出口产品,提高对外效益和竞争能力,减弱对外贸易对经济的前连锁和后连锁的带动作用。二是外贸集中体制统得过死,难以让企业主动参与国际市场的竞争。国家通过指令性计划以及行政干预,对外贸企业限制过多,统得过死,造成中国政企职责不分,外贸企业经营自主权很小,难以积极主动地参与国际市场竞争,在竞争中处于被动地位和不利地位。三是国家统包贸易企业的盈亏,缺乏经营激励和效益机制。外贸企业财务由国家统包盈亏,不利于中国外贸企业走上自主经营、自负盈亏、自我发展、自我约束的企业化经营道路,没有适当兼顾国家、企业、个人三者的利益,不利于调动外贸企业和职工的积极性,也不利于加强经济核算和改善经营管理。

(三)进口替代战略加重"畸重畸轻"的产业结构

在优先发展重工业战略的思想指导下,"进口替代"外贸战略的实质是优先发展重工业战略在对外贸易方面的延伸和表现,因此它不仅维护和保证了这个工业化战略的实现,而且实际上进一步强化了这个战略实施。进出口贸易的大部分产品是重工业产品,加重"畸重畸轻"的产业结构,不利于对外贸易的持续健康发展。1949年,在中国国民经济结构中,农业占工农业净产值的比重很大,为84.5%,工业十分落后,只占15.5%,是一个典型的农业国家。为了赶超发达的工业化国家,1952年,中国开始实施优先发展重工业战略下高度集中的外贸统制体制,通过扭曲生产要素价格等一系列宏观政策来保证实现工业化优先发展战略和计划体制的运行。1952—1956年,工业总产值增长了104.96%。到1957年,在工业内部,轻重工业产值之比为 100∶102，这也符合当时中国的社会生产力水平。经过土地改革和农业合作化运动，农业也获得了较快发展，农产品生产基本满足了工业化的需要。1957 年，农业、轻工业、重工业在工农业总产值中的比重分别为 62.3%、18.6% 和 19.1%。与 1949 年相比，农业占比下降了 22.2 个百分点。① 随着工业化的推进，中国开始从落后的农业国转向工业国，产业结构的调整也迎来了难得的历史机遇。

然而，从 1958 年起，三次产业结构出现不协调并愈演愈烈：农业发展缓慢，服务业严重萎缩，第二产业过度发展；在第二产业内部，重工业与轻工业的结构也是"重重轻轻"，轻工业受资金、原料的制约，发展缓慢。1957—1978 年，工业内部重工业在工业总产值中的占比由 45% 提高到 56.9%，轻工业由 55% 下降到 43.1%，②轻重工业比例失调。优先发展重工业战略下的外贸体制，国家集中支配资源致使重工业内部也片面追求钢铁、机械制造业，甚至"以钢为纲"，而能源、原材料工业极度紧缺，导致能源、原材料的"瓶颈"。农业内部"以粮为纲"，片面关注种植业，林牧副渔业受到忽视。种植业内部粮食种植业挂帅，棉花、油料等经济作物受限，造成农业结构畸形发展，农民生活长期贫困。1957—1978 年极度不合理的产业结构导致经济发展绩效极差。

（四）对外贸易的比较优势较弱

1961—1978 年，中国的贸易依存度由 7.4% 升至 14.2%，1978 年的贸易依存度高于印度（10.4%）、美国（14.1%），但是低于联邦德国（36.7%）、日本（17.9%）、法国（32.2%）、韩国（51.0%）的水平，甚至低于世界平均水平（29.5%）（见图 5-2）。这段时期，中国对外贸易低速发展，1978 年中国贸易依存度依然较低，说明中国作为大国进口替代战略的优势没有发挥出来。

（五）对外开放水平较低

20 世纪 60 年代初中国与苏联的关系恶化以后，在 60 年代中国的对外关系进入冷冻时期，中美关系、中苏关系、中印关系都处于紧张状态，再加上国内经济建设方面的"左"倾失误，除了对外经济援助大幅度增加外，对外经济关系处于低落时期。1971 年中国恢复在联合国的合法席位和 1972 年中美关系解冻以后，中国的对外关系进入新的活跃时期，但是由于

---

① 《中国统计年鉴（1981）》。
② 《中国统计年鉴（1981）》。

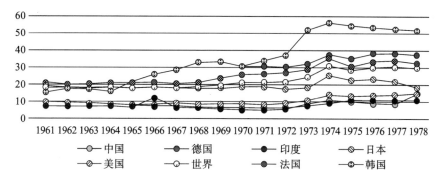

图 5-2　1961—1978 年中国与部分国家贸易依存度比较①

对外经济交往受到"四人帮"的干扰破坏和本身经济体制和政策的限制,虽然有所发展,但对外开放水平仍然不能令人满意。

从对外贸易来看,尽管从 1972 年以后有较大幅度增长,但是在世界贸易中所占份额还是很小的。1978 年我国进出口总额仅为 206.4 亿美元,其中出口 97.5 亿美元,进口 108.9 亿美元,仅占同期世界贸易总额的 0.78%,低于 1952 年的 1.27%、1957 年的 1.50%、1965 年的 0.79%。②而同期美国的出口总额为 1411.5 亿美元,进口为 1827.8 亿美元;苏联出口为 522.1 亿美元,进口为 505.5 亿美元;日本出口为 975 亿美元,进口为 787.3 亿美元;印度出口为 80.4 亿美元,进口为 79.5 亿美元;新加坡出口为 100.9 亿美元,进口为 130.5 亿美元(不包括与马来西亚的贸易);波兰出口为 141.1 亿美元,进口为 160.8 亿美元;加拿大出口为 460.6 亿美元,进口为 434.4 亿美元;澳大利亚出口为 141.2 亿美元,进口为 138.8 亿美元;巴西出口为 125.2 亿美元,进口为 145.3 亿美元。③

总体来看,改革开放前的对外贸易,对中国经济建设和优先发展重工业起到了独特的作用,但由于受当时国际政治环境和统制贸易体制的影响,发展较为缓慢,市场空间受限,企业行为受限,经营商品有限,对外开放水平较低。

改革开放之前的中国统制贸易体制使贸易部门和企业失去参与国际交换和竞争的动力。只有打破国家对外贸的统制,采取更有刺激性的贸易

---

① 世界银行数据库。
② 中国数据来源于:中国统计局:《中国统计年鉴(1983)》,中国统计出版社 1983 年版,第 420 页;世界贸易总额数据来源于:范慕韩:《世界经济统计摘要》,人民出版社 1985 年版,第 37 页。
③ 中国社会科学院世界经济与政治研究所:《世界经济年鉴(1981)》,中国社会科学出版社 1982 年版,第 964—967 页。

政策措施，并使企业成为真正的贸易利益的创造者和享有者，才能促进产业结构转型升级，真正发挥贸易在经济增长中的发动机机制。在改革开放初期，外贸体制改革成为较为迫切的问题。

二、积极开展各类对外经贸方式方法的探索

1978年2月，华国锋在五届人大一次会议的政府工作报告中提出，中国的"对外贸易要有一个大的发展"，"要认真总结对外贸易工作的经验，按照平等互利的原则，把生意做好做活"。"大力发展对外贸易，灵活运用国际上通常采用的一些做法，利用国外资金，引进先进技术，目的就是为了加快发展我国的经济建设事业。这是当前政治、经济形势发展的需要，是加速实现四个现代化的需要"。

在"对外贸易要大发展"的方针下，外经贸部门积极探索并尝试发展对外贸易的各类方式方法。1978年10月16日至11月2日，由中国对外贸易部、联合国贸易和发展会议共同在上海主办了"中国对外贸易及经营管理座谈会"，这是中国第一次举办这种类型的活动。中国对外贸易部副部长王润生在阐述了中国的国际地位之后指出："同世界先进国家相比，中国在经济和科学技术方面还有很大差距。""为此，进一步发展同其他国家的友好经济合作和交流，其中，包括贸易交流也是非常必要的。"1978年4月，对外贸易部部长李强就灵活贸易做法问题明确指出："以下几种做法在'四人帮'干扰时我们不能做，现在可以做：补偿贸易；来料加工、来样加工；用外商商标牌号定牌；协作生产；寄售；分期付款、延期付款。"11月26日，邓小平在会见日本民社党访华团时对民社党委员长佐佐木良说："我们的方针是，尽量吸收国际先进经验，引进资金和技术，加速我们的发展。"①

这一时期中国多次举办出口商品交易会，自1976年10月至1978年12月共举办了5届，其中，1978年的秋季出口商品交易会盛况空前，它是1957年4月创办以来最有意义、最有成果的一次交易会。"中国人终于把大门敞开，并同意接受国际贸易的原则和标准做法……我们完全可能已经处在中国贸易的崭新时代的门口。"②

通过上述外经贸方式方法的探索与尝试，我国取得了一些经验，增强了对外开放的决心与信心。

---

① 《邓小平思想年谱(1975—1997年)》，中央文献出版社1998年版，第94、95页。
② 《思想解放，外贸兴旺》，《经济导报》1978年(1595)。

三、改革开放初期的外贸体制改革

外贸体制是指对外贸易的组织形式、机构设置、管理权限、经营分工和利益分配等方面的制度。它是经济体制的重要组成部分,同国民经济的其他组成部分有着密切的关系。

邓小平从历史经验和世界经济发展规律的角度来考察社会主义对外贸易的作用和地位问题,阐明了对外贸易关系到搞活国民经济全局和现代化大业的成败,也关系到中国能否对世界做出贡献,从而把社会主义对外贸易的地位和作用提到了应有的战略高度。

改革开放以来,中国经历的是渐进式的改革模式,外贸体制改革也是渐进式的。改革开放前,中国对外贸易实行指令性计划管理和国家统负盈亏。改革开放初期,中国外贸体制改革主要是改革单一计划管理体制,从高度集中的国家统制外贸到简政放权、政企分开。主要举措是下放外贸管理权和经营权,实行外汇留成制度并建立外汇调剂市场;吸收外商直接投资,使外商投资企业作为新的经营主体进入外贸领域,打破了国有外贸企业的垄断。

邓小平于1978年12月指出,"现在我国的经济管理体制权力过于集中,应该有计划地大胆下放,否则不利于充分发挥国家、地方、企业和劳动者个人四方面的积极性";"有必要在经济计划和财政、外贸等方面给予更多的自主权"。[①] 1979年4月,他在中央工作会议上听取了广东省的汇报后提出利用沿海优势,试办经济特区,授予充分的外贸自主权。同年6月和7月又批准了粤闽两省在对外贸易中实行特殊政策和灵活措施的报告。这样扩大了对外成交渠道,调动了各方面发展外贸的积极性,但这仍然是一种行政性的放权,外贸财务的"大锅饭"体制仍未触动。后来按照邓小平的决策,外贸体制才从独家经营的框框中迈出了重要的第一步,即下放外贸经营权。

1979年以后中国对外贸易制度改革进入探索阶段。这一阶段的改革主要包括以下几个方面。

1. 调整外贸管理机构

1979年7月五届全国人大常委会第十次会议通过决议,对外贸管理机构进行大幅调整,成立了中华人民共和国进出口管理委员会和外国投资管

---

① 《邓小平思想年谱(1975—1997年)》,中央文献出版社1998年版,第95页。

理委员会,以加强对外贸业务的管理。1980年2月9日,国务院发出《关于改革海关管理体制的决定》,将对外贸易部的海关管理局改为中华人民共和国海关总署;2月29日,将全国商品检验总局改为中华人民共和国进出口商品检验局,由对外贸易部代管。7月1日,国务院决定成立中华人民共和国进出口商品检验总局(简称国家商检总局),为国务院直属局,以加强对全国进出口商品检验管理工作的领导,改革现行进出口检验管理体制,适应对外贸易发展的需要。1982年3月,第五届全国人大常委会第二十二次会议通过决议,将对外贸易部、对外经济联络部、进出口管理委员会、国家外国投资管理委员会合并成立对外经济贸易部(简称经贸部)。另外,中央政府为了给专业外贸公司"走出去"提供便利,在一些主要国家建立了贸易机构。经贸部先后在日本、英国、法国等设立中国进出口公司代表处,在美国、阿联酋、巴拿马及德国等地设立了由经贸部直接投资和领导的西欧中国贸易中心,除此以外,还在海外设立许多贸易公司,负责对外销售、进口订货等相关工作。通过以上的调整,确立了经贸部的主要职责,即对中国对外贸易的发展进行统一管理和领导。

2. 简政放权

自1984年起,经贸部实施简政放权的一系列改革措施,主要包括以下几个方面:一是大部分省(区、市)有权对外汇收入按比例进行保留;企业自行使用的外汇留成比例为50%。二是明确28种限制进口商品,允许一批机构无需经过经贸部就可以进口非限制类商品。三是根据国务院批转的经贸部《关于外贸体制改革意见的报告》,从1985年1月1日起,外贸实行行政企业职责分开。在对外贸易制度改革报告中,将"政企分开""简政放权""实行外贸代理制""改革外贸计划体制"和"改革外贸财务体制"等作为核心内容。四是在广东省与福建省采取扩大外贸经营权的措施,省外贸公司负责自行经营大部分产品的出口业务。分别在北京、天津、辽宁和福建等省市设立外贸总公司,由其负责经营部分本地自产商品出口以及引进地方所需物资及技术等核心业务。五是批准19个中央有关部委建立进出口公司或工贸公司,由其负责接管原来由外贸专业公司经营的部分商品的进出口业务,实现"工贸、技贸结合",使国内生产企业直接面向国际市场,更广泛地参与国际竞争。六是成立了一些综合性贸易公司,其经营范围较广,除了系统内的进出口业务外,还兼营某些商品和代理国内单位的进出口业务。此外,其他部门和团体也成立了进出口业务公司和服务性业务公司,主要负责某类商品的进出口业务及对外广告宣传、展览和咨询等业务。

3. 简化外贸计划制度

随着外贸经营权逐渐向企业下放,外贸专业总公司全部承担外贸计划的情况也逐渐改变,除外贸总公司外,其他单位和企业经批准经营进出口业务,承担国家出口计划任务。1984年,国家在制定对外贸易计划的过程中,将部分中心城市视同为省级计划单位,实行了计划单列,在外贸管理权限方面享有省级待遇。1985年,经贸部不再编制与下达外贸收购与调拨计划,不断缩小指令性计划范围,进一步扩大指导性计划范围。

4. 调整外贸财务制度

在此阶段,中央财政对外贸财务制度进行了深入的调整与完善,在财务管理方面使外贸企业与其主管部门脱离;改变进出口商品原有的征税办法,全面调整了进口商品征税以及出口商品退税的范围;执行财政部试行企业基金的规定,使企业日益重视经济效益的提升。[1]

1987年至1990年中国对外贸易体制改革进入第二阶段。中国对外贸易体制经过上一阶段的改革,强化了市场机制在对外贸易运行中的作用,使中国对外贸易基础结构发生重要变化。但是在对外贸易体制变迁中还存在一些关键性问题尚未得到有效的解决,还未取得突破性的成果。国务院于1988年2月颁布了《关于加快和深化对外贸易体制改革若干问题的规定》,宣布将全面推行对外贸易承包经营责任制,进一步推动对外贸易制度变迁的进程,使中国对外贸易朝着"自负盈亏、放开经营、工贸结合、推行代理制"的方向前进。[2] 第二阶段改革主要包括以下几个方面:

(1) 推行对外贸易承包经营责任制。1987年起,经贸部在粮油、土畜、轻工业、工艺品、丝绸、医药、五金、矿山、化工、机械十大专业外贸总公司实行出口承包经营责任制,主要承包出口总额、出口盈亏总额、出口商品换汇成本三项指标。外贸公司内部机构之间也推行责任制,以此实现企业发展与员工利益的紧密连接。总承包的外贸专业总公司的自主经营权扩大,并开展多种贸易形式,不断扩大对外贸易渠道。1987年12月,国务院批准中国化工进出口总公司作为第一个国际化经营综合承包的试点,大胆向跨国集团公司迈进。1988年开始实行以地方为主的外贸承包经营责任制,即以1988年的出口计划为基础,各省、自治区、直辖市、计划单列市以及直接承担出口任务的国家外贸公司和工贸公司分别向国家承包出口外汇、上缴中

---

[1] 详见中国外贸体制改革的进程、效果与国际比较课题组:《中国外贸体制改革的进程、效果与国际比较》,对外经济贸易大学出版社2006年版,第23、24页。

[2] 王迎新:《外贸体制改革进展与前途》,《经济研究资料》2001年2期。

央外汇和经济效益的三项指标,指标一定三年不变。国家下达的各项承包指标都是指令性计划。国家计委、经贸部负责对各地及其他承包单位完成进出口计划和承包任务进行督促检查。1988年开始对外贸企业进行自负盈亏试点改革,以轻工业、工艺品以及服装三个行业为主。将出口收入按比例用于企业经营及职工福利。1988年还改变了利润留成办法,将试点企业的利润留成大部分改为承包上缴利润基数,另外一部分实行承包基数内和超基数利润按不同比例留成。试点企业完全实行自负盈亏。

对外贸易承包经营责任制的实施,使对外贸易主体在财务方面与总公司脱离,与地方财政实现挂钩,承包任务落实到各相关企业;各承包单位自负盈亏;各承包单位获得的外汇收入在承包指标以内的按照一定比例分别上缴国家以及留给地方和企业,由于地区、行业及商品不同,其留成比例也各不相同。一般商品外汇收入的超出部分留给地方和企业较大比例,其余部分上缴国家,其留成比例基本上拉齐,而出口机电产品的外汇收入实行全额留成。

(2)深化外贸计划体制改革。在出口承包经营责任制的推动下,对外贸易计划体制也发生了深刻的变革。与以往不同,国家进一步缩小了进出口商品指令性计划的范围。在进出口商品计划中,指令性计划的商品分别占进出口总额的20%和30%,与此同时,国家还扩大了指导性计划和市场调节的范围,指导性计划的商品总额占出口总额的15%,其余商品均实行开放经营、市场调节。在出口计划中,大部分出口任务由地方承包经营,属于指导性计划,实行单轨制编报下达,统一经营、联合经营的21种出口商品占小部分,属于指令性计划,实行双轨制编报下达;在进口计划中,地方部门自有外汇进口所占比重逐渐超过中央外汇进口比重。

(3)转变外贸行政管理职能。在国务院授权下,经贸部及各地方经贸厅行使其外贸行政归口管理和分级管理职能。各级外贸行政管理部门都要改进和加强外贸行政管理工作。经贸部对外贸行政管理由直接控制转向间接控制,加强对外贸的宏观管理,实行政企职责分开,逐步实现外贸行政管理职能的转变。经贸部下放了多项外贸行政管理权力。1988年4月至7月,外贸公司审批权下放期间,新批准成立的外贸企业达2000多家。

(4)1988年10月,经贸部采取五项措施治理外贸环境,整顿外贸秩序,以保证外贸体制改革的进一步深化和外贸出口的稳定发展。五项措施是:①结合税收、财政、物价大检查,清查整顿外贸企业,重点是"皮包公司";②整顿出口商品收购秩序;③加强计划、配额许可证和海关的综合治理;

④调整部分鼓励出口的政策;⑤加强进口管理,不该进口的坚决不进口,特别是高档消费品。在外贸体制改革的第二阶段,按照国际贸易通行规则,建立了出口退税制度。

第三节 特殊区域发挥特殊作用

为了更好地实行改革与开放相互促进的"扩大"型对外开放,中共中央、国务院选择在沿海特定地区试行利用外资和对外经济贸易的一些特殊政策,使这些特殊区域发挥对外开放的窗口和示范作用,我国对外开放新格局逐步形成。这是我国改革开放的伟大创举。特区的许多对外开放政策逐渐延伸至各类经济开发区、沿海地区和全国,有力地推动了我国对外开放的不断扩展和深化。

一、广东、福建实行特殊政策

1978年4月,国家计委和对外贸易部组织港澳经济贸易考察团前往香港、澳门进行实地考察,并提交了《港澳经济考察报告(汇报提纲)》。报告指出,深圳、珠海紧邻港澳,发展出口商品生产,条件十分有利,对这两地"有必要实行某些特殊管理办法"。报告获得了中央领导同志的肯定。1978年12月15日,对外贸易部部长李强宣布取消不许外商在中国投资的禁区。1979年1月,对于港商要求在广东开设工厂的要求,邓小平在来信摘报上批示:"这件事,我看广东可以放手干。"①

1979年4月,中央工作会议在北京举行。广东省委书记习仲勋在发言中明确提出,允许广东有一定的自主权,在深圳、珠海、汕头举办出口加工业,要利用毗邻港澳的有利条件,实行特殊政策和灵活措施,加快对外开放和经济发展。邓小平对此十分赞同。福建省委领导人听说广东提出在对外开放上先走一步的建议,他们认为,福建华侨不少,也向中央提出实行特殊政策的要求。

中央工作会议结束后不久,中共中央、国务院决定派主管外经贸工作的中央书记处书记、国务院副总理谷牧率领工作组到广东、福建,和两省党政领导干部以及专家共同进行深入细致的调查研究。1979年7月15日,中共中央、国务院批转广东省委、福建省委《关于对外经济活动实行特殊政

---

① 钟坚:《邓小平经济特区思想的丰富内容和时代意义》,《人民日报》2004年9月16日。

策和灵活措施的两个报告》。中央和国务院原则同意广东、福建两省试行在中央统一领导下大包干的经济管理办法,根据广东、福建两省靠近港澳,侨胞众多,资源丰富,便于吸引外资等有利条件,使两省在计划、对外贸易、物资供应、物价管理等方面实行新的经济体制和灵活政策;通过给广东、福建两省以更多的自主权,使之发挥优越条件,抓紧当时有利的国际形势,先走一步,把经济尽快搞上去。

二、创办经济特区

1979年8月,国务院颁发《关于大力发展对外贸易增加外汇收入若干问题的规定》,主要内容是扩大地方和企业的外贸权限,鼓励增加出口,办好出口特区。1979年12月11日,在国务院召开的第一次特区筹建的专题汇报会上,经济特区的概念首次被正式提出。1980年3月,中共中央在广州召开广东、福建两省会议,将"出口特区"改为内涵更为丰富的"经济特区"。1979年5月16日,中共中央、国务院批转《广东、福建两省会议纪要》,正式将出口特区定名为"经济特区"。

1980年8月21日,第五届全国人大常委会第十五次会议批准了国务院提出的在广东省深圳、珠海、汕头和福建省厦门设置经济特区。会议还批准了《广东省经济特区条例》,并同意福建省参照该条例管理厦门经济特区,完成了设置特区的立法程序,标志着经济特区的正式诞生。经济特区既是对外交流的窗口,又是城市改革的"试验田"。改革开放之初,在缺乏对外经济交往经验、国内法律体系不健全的形势下,设立经济特区对国内经济体制改革、扩大对外经济交流起到了重要的作用。

1983年4月,中共中央、国务院批转了《加快海南岛开发建设问题讨论纪要》,决定对海南岛也实行经济特区的优惠政策。1988年4月的七届人大一次会议正式通过了建立海南省和海南经济特区两项决定,海南岛成为我国最大的经济特区。

邓小平指出,"特区是对外开放的窗口,是开放政策的试验基地。如果不发展出口产业,不增加出口的比重,特区便没有过关,对外开放的试验便不能算成功"。当深圳经济由内向型变为外向型,大量工业品能进入国际市场时,邓小平宣告,"现在我可以放胆地说,我们建立经济特区的决定不仅是正确的,而且是成功的"。① 可见,对外贸易的发展已被作为衡量经济

---

① 《邓小平文选　第三卷》,人民出版社1993年版,第239页。

特区实效,衡量对外开放试验成功与否的一项重要标准。

三、开放沿海港口城市,兴办经济技术开发区

1984年4月,根据邓小平的建议,中央决定对外开放大连、秦皇岛、天津、烟台、青岛、连云港、南通、上海、宁波、温州、福州、广州、湛江和北海等14个港口城市。同年9月,国务院首先批准了东北重镇大连市兴办经济技术开发区。从这时起到1985年1月,在逐渐审批沿海开放城市的实施方案中陆续批准了秦皇岛、烟台、青岛、宁波、湛江、天津、连云港、南通、福州、广州等10个城市举办经济技术开发区,给予它们和沿海经济特区类似的优惠政策。1986年8月,国务院批准设立上海闵行经济技术开发区和虹桥经济技术开发区,1988年又批准上海市设立以发展高新技术为主的漕河泾新兴技术开发区。到1991年底,14个经济技术开发区累积开发土地面积达30万平方公里,批准外商投资项目1501个,协议吸收外资27.2亿美元,投产运营的企业达821家,经济技术开发区显示其发展的勃勃生机。沿海开放城市作为国内经济与世界经济的接合部,成为对外开展经济贸易活动和对内进行经济协作两个辐射扇面的交点,直接影响了全国改革开放形势的发展。

四、划分沿海经济开放区

1985年2月,中共中央、国务院批准了《长江、珠江三角洲和闽南厦漳泉三角地区座谈会纪要》,将长江三角洲、珠江三角洲和闽南三角区划为沿海经济开放区,并指出这是我国实施对内搞活经济、对外实行开放的具有重要战略意义的布局。1988年初,中央又决定将辽东半岛和山东半岛全部对外开放,同已经开放的大连、秦皇岛、天津、烟台、青岛等连成一片,形成环渤海开放区。中央还提出在这些经济开放区形成贸-工-农一体化的生产结构。在沿海形成有亿万人口的经济开放区,大力发展外向型经济,大进大出,成为我国对外开放前沿地带。

沿海地区,特别是其中的广东、福建、浙江、江苏和山东等,通过发展外向型经济,工业化水平大大提高,1981—1989年,五省GNP(国民生产总值)的年均增长率分别为12.3%、10.9%、12.5%、10.8%和10.2%,高于全国平均水平。1989年,五省工业净产值占GNI(国民总收入)的比重为42.3%、41.2%、50%、50.3%和50.4%。沿海五省工业总产值占全国的

比重由1980年的25.5%上升到1990年的36.9%。①

随着沿海外向型经济的发展,沿海开放地区利用国际市场的转换机制,基本上摆脱资源和资金的制约,大量吸收农村转移的劳动力,为乡镇企业创造了更广阔的发展空间。1983—1988年,全国乡镇企业单位数从135万个迅速增至1888万个,从业人员从3235万人增至9545万人。乡镇企业产值占农村社会总产值的比重,1983年为25%,1987年第一次超过农业总产值,达50.4%。1984—1988年,中国GDP年均增速高达12.1%,②国民经济经历了一个加速发展的飞跃时期,展现了农业和工业、农村和城市、改革和发展相互促进的生动局面,整个国民经济提高到一个新的水平,并走出一条新型的乡村工业化道路,从而大大推进了中国工业化的进程。

沿海地区经济发展战略强调东部沿海地区积极发展外向型经济,设立经济技术开发区和开放区,充分利用国外先进技术和管理经验,"加强传统工业和现有企业的技术改造,大力开拓新兴产业,发展知识技术密集型产业和高档消费品工业,使产品向高、精、尖、新方向发展",同时使这一地带逐步成为中国"培养和向全国输送高级技术和管理人才的基地,向全国传送新技术、提供咨询和信息的基地"。随着沿海地区新兴技术产业的发展,其向中、西部转移了越来越多的信息和先进技术,从而促进了各地区产业结构的转换和国民经济结构的调整升级,有力地推动了中国工业化的新科技革命。

第四节　贸易伙伴分析

为了拓宽对外开放的范围,邓小平同志强调全面开放的思想。他明确指出:"开放是对世界所有国家开放,对各种类型的国家开放。"这里讲的各种类型的国家包括西方发达国家、苏联及东欧国家和发展中国家与地区。邓小平同志在谈论对外开放时,还强调发展对外经贸合作不要拘泥于意识形态和社会经济制度的差别。20世纪80年代,中国与这三大类国家与地区的贸易都有很大发展。

一、与美国贸易发展

1979年,中美两国建交。同年,两国政府签订中美贸易关系协定,这标

---

① 根据1982—1990年《中国统计年鉴》相关数据计算得出。
② 根据《中国统计年鉴(1990)》相关数据计算得出。

志着中美经贸关系正常化。协定规定中美双方从 1980 年 2 月起相互给予对方最惠国待遇。美国政府又放宽对华技术控制。1980 年 10 月 22 日,中国政府和美国政府粮食贸易协议在北京签订。11 月,美国经济贸易展览会在北京开幕。中美贸易进入了快速发展的时期。但是在 1980—1989 年,中美之间仍然发生贸易摩擦,主要集中在纺织品的配额问题上。纺织品一直以来是中国出口美国的最大宗商品,也是中国最有竞争力的出口拳头产品和争取外汇的主要来源。中美恢复经济关系以后,中国也是从纺织品对美出口开始,积累了宝贵的外汇,为国内经济的起飞做出了积极的贡献。1979 年美国政府单方面宣布对进口中国纺织品的七大类商品实行限额,中美展开了第一次纺织品协定的谈判。1980 年、1983 年和 1987 年中美达成三个纺织品协定,美对华纺织品配额限制品种由最初的 8 种扩大到 87 种,覆盖了中国输美纺织品的 85%,而且美国的行为经常是单方面的,中国对此做出了强烈的反应。1983 年 1 月 19 日,对外经济贸易部对外贸易管理局局长沈觉人宣布,由于美国政府对中国纺织品实行单方面进口限制,中国政府决定停止批准自美国进口棉花、大豆、化纤的合同,并削减从美国进口其他农产品的计划。1986 年 7 月 10 日,中国驻日内瓦联合国常驻代表钱嘉栋大使向关贸总协定总干事邓克尔提交了中国政府关于恢复中国在关贸总协定缔约国地位的申请。11 月 19 日,美国助理贸易代表纽柯克率代表团访华,同以对外经济贸易部部长助理沈觉人为首的中国代表团进行第一轮中美关贸总协定问题双边磋商。中美贸易在快速发展时期,仍然免不了摩擦和碰撞。

根据中国海关统计,中美两国年双边贸易额,1978 年为 9.9 亿美元,1979 年猛增到 24.5 亿美元,1980 年又升为 48.1 亿美元(见表 5-1、图 5-3);1988 年为 82.6 亿美元,是 1978 年的 8.3 倍。这一时期各年全部表现为中方逆差,中美贸易逆差在 1981 年达到最大,为 28.77 亿美元。

表 5-1　1978—1988 年中国与美国贸易额[①]

年份	I 从美进口额 /万美元	E 向美出口额 /万美元	I+E 进出口总额 /万美元	E-I 贸易 平衡额/万美元
1978	72110	27067	99177	-45043
1979	185659	59501	245160	-126158

---

① 根据沈觉人:《当代中国对外贸易》(当代中国出版社 1992 年版)有关数据计算整理而成。

续表

年份	I从美进口额/万美元	E向美出口额/万美元	I+E进出口总额/万美元	E-I贸易平衡额/万美元
1980	383021	98106	481127	-284915
1981	438253	150579	588832	-287674
1982	371675	161925	533600	-209750
1983	232167	170217	402384	-61950
1984	366338	229971	596309	-136367
1985	437336	265160	702496	-172176
1986	352709	246643	599352	-106066
1987	380936	296266	677202	-84670
1988	505193	320996	826189	-184197

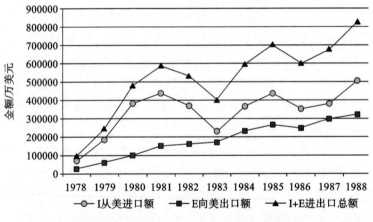

图 5-3　1978—1988 年中国与美国贸易额①

二、与日本贸易发展

1978 年以后，中国的改革开放使中日两国经贸合作从单纯的货物进出口贸易向投资、技术合作、政府资金合作等多领域拓展，为中日贸易发展创造了新的条件，中日贸易获得了高速进展。根据中国海关统计，1985 年中

---

① 根据沈觉人：《当代中国对外贸易》(当代中国出版社 1992 年版)有关数据计算整理而成。

日两国双边贸易额为164.3亿美元(见表5-2),是1978年的3.4倍。1985年,美、日、德、英、法5国达成著名的"广场协议",宣布联合干预外汇市场,使美元对主要货币贬值。"广场协议"揭开了日元急速升值的序幕。不到三年时间里,日元对美元升值了一倍。日元的急剧升值,极大地削弱了日本出口产业在国际市场上的竞争力,严重影响了以日本对华出口为主的中日贸易良好发展势头。1986年1月22日,中国中日长期贸易协议委员会主任刘希文和日本日中长期贸易协议委员会委员长河合良一签订了中日长期贸易协议项下1986年至1990年石油、煤炭安排事项协议;11月6日,中国对日经济贸易工作协调组在北京成立。虽然有这些努力,中日贸易仍然出现了自1978年以来,首次出口、进口、进出口全面下降局面(见表5-2)。其后进入震荡调整阶段。除1982年外,这一时期其余年份全部表现为中方逆差,中日贸易逆差在1985年达到最大,为52.16亿美元(见表5-2、图5-4)。

表5-2 1978—1988年中国与日本贸易额[①]

年份	I 从日本进口额 /万美元	E 向日本出口额 /万美元	I+E 进出口总额 /万美元	E-I 贸易平衡额 /万美元
1978	310515	171865	482380	-138650
1979	394401	276413	670814	-117988
1980	516891	403224	920115	-113667
1981	538088	459715	997803	-78373
1982	390014	486077	876091	96063
1983	462045	445684	907729	-16361
1984	737360	535418	1272778	-201942
1985	1082529	560908	1643437	-521621
1986	949960	436419	1386379	-513541
1987	724409	591553	1315962	-132856
1988	733905	728716	1462621	-5189

---

① 根据沈觉人:《当代中国对外贸易》(当代中国出版社1992年版)有关数据计算整理而成。

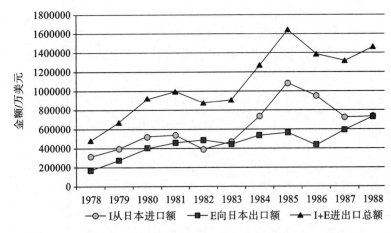

图5-4　1978—1988年中国与日本贸易额①

三、与欧洲共同体贸易发展

这一时期欧洲共同体（简称"欧共体"）成员国有所增加：1981年希腊加入欧共体，1986年西班牙和葡萄牙加入欧共体。中国的改革开放使中国与欧共体贸易有了一个新局面。1978年4月3日，中国和欧洲经济共同体贸易协定在布鲁塞尔签订。12月4日，中国政府和法国政府关于发展经济关系和合作的长期协定在北京签订。1979年10月17日，余秋里副总理和法国外贸部部长让·弗朗索瓦·德尼奥在巴黎签署《关于中法经济关系的发展》文件。1979年10月24日，中国政府和联邦德国政府经济合作协定在波恩签订。1979年11月23日，中国和比利时-卢森堡经济联盟发展经济、工业、科学和技术合作协定在北京签订。从1980年起，欧共体给予中国普遍优惠制待遇，对中国出口到欧共体的除纺织品外的所有工业品、制成品和半成品提供程度不等的关税优惠。1980年9月25日，中国政府和挪威政府经济、工业和技术合作协定在北京签订。1980年10月30日，中国政府和荷兰政府经济技术合作协定在北京签订。1981年3月30日，"欧洲经济共同体-中国贸易周"在布鲁塞尔开幕。1982年6月11日，中国政府和芬兰政府长期贸易协定在赫尔辛基签订。1982年6月15日，中国政府和挪威政府长期贸易协定在奥斯陆签订。1983年3月24日，国务院兼对外

---

①　根据沈觉人：《当代中国对外贸易》（当代中国出版社1992年版）有关数据计算整理而成。

经济贸易部部长陈慕华赴英国、法国、奥地利、比利时等国和欧洲经济共同体委员会、联合国工发组织访问。1983年6月25日,中国政府和希腊政府经济技术合作协定在北京签订。1983年11月1日,欧洲经济共同体主席托恩访问中国,同中国有关部门就扩大中国与该组织的经济贸易关系问题进行了会谈。1984年9月26日,中国、欧洲经济共同体部长级会晤第一次会议在北京举行。1985年,中欧之间又签订了第二个全面调整双方关系的双边协定——《经济与贸易合作协定》,合作领域进一步放宽,双方的经贸关系也由此进入了一个更富有活力的阶段。1985年4月16日,中国和法国关于发展经济关系和合作的长期协定以及法国政府向中国政府提供贷款的两个文件在北京签订。1985年5月21日,中国-欧洲经济共同体贸易和经济合作协定在布鲁塞尔签订。1985年6月3日,中英两国政府在伦敦签订了经济合作协定。1986年7月1日,欧洲经济共同体委员会主席德洛尔访华。郑拓彬部长同德洛尔就发展双方经济贸易关系问题进行了会谈。1987年6月10日,对外经济贸易部副部长李岚清率领代表团访问欧洲经济共同体,在布鲁塞尔同欧洲经济共同体代表团进行第一轮关贸总协定问题双边磋商。8月25日,李岚清同卢森堡副首相兼外交大臣普斯在北京就经贸合作问题进行了会谈。这些往来都促进了中国与欧洲经济共同体贸易的大发展。

以法国、联邦德国、英国为例,中国与法国双边贸易额从1978年的42546万美元增加到1988年的129391万美元(见表5-3、图5-5),中国与联邦德国双边贸易额从1978年的135963万美元增加到1988年的419856万美元(见表5-4、图5-6),中国与英国双边贸易额从1978年的66674万美元增加到1988年的139876万美元(见表5-5、图5-7),都是成倍增长。

除1980年、1982年外,中法贸易这一时期其余年份全部表现为中方逆差,中法贸易逆差在1985年达到最大,约为3.53亿美元(见表5-3)。中国与联邦德国贸易这一时期各年份全部表现为中方逆差,中国与联邦德国贸易逆差在1986年达到最大,约为20.61亿美元(见表5-4)。中英贸易也大致如此,除1980、1981、1988年外,这一时期其余年份全部表现为中方逆差,中国与英国贸易逆差在1983年达到最大,约为5.60亿美元(见表5-5)。

表 5-3　1978—1988 年中国与法国贸易额①

年份	I 从法国进口额/万美元	E 向法国出口额/万美元	I+E 进出口总额/万美元	E-I 贸易平衡额/万美元
1978	24707	17839	42546	-6868
1979	40620	23398	64018	-17222
1980	31469	34022	65491	2553
1981	36490	34064	70554	-2426
1982	23089	37350	60439	14261
1983	53180	25286	78466	-27894
1984	31334	27350	58684	-3984
1985	59191	23862	83053	-35329
1986	60874	32417	93291	-28457
1987	68646	44393	113039	-24253
1988	80454	48937	129391	-31517

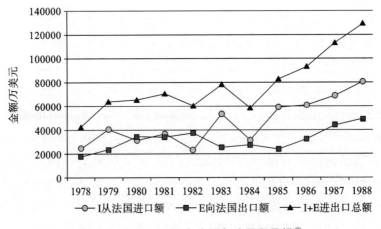

图 5-5　1978—1988 年中国与法国贸易额②

---

①② 根据沈觉人：《当代中国对外贸易》（当代中国出版社 1992 年版）有关数据计算整理而成。

表 5-4　1978—1988 年中国与联邦德国贸易额①

年份	I 从联邦德国进口额/万美元	E 向联邦德国出口额/万美元	I+E 进出口总额/万美元	E-I 贸易平衡额/万美元
1978	103011	32952	135963	−70059
1979	173940	45915	219855	−128025
1980	133282	71052	204334	−62230
1981	153937	78537	232474	−75400
1982	120632	68027	188659	−52605
1983	129964	84779	214743	−45185
1984	150843	71384	222227	−79459
1985	239416	67782	307198	−171634
1986	290757	84681	375438	−206076
1987	275353	115787	391140	−159566
1988	277595	142261	419856	−135334

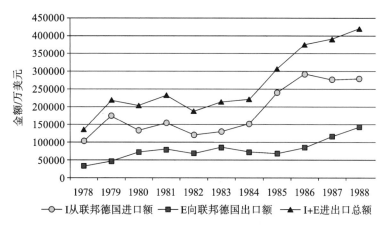

图 5-6　1978—1988 年中国与联邦德国贸易额②

①② 根据沈觉人:《当代中国对外贸易》(当代中国出版社 1992 年版)有关数据计算整理而成。

表 5-5　1978—1988 年中国与英国贸易额①

年份	I 从英进口额/万美元	E 向英出口额/万美元	I+E 进出口总额/万美元	E−I 贸易平衡额/万美元
1978	29630	37044	66674	7414
1979	50115	47887	98002	−2228
1980	54000	56369	110369	2369
1981	30682	71029	101711	40347
1982	46798	44408	91206	−2390
1983	104011	48053	152064	−55958
1984	72889	46228	119117	−26661
1985	97544	45126	142670	−52418
1986	81386	51957	133343	−29429
1987	73015	70614	143629	−2401
1988	65271	74605	139876	9334

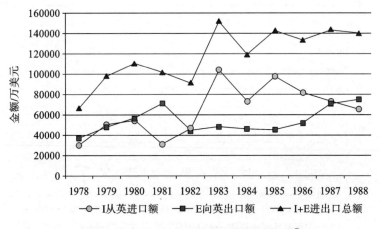

图 5-7　1978—1988 年中国与英国贸易额②

①② 根据沈觉人：《当代中国对外贸易》（当代中国出版社 1992 年版）有关数据计算整理而成。

四、与苏联、东欧国家贸易发展

在中国走向改革开放新阶段的时候,苏联也在发生变化:主张改善苏中关系①以及进行经济体制改革的意见渐占上风。20世纪80年代,苏联在加速开发资源丰富的东部地区时,存在缺乏技术、资金、劳动力和食品供应紧张等困难,客观上要求通过与邻国发展经贸关系来解决。这对中国来说,是发展中苏经贸关系的一个良好机遇,扩大了经济合作的可能性。1982年4月16日,对外经济贸易部副部长贾石和苏联对外贸易部第一副部长根·基·茹拉廖夫在北京换函,确认恢复中国黑龙江省和内蒙古自治区同苏联的边境贸易。1982年11月12日,勃列日涅夫去世两天后,尤里·弗拉基米罗维奇·安德罗波夫被选举为苏共中央总书记。安德罗波夫主张经济上进行体制改革试验,主张"恢复苏中两国人民的友谊"。1984年2月13日,安德罗波夫逝世4天后,契尔年科接任苏共中央总书记、苏联最高苏维埃主席团主席。在契尔年科执政期间强调政策的继承性,因此基本上保持了安德罗波夫时期的对内对外政策。邓小平同志在1984年指出:"对苏联和东欧国家的开放,这也是一个方面。国家关系即使不能够正常化,但是可以交往,如做生意呀,搞技术合作呀,甚至于合资经营呀,技术改造呀,一百五十六个项目的技术改造,他们可以出力嘛。"②1984年中苏恢复了边境贸易,两国关系也开始正常化,双边贸易额也急剧上升。

中国与东欧国家的关系有所改善。1984年6月25日,中国政府和匈牙利政府经济技术合作协定在布达佩斯签订;6月30日,中国政府和波兰政府经济技术合作协定在华沙签订;7月6日,中国政府和捷克斯洛伐克政府经济技术合作协定在布拉格签订;9月9日,中国政府和南斯拉夫政府1986年至1990年贸易协定在贝尔格莱德签订;9月15日,中国政府和保加利亚政府经济和技术合作协定在索菲亚签订;9月17日,中国政府和民主德国政府经济合作协定在柏林签订;12月28日,中国政府和苏联政府经济技术合作协定在北京签订。

1985年至1991年,米哈伊尔·谢尔盖耶维奇·戈尔巴乔夫担任苏共

---

① 值得一提的是,苏联前部长会议主席柯西金在改善苏中关系方面也起到了一定作用。尤其是1969年3月2日珍宝岛事件发生之后,中苏两国关系空前紧张,两国4200多公里的漫长边境火药味浓重。时任苏联部长会议主席柯西金为避免两国开战,一再要与中国最高领导沟通,终于9月11日上午在北京机场与周恩来、李先念等会谈,双方就重派大使、恢复两国间政务电话、扩大贸易和改善两国通车通航等问题达成了协议。最重要的成果是双方决定10月份开始进行边界谈判。
② 《邓小平文选 第三卷》,人民出版社1993年版,第99页。

总书记、苏联总统,推动苏联的经济、政治和军事等多项领域体制改革,主张改善苏中关系。1985 年 7 月 10 日,中国政府和苏联政府关于 1986 年至 1990 年交换货物和付款协定在莫斯科签订。7 月 15 日,中国政府和民主德国政府 1986 年至 1990 年交换货物和付款协定在北京签订。1985 年 10 月 11 日,中国政府和罗马尼亚政府 1986 年至 1990 年相互供应主要货物的长期贸易协定和现汇易货协定在北京签订。1986 年 9 月 8 日,苏联部长会议第一副主席塔雷津率领苏联政府代表团到中国访问,并就两国进一步发展经济贸易关系问题进行了会谈。12 月 12 日,苏联工业贸易展览会在北京开幕。这些交流都促进了中国与苏联、东欧国家贸易的大发展。

中苏两国双边贸易额,1978 年为 4.37 亿美元,1984 年超过 10 亿美元,1985 年已达 18.81 亿美元,1986 年为 26.38 亿美元,超过 20 世纪 50 年代最高水平,1988 年增加到 29.02 亿美元(见表 5-6、图 5-8);中国与民主德国的两国双边贸易额,从 1978 年的 3.15 亿美元增加到 1988 年的 6.82 美元(见表 5-7、图 5-9),都有明显增长。

表 5-6 1978—1988 年中国与苏联贸易额[①]

年份	I 从苏联进口额 /万美元	E 向苏联出口额 /万美元	I+E 进出口总额 /万美元	E-I 贸易平衡额 /万美元
1978	20687	22966	43653	2279
1979	25039	24223	49262	-816
1980	26412	22830	49242	-3582
1981	10842	11648	22490	806
1982	13701	13889	27590	188
1983	34571	32815	67386	-1756
1984	56768	61539	118307	4771
1985	91303	96837	188140	5534
1986	142966	120800	263766	-22166
1987	113143	117197	230340	4054
1988	140644	149507	290151	8863

---

① 根据沈觉人:《当代中国对外贸易》(当代中国出版社 1992 年版)有关数据计算整理而成。

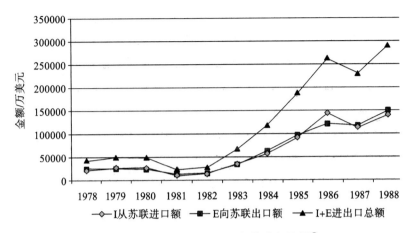

图5-8 1978—1988年中国与苏联贸易额①

表5-7 1978—1988年中国与民主德国贸易额②

年份	I从民主德国进口额/万美元	E向民主德国出口额/万美元	I+E进出口总额/万美元	E-I贸易平衡额/万美元
1978	15253	16221	31474	968
1979	19759	19787	39546	28
1980	25984	16919	42903	-9065
1981	11386	10119	21505	-1267
1982	10014	6815	16829	-3199
1983	10695	7822	18517	-2873
1984	10319	9982	20301	-337
1985	18730	11883	30613	-6847
1986	23893	22338	46231	-1555
1987	27022	24771	51793	-2251
1988	36589	31660	68249	-4929

①② 根据沈觉人:《当代中国对外贸易》(当代中国出版社1992年版)有关数据计算整理而成。

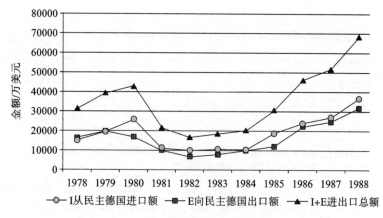

图 5-9　1978—1988 年中国与民主德国贸易额①

五、与其他国家(地区)贸易变化

这一时期中国与其他国家(地区)贸易,也受国际政治与经济局势变化影响,有不同变化。例如,在越南抗法反美期间,中国对越南经济援助不断,双边经贸关系不断加强。1978 年 11 月 3 日,苏联与越南签订了带有军事援助性质的《苏越友好合作条约》。随后越南与中国发生边境战争,以致 1979 年起两国经贸关系彻底中断。而从表 5-8 和图 5-10 可以看出,1978—1988 年中国与朝鲜贸易有小幅度波动,变化不大。从表 5-9 和图 5-11可以看出,1977—1988 年中国与巴基斯坦两国双边贸易额从 1977 年的 7247 万美元增加到 1988 年的 46901 万美元,而且中国有较大顺差。从表 5-10 和图 5-12 可以看出,1977—1988 年中国与马来西亚两国双边贸易额从 1977 年的 19974 万美元增加到 1988 年的 52874 万美元,也是有成倍增长。

表 5-8　1978—1988 年中国与朝鲜贸易额②

年份	I 从朝鲜进口额 /万美元	E 向朝鲜出口额 /万美元	I+E 进出口总额 /万美元	E-I 贸易平衡额 /万美元
1978	22363	23070	45433	707
1979	33021	31701	64722	-1320

①②　根据沈觉人:《当代中国对外贸易》(当代中国出版社 1992 年版)有关数据计算整理而成。

续表

年份	I 从朝鲜进口额/万美元	E 向朝鲜出口额/万美元	I+E 进出口总额/万美元	E-I 贸易平衡额/万美元
1980	30334	37423	67757	7089
1981	23301	24739	48040	1438
1982	29039	25415	54454	-3624
1983	25655	23619	49274	-2036
1984	28317	21711	50028	-6606
1985	24504	22800	47304	-1704
1986	27358	21714	49072	-5644
1987	27323	26008	53331	-1315
1988	23239	24426	47665	1187

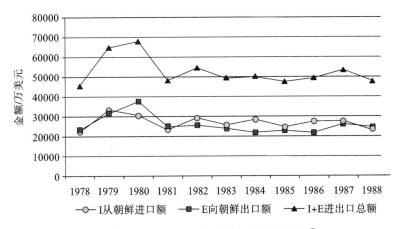

图 5-10　1978—1988 年中国与朝鲜贸易额①

表 5-9　1977—1988 年中国与巴基斯坦贸易额②

年份	I 从巴进口额/万美元	E 向巴出口额/万美元	I+E 进出口总额/万美元	E-I 贸易平衡额/万美元
1977	853	6394	7247	5541
1978	4301	8931	13232	4630

①② 根据沈觉人:《当代中国对外贸易》(当代中国出版社 1992 年版)有关数据计算整理而成。

续表

年份	I 从巴进口额/万美元	E 向巴出口额/万美元	I+E 进出口总额/万美元	E-I 贸易平衡额/万美元
1979	3024	12182	15206	9158
1980	17549	13453	31002	-4096
1981	33226	17509	50735	-15717
1982	14604	16807	31411	2203
1983	13076	21660	34736	8584
1984	6301	24519	30820	18218
1985	4020	19337	23357	15317
1986	2268	23995	26263	21727
1987	2266	27799	30065	25533
1988	6437	40464	46901	34027

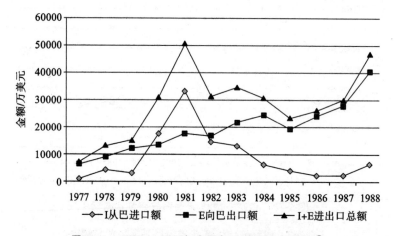

图 5-11 1977—1988 年中国与巴基斯坦贸易额①

表 5-10 1977—1988 年中国与马来西亚贸易额②

年份	I 从马进口额/万美元	E 向马出口额/万美元	I+E 进出口总额/万美元	E-I 贸易平衡额/万美元
1977	10531	9443	19974	-1088

---

①② 根据沈觉人:《当代中国对外贸易》(当代中国出版社 1992 年版)有关数据计算整理而成。

续表

年份	I 从马进口额/万美元	E 向马出口额/万美元	I+E 进出口总额/万美元	E−I 贸易平衡额/万美元
1978	11115	16319	27434	5204
1979	18914	17137	36051	−1777
1980	23993	18447	42440	−5546
1981	9495	19434	28929	9939
1982	12380	18351	30731	5971
1983	14779	19891	34670	5112
1984	14184	19641	33825	5457
1985	17119	17031	34150	−88
1986	13367	18034	31401	4667
1987	22236	22494	44730	258
1988	26935	25939	52874	−996

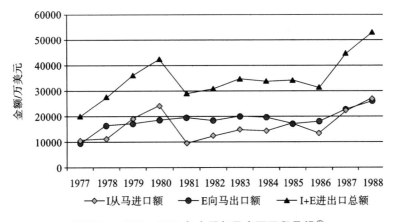

图 5-12 1977—1988 年中国与马来西亚贸易额①

表 5-11、表 5-12、表 5-13 分别显示了 1977—1988 年中国与非洲、大洋洲、拉丁美洲贸易发展情况。由表 5-11 和图 5-13 可知，中国与非洲双边贸易额从 1977 年的 72846 万美元增加到 1988 年的 102154 万美元；由表 5-12 和图 5-14 可知，中国与大洋洲双边贸易额从 1977 年的 68682 万美元增加到 1988 年的 160814 万美元；由表 5-13 和图 5-15 可知，中国与拉丁美

① 根据沈觉人：《当代中国对外贸易》（当代中国出版社 1992 年版）有关数据计算整理而成。

洲双边贸易额从1977年的48244万美元增加到1988年的211288万美元,都有明显的增长。所不同的是,这一时期中国与非洲贸易各年都有较大顺差,而中国与大洋洲、拉丁美洲贸易都有较大逆差。

表5-11　1977—1988年中国与非洲贸易额①

年份	I从非洲进口额/万美元	E向非洲出口额/万美元	I+E进出口总额/万美元	E－I贸易平衡额/万美元
1977	28197	44649	72846	16452
1978	29150	47349	76499	18199
1979	32401	49263	81664	16862
1980	38400	74703	113103	36303
1981	29940	79809	109749	49869
1982	21255	97844	119099	76589
1983	24498	67576	92074	43078
1984	25235	62375	87610	37140
1985	20908	41940	62848	21032
1986	21396	63845	85241	42449
1987	15455	85428	100883	69973
1988	22072	80082	102154	58010

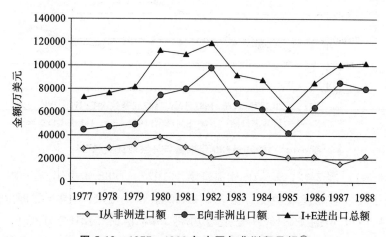

图5-13　1977—1988年中国与非洲贸易额②

①② 根据沈觉人:《当代中国对外贸易》(当代中国出版社1992年版)有关数据计算整理而成。

表 5-12　1977—1988 年中国与大洋洲贸易额①

年份	I 从大洋洲进口额/万美元	E 向大洋洲出口额/万美元	I+E 进出口总额/万美元	E-I 贸易平衡额/万美元
1977	56199	12483	68682	-43716
1978	79292	14328	93620	-64964
1979	108728	19775	128503	-88953
1980	124838	26508	151346	-98330
1981	81503	26515	108018	-54988
1982	105923	24826	130749	-81097
1983	73822	1822	75644	-72000
1984	97281	24437	121718	-72844
1985	102381	23138	125519	-79243
1986	138767	23556	162323	-115211
1987	131197	34764	165961	-96433
1988	121079	39735	160814	-81344

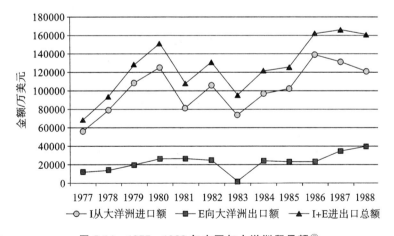

图 5-14　1977—1988 年中国与大洋洲贸易额②

①② 根据沈觉人:《当代中国对外贸易》(当代中国出版社 1992 年版)有关数据计算整理而成。

表 5-13 1977—1988 年中国与拉丁美洲贸易额①

年份	I 从拉美进口额/万美元	E 向拉美出口额/万美元	I+E 进出口总额/万美元	E-I 贸易平衡额/万美元
1977	39207	9037	48244	-30170
1978	60293	13282	73575	-47011
1979	98067	28042	126109	-70025
1980	84278	48778	133056	-35500
1981	88259	63325	151584	-24934
1982	79844	64223	144067	-15621
1983	125278	55846	181124	-69432
1984	86790	61412	148202	-25378
1985	127263	69498	196761	-57765
1986	121007	39494	160501	-81513
1987	99719	51762	151481	-47957
1988	171684	39604	211288	-132080

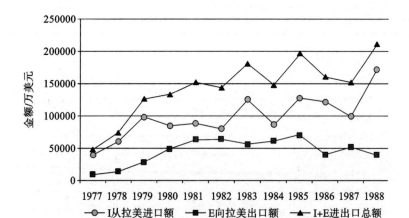

图 5-15 1977—1988 年中国与拉丁美洲贸易额②

---

① 根据沈觉人:《当代中国对外贸易》(当代中国出版社 1992 年版)有关数据计算整理而成。
② 根据沈觉人:《当代中国对外贸易》(当代中国出版社 1992 年版)有关数据计算整理而成。

第五节　外贸总量增长与商品结构分析

根据邓小平提出的"摸着石头过河"的改革开放策略,对外经济活动中利用沿海地区独特的区位优势,采取特殊政策和灵活措施,形成了从兴建经济特区到开放沿海开放城市,再到沿海经济开放区并逐步向内地推进的区域性对外开放的初步格局,自此中国对外贸易进入了全新的发展阶段。中国进出口贸易增长迅速。这一时期中国进口商品以工业制成品为主的趋势有所加强,而出口商品结构基本上实现了由农副产品和工矿初级产品为主向工业制成品为主的转变。

一、外贸总量增长与贸易平衡分析

1978—1988年,随着中国改革开放不断推进,中国进出口贸易增长迅速。改革开放初期,中国出口贸易额和进口贸易额年增长率均高于10%,进出口贸易总额年增长率则超过15%。由表5-14和图5-16可以看出,中国进口贸易额从1978年的108.93亿美元增加到1988年的552.68亿美元,增长了407.4%;中国出口贸易额从1978年的97.45亿美元增加到1988年的475.16亿美元,增长了387.6%。1978年中国进出口贸易总量只有206.38亿美元,到1984年已达到535.49亿美元,中国进出口规模首次突破500亿美元大关;此后继续节节攀升,到1988年已达到1027.84亿美元,突破1000亿美元大关。进出口贸易总量从200多亿美元到1000亿美元,仅仅用了10年时间。进出口贸易总量从1978年到1988年,增长了398%。中国进出口额占世界进出口额比重也从1978年的0.77%上升到1988年的1.76%。

表5-14　1978—1988年中国进出口贸易额[①]

年份	I 进口额 /亿美元	E 出口额 /亿美元	I+E 进出口总额 /亿美元	E−I 贸易平衡额 /亿美元	中国进出口额占世界 进出口额比重/(%)
1978	108.93	97.45	206.38	−11.48	0.77
1979	156.75	136.58	293.33	−20.17	0.87

---

① 摘自附录。

续表

年份	I进口额/亿美元	E出口额/亿美元	I+E 进出口总额/亿美元	E-I 贸易平衡额/亿美元	中国进出口额占世界进出口额比重/(%)
1980	200.20	181.20	381.40	−19	0.93
1981	220.15	220.07	440.22	−0.08	1.08
1982	192.85	223.31	416.16	30.46	1.09
1983	213.90	222.26	436.16	8.36	1.17
1984	274.10	261.39	535.49	−12.71	1.35
1985	422.52	273.50	696.02	−149.02	1.75
1986	429.04	309.42	738.46	−119.62	1.70
1987	432.16	394.37	826.53	−37.79	1.62
1988	552.68	475.16	1027.84	−77.52	1.76

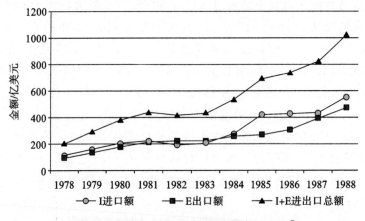

图 5-16 1978—1988 年中国进出口贸易额[①]

改革开放初期,我国在进出口贸易迅速增长的同时,贸易平衡也得到改善。1979 年,我国的贸易逆差超过 20 亿美元。而到 1982 年,则实现贸易顺差超过 30 亿美元。但是毕竟我国经济长期游离于国际市场之外,又遭受"文革"的冲击,社会生产力受到较大破坏,我国产品在国际竞争中处于不利地位。贸易平衡改善的势头很快被逆转。自 1984 年起,在相当长一段时期内我国贸易逆差成为常态。

---

① 根据《中国统计年鉴(1990)》相关数据计算整理而成。

二、进口商品分类构成

1978年前,中国有较大规模的技术引进,特别是从日本、西欧进口了一大批成套设备。1978年后,先进技术的引进仍然继续进行,促进了中国冶金、化肥、石油化学工业的发展。再加上五金、矿产以及化工等生产资料的进口,使得20世纪80年代中国进口商品中工业制成品占比有明显上升,1982年这一占比为60.4%,此后逐年上升,到1985年达到87.5%,以后几年虽然有波动,但都维持在80%以上的比重(见表5-15、图5-17)。

表5-15 1980—1988年中国外贸进口商品分类构成①

年份	进口总额/亿美元	初级产品占比/(%)	工业制成品占比/(%)
1980	200.20	34.8	65.2
1981	220.15	36.5	63.4
1982	192.85	39.6	60.4
1983	213.90	27.2	72.8
1984	274.10	19.0	81.0
1985	422.52	12.5	87.5
1986	429.04	13.2	86.8
1987	432.16	16.0	84.0
1988	552.68	18.2	81.8

在这一时期进口商品中,初级产品进口主要类别是食品及主要供食用的活动物、非食用原料两大类,1980年分别占初级产品进口的42%和51%。至1986年,非食用原料仍然占初级产品进口的51%,食品及主要供食用的活动物占初级产品进口的比重下降到33%。

三、出口商品分类构成

改革开放初期,中国出口商品仍然延续以往格局,主要以初级产品为主。从表5-16、图5-18可以看出,1980年中国外贸出口商品分类构成中初级产品占比为50.3%,工业制成品占比为49.7%,可以说还是以初级产品为主;至1988年初级产品占比已经降为30.3%,工业制成品占比上升为69.7%,已经变为以工业制成品为主了。

---

① 根据海关总署统计分析司:《改革开放40年中国对外贸易发展报告》(中国海关出版社2018年版)有关数据计算整理而成。

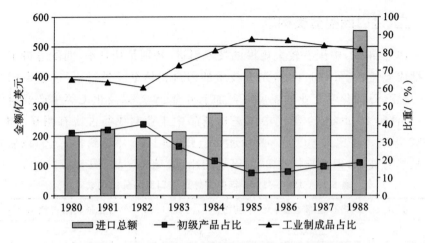

图 5-17　1980—1988 年中国外贸进口商品分类构成①

表 5-16　1980—1988 年中国外贸出口商品分类构成②

年份	出口总额/亿美元	初级产品占比/(%)	工业制成品占比/(%)
1980	181.20	50.3	49.7
1981	220.07	46.6	53.4
1982	223.31	45.0	55.0
1983	222.26	43.3	56.7
1984	261.39	45.7	54.3
1985	273.50	50.6	49.4
1986	309.42	36.4	63.4
1987	394.37	33.5	66.5
1988	475.16	30.3	69.7

---

①②　根据海关总署统计分析司:《改革开放 40 年中国对外贸易发展报告》(中国海关出版社 2018 年版)附表表 6 有关数据计算整理而成。

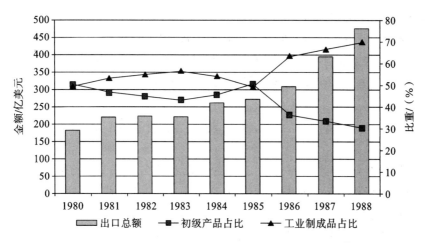

图 5-18 1980—1988 年中国外贸出口商品分类构成[1]

20世纪80年代,中国抓住了世界上以纺织产品为代表的劳动密集型产业向发展中国家转移的历史机遇,着力发展轻纺产品加工贸易,培育了纺织品、服装、鞋类、玩具、箱包、塑料制品等一大批外向型企业,带动了珠江三角洲地区的经济发展。1980—1991年,中国初级产品的出口占比由50.3%降到22.5%,工业制成品出口比重由49.7%上升到77.5%,出口商品结构基本上实现了由农副产品和工矿初级产品为主向工业制成品为主的转变。

从工业制成品出口贸易内部分类中,改革开放初期,以传统劳动密集型产品和资源性加工产品出口为主。1980年,轻纺产品、橡胶制品、矿冶产品及其制品和杂项制品,以这两大类产品出口为主,分别占工业制成品出口比重的44.4%和31.5%,合计占75.9%,而机电产品占比不足10%,为9.36%。随着我国制造业能力的逐步增强,机电产品成为主要出口制成品。

从初级产品出口商品的分类构成来看,以食品及主要供食用的活动物和矿物燃料、润滑油及有关原料两大类为主,1980年分别占初级产品出口的32.8%和47.0%,合计占初级产品出口的79.8%;2014年分别为52.3%和30.6%,合计占82.9%。总的比重大体稳定,但两者内部比重则发生了逆转,前者成为初级产品出口的动力,比重超过50%,甚至超过了后

---

[1] 根据海关总署统计分析司:《改革开放40年中国对外贸易发展报告》(中国海关出版社2018年版)有关数据计算整理而成。

者在 1980 年的占比。

随着中国石油勘探和开采技术的提高，中国石化产业发展迅速，在改革开放初期原油自给程度很高，并一度处于原油净出口国的地位。1984—1990 年，中国原油出口量始终保持在 2000 万吨以上。

第六节　加工贸易与服务贸易

加工贸易，是指经营企业进口全部或者部分原辅材料、零部件、元器件、包装物料（以下简称料件），经加工或装配后，将制成品复出口的经营活动，包括进料加工①、来料加工②、装配业务③和协作生产④等。服务贸易是一国的法人或自然人在其境内或进入他国境内向外国的法人或自然人提供服务的贸易行为。中国改革开放以后，加工贸易与服务贸易都迅速发展。

一、加工贸易

1978 年，广东承接了第一份来料加工贸易合同，这是我国加工贸易形

---

①　又叫以进养出，指用外汇购入国外的原料、辅料，利用本国的技术、设备和劳力，加工成成品后，销往国外市场。这类业务中，经营的企业以买主的身份与国外签订购买原材料的合同，又以卖主的身份签订成品的出口合同。两个合同体现为两笔交易，它们都是以所有权转移为特征的货物买卖。进料加工贸易要注意所加工的成品在国际市场上要有销路；否则，进口原料外汇很难平衡。从这一点看进料加工要承担价格风险和成品的销售风险。

②　通常是指加工一方由国外另一方提供原料、辅料和料件，按照双方商定的质量、规格、款式加工为成品，交给对方，自己收取加工费。有的是全部由对方来料，有的是一部分由对方来料，一部分由加工方采用本国原料的辅料。此外，有时对方只提出式样、规格等要求，而由加工方使用当地的原料、辅料进行加工生产。

③　是指由一方提供装配所需设备、技术和有关元器件、零件，由另一方装配为成品后交货。来料加工和来料装配业务包括两个贸易进程，一是进口原料，二是产品出口。但这两个过程是同一笔交易的两个方面，而不是两笔交易。原材料的提供者和产品的接受者是同一家企业，交易双方不存在买卖关系，而是委托加工关系，加工一方赚取的是劳务费，因而这类贸易属于劳务贸易范畴。它的好处是：加工一方可以发挥本国劳动力资源丰裕的优势，提供更多的就业机会；可以补充国内原料不足，充分发挥本国的生产潜力；可以通过引进国外的先进生产工艺，借鉴国外的先进管理经验，提高本国技术水平和产品质量，提高本国产品在国际市场的适销能力和竞争能力。当然，来料加工与装配业务只是一种初级阶段的劳务贸易，加工方只能赚取加工费，产品从原料转化为成品过程中的附加价值，基本被对方占有。由于这种贸易方式比进料加工风险小，在中国开展得比较广泛，获得了较好的经济效益。

④　是指一方提供部分配件或主要部件，而由另一方利用本国生产的其他配件组装成一件产品出口。商标可由双方协商确定，既可用加工方的，也可用对方的。所供配件的价款可在货款中扣除。协作生产的产品一般规定由对方销售全部或一部分，也可规定由第三方销售。

式的发端。我国加工贸易的发展大致可分成以下几个阶段。

(一)1978—1985年:"三来一补"阶段[1]

"三来一补"是指来料加工、来样加工、来件装配和补偿贸易。我国的"三来一补"起步,是当时的国际经济环境和我国的实际情况共同决定的。

1979年,国务院批准发布了《以进养出试行办法》《开展对外加工装配和中小型补偿贸易办法》。这两个办法颁布以后,由于有了较为明确的政策指导,来料加工贸易逐渐进入发展轨道。

1978—1985年,受当时的加工条件、技术水平和企业生产经营能力的限制,我国的加工贸易形式主要是"三来一补",即来料加工、来样加工、来件装配和补偿贸易,其中又以来料加工为主。1980年我国的来料加工贸易总额仅为13.3亿美元,1985年达到了49.1亿美元,增长了2.7倍(见表5-17、图5-19)。来料加工贸易作为利用外资、扩大出口的启动模式,加强了中国内地与港澳地区外商投资的密切关系,对我国经济发展起到了明显推动作用,从一定程度上缓解了我国改革开放初期资金和外汇双匮乏的状况,我国加工能力和技术水平也得到了提高。

表5-17　1980—1985年我国来料加工贸易情况[2]

年份	来料出口额/亿美元	来料进口额/亿美元	进出口差额/亿美元	进出口总额/亿美元
1980	6.1	7.2	-1.1	13.3
1981	9.9	9.6	0.3	19.5
1982	23.7	12.0	11.7	35.7
1983	15.2	14.0	1.2	29.2
1984	22.3	27.5	-5.2	49.8
1985	24.0	25.0	-1.0	49.0

这一阶段的加工贸易,主要集中在珠江三角洲。自20世纪70年代末开始,来料加工业务作为利用外资、扩大出口的一种贸易方式,在广东省范围内迅速发展。珠江三角洲凭借毗邻港澳的区位优势,大量吸纳了由我国香港地区向外转移的简单装配加工业务,以生产服装、鞋类、玩具、箱包等工艺水平不高的传统轻工业产品为主的来料加工业务迅猛发展,全省的生

---

[1] 傅自应:《中国对外贸易三十年》,中国财政经济出版社2008年版,第180—183页。
[2] 沈觉人:《当代中国对外贸易》,当代中国出版社1992年版。

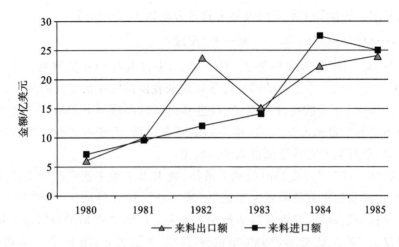

图 5-19　1980—1985 年我国来料加工贸易情况①

产加工能力也随之得到了不断提高。广东省加工贸易在产业规模上取得了高速发展,产品结构也不断优化,加工贸易已经成为全省经济的重要组成部分,产业规模一直位于全国首位。

(二)1986—1992 年:进料加工贸易快速增长阶段

1986 年 10 月国务院颁布了《关于鼓励外商投资的规定》,1987 年 9 月国务院办公厅转发了对外经济贸易部《关于抓住有利时机加快来料加工装配等业务请示的通知》,这两个文件中提出了我国对外经贸战略,即"大进大出、两头在外",充分发挥了我国劳动密集型行业的比较优势。随着加工贸易的进一步发展,我国国内贸易市场规模越来越大,开放程度越来越高,外资企业越来越注重兼顾国内、国外两个市场。来料加工的绝对值虽然在上升,但其增长速度慢于进料加工,进料加工在加工贸易总量中占的比重日益上升。从 1985 年起,进料加工进出口增长开始持续超过来料加工的增长。1986—1988 年,加工贸易额年增长率均超过 50%。这段时期尤其是在以后的 10 年中,加工贸易额年增长率虽然逐渐回到 30% 以下,但一直超过一般贸易的增长率。②

二、服务贸易

中国改革开放以后,经济现代化迅速发展,经济结构发生了很大变化,

---

①　沈觉人:《当代中国对外贸易》,当代中国出版社 1992 年版。
②　《中国统计年鉴(1993)》。

服务业在国民经济中的地位也日益提高。但在改革开放之初,我国服务业占国民经济比重仍然偏低,1980年到1986年期间,我国服务业占国民经济比重低于30%,服务业发展水平较低。按照《服务贸易总协定》,我国参与国际服务贸易,可以认为始于1979年开展的对外工程承包和劳务合作。20世纪80年代,我国服务贸易缓慢发展,服务贸易进出口总额由1982年的44亿美元增长到1986年的56亿美元,占世界服务贸易的比重也有所提升(见表5-18、图5-20)。

表5-18 1982—1986年中国服务贸易发展情况①

年份	中国服务贸易进出口总额/亿美元	中国服务贸易出口额/亿美元	中国服务贸易进口额/亿美元	中国服务贸易总额占世界比重/(%)
1982	44	25	19	0.57
1983	43	25	18	0.58
1984	54	28	26	0.71
1985	52	29	23	0.66
1986	56	36	20	0.62

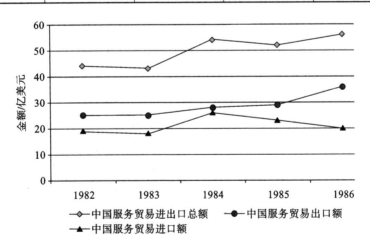

图5-20 1982—1986年中国服务贸易发展情况②

①② 根据商务部国际贸易经济合作研究院:《中国对外贸易史 下卷》(中国商务出版社2015年版)第153、154页有关数据计算整理而成。

第六章
1989—2000 年对外贸易发展

1989—2000 年,是中国对外贸易发展的重要阶段。这一阶段中国对外贸易国际环境重要变化有 1989 年开始的东欧剧变与 1991 年苏联解体,以及 1997 年开始的亚洲金融风暴。这些对中国的改革开放是极大的冲击。中国面对这些冲击,仍然坚持深化改革,扩大开放,对外开放的步伐逐步由沿海向沿江及内陆和沿边城市延伸,在建立社会主义市场经济体制下继续推进对外贸易的发展。

20 世纪 90 年代,中国外经贸部提出实施大经贸战略,旨在通过大开放、大融合、功能大转变,实行以进出口贸易为基础,商品、资金、技术、服务相互渗透,协调发展,外经贸、生产、科研、金融等部门共同参与实施对外经贸发展战略。《对外贸易法》在 1994 年 7 月 1 日正式实施。为了保证该法实施,随后又相继颁布了大量的配套实施细则和行政法规等。相应地,外贸体制改革步步深入。虽然世界风云变幻,中国仍然坚持扩大开放,与世界各类国家与地区的经贸关系都有所发展。大经贸战略加快实现了外经贸各项业务如对外贸易、利用外资、对外投资和其他对外经济技术合作业务的大融合,实现了商品贸易、技术贸易和服务贸易的一体化协调发展,推动了外经贸的迅猛发展。

第一节 对外贸易国内外环境重要变化

1989—2000 年中国对外贸易国际环境重要变化有 1989 年开始的东欧剧变与 1991 年苏联解体,以及 1997 年开始的亚洲金融风暴。这些对中国的改革开放是极大的冲击。中国面对这些冲击,仍然坚持深化改革,扩大开放,对外开放的步伐逐步由沿海向沿江及内陆和沿边城市延伸,在建立社会主义市场经济体制下继续推进对外贸易的发展。港、澳在"一国两制"基本国策指引下,先后回归祖国,这有利于我国的社会主义现代化建设,对世界政治经济发展具有重大意义。

一、东欧剧变与苏联解体

1985年,戈尔巴乔夫入主克里姆林宫。苏联政治经济爆发了全面的危机。1987年戈尔巴乔夫提出"改革新思维",对外交政策进行了调整,即以对话代替对抗,全面收缩。戈尔巴乔夫力图与东欧建立自由、平等、互利合作的关系。1988年12月7日,戈尔巴乔夫在联合国发表讲话说,苏联将在1990年底单方面从东欧撤出24万军人,1万辆坦克,8500门火炮,以及820架战斗机,无论北约采取何种相应的措施。

随着时局的发展,东欧内部问题日益突出,特别是经济问题成为日益困扰东欧政权的梦魇。20世纪70年代末,波兰成立了团结工会组织,捷克斯洛伐克成立了第77宪章集团,保加利亚成立了支持工会,罗马尼亚成立了博爱工会,匈牙利成立了民主反对派、民主工会联盟,民主德国成立了剑与犁组织等。西方,特别是美国主要是给予"团结工会"这类反对派组织以道义上和物质上的支持。例如,1983年10月波兰团结工会领袖瓦文萨被授予诺贝尔和平奖;1987年,美议会向波兰团结工会年提供津贴100万美元,1988年提供500万美元作为其活动经费;1989年7月,美国总统布什访问波、匈,布什说为了加速波兰走自由企业制度和民主社会进程,美国援助波兰10亿美元,等等。1990年1月,波兰统一工人党第十一次代表大会宣告该党停止活动。同年的总统选举,瓦文萨成为总统。1989年,匈牙利也发生了类似波兰的政局变动。1989年11月9日,柏林墙倒塌。1989年11月28日,联邦德国总理科尔提出关于两德实现统一的十点计划。1990年9月24日,民主德国国家人民军退出华沙条约以及相关若干组织,10月3日民主德国加入联邦德国。民主德国的宪法、人民议院、政府自动取消,前14专区为了适应联邦德国建制改为5州,一起并进联邦德国,分裂40多年的两德至此统一。罗马尼亚、保加利亚、匈牙利、捷克斯洛伐克、阿尔巴尼亚、南斯拉夫等东欧国家,都发生了政权更迭、社会制度剧变的类似事件。1991年7月1日,华沙条约组织在布拉格的会议中宣布正式解散。

苏联在经济改革没有迅速取得预期成果的情况下,社会动荡日益加剧。1990年3月11日,立陶宛率先宣布独立,其他共和国也纷纷加以仿效,先后发表了宣布恢复或收复主权的声明,并开始制定实现独立的步骤和措施。1990年6月12日,俄罗斯苏维埃联邦社会主义共和国最高苏维埃发表《国家主权宣言》,宣布俄罗斯联邦在其境内拥有"绝对主权"。1991年6月12日,俄罗斯举行了历史上第一次全民性和有竞争的总统选举,有数名竞选者参加大选。在经过几十天的激烈选战和宣传活动之后,最终叶利钦高票当选为俄罗斯苏维埃社会主义共和国总统。

8月19日,苏共以国防部长亚佐夫元帅、克格勃主席克留奇科夫等多名强硬派高层领导(包括副总统、国防部长、克格勃主席、总理、内务部长)为阻止戈尔巴乔夫与叶利钦等人签署一个旨在维护苏联形式上存在,同意给予各加盟共和国与自治共和国更大自主权的新同盟条约,发动了一场不成功的政变,组建了紧急状态安全委员会,发表了《告苏联人民书》,软禁了当时的苏联总统戈尔巴乔夫。叶利钦宣布,国家紧急状态安全委员会违法!由于军队倒戈,克格勃部队倒戈,紧急状态安全委员会试图维护苏联继续存在的做法最终失败。

叶利钦总统下令宣布苏共为非法组织,并限制其在俄罗斯境内的活动。俄罗斯当局逮捕了参与政变的领导人,以叛国罪予以起诉,并对国防部、内务部等要害部门进行清洗。苏联共产党完全失去了执政党的地位。11月16日,俄罗斯领导人叶利钦宣布了10项总统令,接管了包括贵重金属生产部门在内的一系列属于中央财政金融部门的权力,剥夺了联盟的重要财源,并停止向中央约80个部提供资金。稍后,叶利钦又宣布由俄罗斯中央银行接管苏联国家银行和对外经济银行,掌握了联盟的货币大权。

12月8日,俄罗斯总统叶利钦、乌克兰总统克拉夫丘克和白俄罗斯最高苏维埃主席舒什克维奇三个创始加盟共和国领导人在别洛韦日森林举行了《关于建立独立国家联合体的协议》(别洛韦日协议)等解散苏联文件的签字仪式,宣布组成"独立国家联合体"。12月21日,除波罗的海三国和格鲁吉亚外的苏联11个加盟共和国签署《阿拉木图宣言》和《独立国家联合体协议议定书》。1991年12月25日,戈尔巴乔夫宣布辞去苏联总统职务。12月26日,苏联最高苏维埃共和国举行最后一次会议,宣布苏联停止存在。至此,苏联解体,俄罗斯联邦成为完全独立的国家。

东欧剧变及苏联解体的影响是深远的,对中国的改革开放是极大的冲击。1989年夏中国出现了政治风波。之后,美国在讨论对中国最惠国待遇时就开始附加人权条件,最惠国待遇问题处于不稳定状态。其他西方发达国家也追随美国,对与中国经济往来予以刁难。中国与西方发达国家经贸往来面临很大困难。1989年政治风波还影响到中国恢复关贸总协定缔约国地位。之前中国与关贸总协定的联系不断加强。中国于1986年向关贸总协定提交了中国政府关于中国恢复关贸总协定缔约国地位的申请,于1987年向关贸总协定秘书处提交了《中国对外贸易制度备忘录》。1988年,关贸总协定先后召开4次会议,审议、评估中国外贸制度。1988年12月,对外经济贸易部副部长沈觉人率中国代表团出席在加拿大蒙特利尔举行的乌拉圭回合多边贸易谈判部长级中期审议会议,这是中国自1949年以来首次正式参加多边贸易谈判。但是由于1989年西方资本主义国家以中国政治风波为借口,停止了正在顺利进行的我国"复关"谈判,并对我国实行了经济制裁,使我国借用外国政府和国际金融机构的优惠贷款和技术引进受到了相当大的影响。

中国改革开放的总设计师邓小平在这一关键时刻指出,过去十年,我们的一些基本提法,从发展战略到方针政策,包括改革开放,都是对的。我们要说不够,就是改革开放得还不够。他告诫人们:"重要的是,切不要把中国搞成一个关闭性的国家"。[①]

二、对外开放格局的国内延伸

进入20世纪90年代以后,我国对外开放的步伐逐步由沿海向沿江及内陆和沿边城市延伸。1990年4月,在邓小平提议下,党中央、国务院正式公布了开发开放浦东的重大决策。1992年6月,党中央、国务院决定开放长江沿岸的芜湖、九江、岳阳、武汉和重庆5个城市。沿江开放对于带动整个长江流域地区经济的迅速发展,对于我国全方位对外开放新格局的形成起了巨大推动作用。1992年10月,江泽民总书记提出,要以浦东开发开放为龙头,尽快把上海建成国际经济、金融、贸易中心之一,以此带动长江三角洲和整个长江流域的新飞跃。不久又批准开放内陆所有的省会、自治区首府城市,给予这些地方和经济技术开发区一样的优惠政策。同时,还逐步开放内陆边境的沿边城市,从东北、西北到西南地区,有黑河、绥芬河、珲春、满洲里、二连浩特、伊宁、博乐、塔城、普兰、樟木、瑞丽、畹町、河口、凭祥、东兴等。到1993年,经过多年的对外开放实践,不断总结经验和完善政策,我国的对外开放由南到北、由东到西层层推进,基本上形成了一个宽领域、多层次、有重点、点线面结合的全方位对外开放新格局。至此,我国

---

① 刘向东:《中国对外经贸政策与改革纵览》,中国对外经济贸易出版社1998年版。

的对外开放城市已遍布全国所有省区。

1992年以后,国务院先后批准温州、昆山、威海、武汉、长春、哈尔滨、沈阳、重庆、北京、乌鲁木齐等地兴办经济技术开发区。至1994年,国务院已经批准的经济技术开发区总共达32个。

但是20世纪90年代初,特别是1992年,许多地方不顾客观条件,群起效仿经济技术开发区,刮起了全国性的"开发区热",以致在1993年初各种自行设立的开发区总数达2000多个,规划面积达1.48万平方公里。在这些开发区里,许多是只开不发,不仅造成了土地资源的大量浪费,而且干扰了正常的经济秩序。对此,国务院于1993年下发了《关于严格审批和认真清理各类开发区的通知》,并在1994年的《国务院批转关于固定资产投资检查工作情况汇报的通知》中要求对开发区进行规范化管理。经过清理和整顿,到1995年底,各省、自治区、直辖市人民政府批准设立的各类经济技术开发区共有638个。其中经济开发区533个,高新技术产业开发区48个,旅游开发区57个。从分布情况看,沿海12个省、自治区、直辖市(含北京)的省级开发区约占总数的55%。

从1990年起,国家先后在上海浦东新区的外高桥和天津港等地设立了15个保税区。保税区是我国借鉴国际上通行的自由贸易区的做法,并在结合我国国情的基础上形成的经济开放区域。在此区域内,从境外运入的货物就其关税和其他关税而言被视作境外,免于海关监管,并给予该区域特殊的关税和优惠政策。我国建设和发展保税区的根本目的就是要形成良好的投资环境,利用保税区内海关保税的独特条件发展对外经济。到1996年,我国已经设立了15个保税区,它们分别是上海外高桥保税区、天津港保税区、深圳沙头角保税区、深圳福田保税区、大连保税区、广州保税区、张家港保税区、海口保税区、厦门象屿保税区、福州保税区、宁波保税区、青岛保税区、汕头保税区、深圳盐田港保税区、珠海保税区。

三、"南方谈话"与建立社会主义市场经济体制

20世纪90年代初,通过治理整顿,原来阻碍我国发展的通货膨胀等问题已基本解决。更重要的是,进入90年代,我国城市及沿海发达地区农村居民家庭,已由温饱走向小康,在耐用消费品的需求基本得到满足的条件下,居民消费结构开始进入以住宅和汽车为代表的消费阶段。按照工业先进国家的历史经验,在这个阶段,居民储蓄倾向明显提高,形成大量金融剩余,成为投资的充足来源;而投资扩大则带动重化工和建筑业迅速增长,以

满足居民进一步的消费需求。这种积累型、投资型和重化工型的增长时期,往往伴随着经济的高速发展,如日本在20世纪五六十年代、"亚洲四小龙"在20世纪六七十年代都曾经历过这种增长,增长速度长期保持在年均10%左右。同时,我国经过80年代的发展和改革开放,不但为继续发展奠定了可靠的物质技术基础,而且国家对经济发展的指导更趋成熟,整个社会经济生活更具有活力,也说明加快经济发展步伐,是有实际可能的。但是20世纪90年代初,世界刚刚遭遇东欧剧变与苏联解体,西方敌对势力大肆宣扬"共产主义大溃败",中国国内一部分干部群众中出现了对改革开放政策的模糊认识,甚至出现了姓"资"姓"社"的争论。这些实际上都涉及中国走什么道路的问题。

在这关键时刻,1992年初,中国改革开放的总设计师邓小平先后到武汉、深圳、珠海、上海等地视察,发表了一系列重要谈话,被称为"南方谈话"。其中较有名的包括,不要纠缠于姓"资"还是姓"社"的问题讨论,"改革开放的判断标准主要看是否有利于发展社会主义社会的生产力,是否有利于增强社会主义国家的综合国力,是否有利于提高人民的生活水平","计划和市场不是社会主义和资本主义的本质区别","中国现在要警惕'右',但主要是防止'左'";并指出"发展才是硬道理",要抓住有利时机,集中精力把经济建设搞上去。发展经济必须依靠科技和教育,科技是第一生产力。①"南方谈话"阐述了建立社会主义市场经济理论的基本原则,从理论上深刻回答了长期困扰和束缚人们思想的许多重大认识问题,是把改革开放和现代化建设推向新阶段的又一个解放思想、实事求是的宣言书。自此以后,以"三个有利于"为代表的新的"思想大解放"的共识,成为20世纪90年代后中国社会主义市场经济发展的重要价值取向和标准。

1992年6月,江泽民总书记发表讲话,从学习和利用人类社会共同创造的文明成果的理论高度,强调建立社会主义新经济体制的一个关键问题,"就是要在国家宏观调控下,更加重视和发挥市场在资源配置上的作用",并主张在新经济体制的主要特征上,不必再突出强调"有计划"的特征,而要把市场和计划的长处有机地结合起来,充分发挥各自的优势作用,促进资源的优化配置,合理调节社会分配。②

1992年10月,党的十四大正式宣布:"我国经济体制改革的目标,是建

---

① 《邓小平文选 第三卷》,人民出版社1993年版,第370—383页。
② 中共中央文献研究室:《十三大以来重要文献选编(下)》,人民出版社1993年版,第2069—2074页。

立社会主义市场经济体制","社会主义市场经济体制,就是要使市场在社会主义国家宏观调控下对资源配置起基础性作用"。1993年11月14日,中共十四届三中全会通过《中共中央关于建立社会主义市场经济体制若干问题的决定》,指出为实现建立社会主义市场经济体制这个目标,"必须坚持以公有制为主体、多种经济成分共同发展的方针,进一步转换国有企业经营机制,建立适应市场经济要求,产权清晰、权责明确、政企分开、管理科学的现代企业制度;建立全国统一开放的市场体系,实现城乡市场紧密结合,国内市场与国际市场相互衔接,促进资源的优化配置;转变政府管理经济的职能,建立以间接手段为主的完善的宏观调控体系,保证国民经济的健康运行;建立以按劳分配为主体,效率优先、兼顾公平的收入分配制度,鼓励一部分地区一部分人先富起来,走共同富裕的道路;建立多层次的社会保障制度,为城乡居民提供同我国国情相适应的社会保障,促进经济发展和社会稳定";要"发挥市场机制在资源配置中的基础性作用,必须培育和发展市场体系。当前要着重发展生产要素市场,规范市场行为,打破地区、部门的分割和封锁,反对不正当竞争,创造平等竞争的环境,形成统一、开放、竞争、有序的大市场"。①

按照建立社会主义市场经济体制的要求,党的十四大后的5年中,国家大力推进财政、税收、金融、外贸、外汇、计划、投资、价格、流通、住房和社会保障等体制改革,使市场在资源配置中的基础性作用明显增强,宏观调控体系的框架初步建立,向着现代市场经济迈出坚实的步伐。由于及时正确处理"改革、发展、稳定"三者关系,大力推进改革,积极平衡总量,切实调整结构,使"八五"计划成为我国经济发展波动最小的五年计划。

1997年9月,党的十五大针对实践中存在的疑问提出了一系列新的理论观点。在所有制结构方面,强调公有制为主体、多种所有制经济共同发展,是我国社会主义初级阶段的"一项基本经济制度";确认非公有制经济是我国社会主义市场经济的"重要组成部分";阐明公有制经济的含义,不仅包括国有经济和集体经济,还包括混合所有制经济中的国有成分和集体成分;公有制经济的主体地位体现在"公有资产在社会总资产中占优势"和"国有经济控制国民经济命脉,对经济发展起主导作用";这种主导作用"主要体现在控制力上",在不同地方、产业和领域可以有所差别;在上述前提

---

① 中共中央文献研究室:《十四大以来重要文献选编(上)》,人民出版社1996年版,第18—20页。

下国有经济比重减少一点,不会影响我国的社会主义性质。在公有制实现形式方面,强调可以而且应当多样化,一切反映社会化生产规律的经营方式和组织形式都可以大胆利用,并要努力寻找能够极大促进生产力发展的公有制实现形式。这一系列新认识、新观点,丰富了社会主义市场经济的理论,有力地推进了中国国民经济的市场化进程。

曾作为改革创新领跑者的"苏南模式""温州模式"和"珠三角模式",在新阶段分别面临新的挑战,开始有新变化。其中,"苏南模式"开始了大规模的产权制度改革,原先受地方政府较强控制的状况有了较大改变,一大批产权明晰的私有企业、有限责任公司和股份有限公司已经建立。苏南模式向珠三角模式看齐,推行了"三外(外资、外贸、外经)齐上,以外养内"的战略,这个地区经济的对外依存度迅速上升,接近珠三角模式。其中,苏州抓住国际产业资本加速向长三角地区转移的机遇,积极实施招商引资战略,取得了巨大成功。这些成为建立社会主义市场经济体制的重要条件。

四、香港、澳门回归祖国

香港回归是指中华人民共和国政府决定在1997年7月1日对香港恢复行使主权,大不列颠及北爱尔兰联合王国政府同时将香港交还给中华人民共和国的历史事件。澳门回归是指中华人民共和国政府决定在1999年12月19日对澳门恢复行使主权,葡萄牙政府同时将澳门交还给中华人民共和国的历史事件。

香港是欧美、日本、东南亚进入中国南部的重要门户,是美洲和东南亚之间的重要转口港。改革开放之初,内地的丰富资源和经济条件为港澳发展提供了其他国家和地区无法企及的机遇和利益。1985年开始,西方经济陷入危机,内地在港澳进出口贸易中脱颖而出。其中,内地对香港进出口首次突破百亿美元大关。希望转型的香港制造业闻风而动,90%以上的纺织业、玩具业、印染业、皮具制品业转战内地。双方经贸合作。以"三来一补"为起点,内地迅速获得发展所需的大量资金和企业管理经验。而产品设计、市场推广、技术开发等利润率高的产前、产后服务留在港澳,逐步形成前店后厂式的分工合作关系。在此阶段,港澳地区突破早期以单纯转口贸易和加工生产为主的经济结构,延伸至交通基础建设、高科技金融、商贸、旅游等相关领域。澳门不仅是繁忙的国际自由港,更是全球较富裕的地区之一。内地与港澳贸易,在双方合作全面拓展的经济环境下平稳增长,逐步拓展。1978年内地对香港进出口仅为26.1亿美元,1997年突破

500亿美元关口。1978年到1997年间年均增长16.9%。内地对澳门进出口自1978年的1.4亿美元起步到1997年达7.6亿美元,年均增速为9.3%。

港、澳在"一国两制"基本国策指引下,先后回归祖国,这有利于推进祖国的和平统一大业,促进我国的社会主义现代化建设,对世界政治经济发展具有重大意义。但是在这重要时刻,一场突如其来的金融风暴席卷整个亚洲市场,香港经济发展不可避免地受到影响。香港与内地联手,击败了国际游资对联系汇率制度的攻击。由表6-1可以看出,中国内地从香港进口在亚洲金融风暴时期出现明显下降,而内地向香港出口基本上是不断上升,反映了内地与香港经济联系的加强。

表6-1　1990—2000年内地与香港贸易额①

年份	I 从香港进口额/亿美元	E 向香港出口额/亿美元	I+E 进出口总额/亿美元	E-I 贸易平衡额/亿美元
1990	142.61	266.50	409.11	123.89
1991	174.63	321.37	496.00	146.74
1992	205.38	375.12	580.50	169.74
1993	104.73	220.64	325.37	115.91
1994	94.42	323.61	418.03	229.19
1995	85.91	359.83	445.74	273.92
1996	78.20	329.10	407.30	250.90
1997	69.90	437.80	507.70	367.90
1998	66.60	387.50	454.10	320.90
1999	68.90	368.90	437.80	300.00
2000	94.30	445.20	539.50	350.90

五、亚洲金融风暴

1997年爆发的亚洲金融风暴也是影响这一时期国际金融以及国际贸易的大事件。1991年,苏联解体,冷战结束。冷战时代成为美国的经济附庸的亚洲一些国家(地区)经济发展较快。"出口替代"型模式是亚洲不少

---

① 根据海关总署统计分析司:《改革开放40年中国对外贸易发展报告》(中国海关出版社2018年版)有关数据计算整理而成。

国家经济成功的重要原因,但这种模式也存在着三方面的不足:一是当经济发展到一定的阶段,生产成本会提高,出口会受到抑制,引起这些国家国际收支的不平衡;二是当这一出口导向战略成为众多国家的发展战略时,会形成它们之间的相互挤压;三是产品的阶梯性进步是继续实行出口替代的必备条件,仅靠资源的廉价优势是无法保持竞争力的。亚洲这些国家在实现了高速增长之后,没有解决上述问题。为了保持较高的经济增长速度,这些国家转向靠借外债来维护经济增长。但由于经济发展的不顺利,到20世纪90年代中期,亚洲有些国家已不具备还债能力。在东南亚国家,房地产吹起的泡沫换来的只是银行贷款的坏账和呆账;至于韩国,由于大企业从银行获得资金过于容易,造成一旦企业状况不佳,不良资产立即膨胀的状况。不良资产的大量存在,又反过来影响投资者的信心。它们为了吸引外资,一方面保持固定汇率,另一方面又扩大金融自由化,给国际炒家提供了可乘之机。如泰国就在本国金融体系没有理顺之前,于1992年取消了对资本市场的管制,使短期资金的流动畅通无阻,为外国炒家炒作泰铢提供了条件。

20世纪90年代,在全球范围内大约有7万亿美元的流动国际资本。国际炒家一旦发现在哪个国家或地区有利可图,马上会通过炒作冲击该国或地区的货币,以在短期内获取暴利。1997年7月2日,泰国在乔治·索罗斯等国际炒家冲击下被迫宣布放弃固定汇率制,实行浮动汇率制。当天,泰铢兑换美元的汇率下降了17%,外汇及其他金融市场一片混乱。在泰铢波动的影响下,菲律宾比索、印度尼西亚盾、马来西亚林吉特相继成为国际炒家的攻击对象,连一向坚挺的新加坡元也受到冲击。1997年10月下旬,国际炒家移师国际金融中心香港,矛头直指香港联系汇率制。台湾地区当局突然弃守新台币汇率,一天贬值3.46%,加大了对港币和香港股市的压力。1997年10月23日,香港恒生指数大跌1211.47点;28日,下跌1621.80点,跌破9000点大关。面对国际金融炒家的猛烈进攻,香港特区政府重申不会改变现行汇率制度,恒生指数上扬,再上万点大关。1997年11月中旬,韩国也受到金融风暴冲击。11月17日韩元对美元的汇率跌至创纪录的1008:1;21日,韩国政府不得不向国际货币基金组织求援,暂时控制了危机;到了12月13日,韩元对美元的汇率又变为1737.60:1。韩元危机也冲击了在韩国有大量投资的日本金融业,日本的一系列银行和证券公司相继破产。

1998年初,印尼金融风暴再起,面对有史以来最严重的经济衰退,国际货币基金组织为印尼制定的对策未能取得预期效果。1998年2月11日，印尼政府宣布将实行印尼盾与美元保持固定汇率的联系汇率制，以稳定印尼盾。此举遭到国际货币基金组织及美国、西欧的一致反对。国际货币基金组织扬言将撤回对印尼的援助。1998年2月16日，印尼盾同美元比价跌破10000∶1，印尼陷入政治经济大危机。受其影响，东南亚汇市再起波澜，新加坡元、马来西亚林吉特币、泰铢、菲律宾比索等纷纷下跌。直到4月8日印尼同国际货币基金组织就一份新的经济改革方案达成协议，东南亚汇市才暂告平静。这以后日元大幅贬值，国际金融形势更加不明朗，亚洲金融危机继续深化。

国际炒家趁日元汇率持续下跌之际，对香港发动新一轮进攻。恒生指数跌至6600多点。香港特区政府予以回击，金融管理局动用外汇基金进入股市和期货市场，吸纳国际炒家抛售的港币，将汇市稳定在7.75港元兑换1美元的水平上。一个月后，国际炒家损失惨重，无法再次实现把香港作为"超级提款机"的企图。国际炒家在香港失利的同时，在俄罗斯更遭惨败。俄罗斯中央银行8月17日宣布年内将卢布兑换美元汇率的浮动幅度扩大到6.0~9.5∶1，并推迟偿还外债及暂停国债券交易。俄罗斯政策的突变，使得在俄罗斯股市投下巨额资金的国际炒家大伤元气，并带动了欧美国家股市、汇市的全面剧烈波动。1999年，金融危机结束。

发生在1997、1998年的亚洲金融危机，是继20世纪30年代世界经济大危机之后，对世界经济有深远影响的又一重大事件。它暴露了一些亚洲国家经济高速发展的背后的一些深层次问题，给这些国家的外向型经济发展带来负面影响，也使得中国与这些国家的进出口贸易受到极大影响。

中国在亚洲金融风暴中承受了巨大的压力。中国政府本着高度负责的态度，从维护本地区稳定和发展的大局出发，做出人民币不贬值的决定，付出了很大代价。但是此举对亚洲乃至世界金融、经济的稳定和发展起到了重要作用。中国政府在国际货币基金组织安排的框架内并通过双边渠道，向泰国等国提供总额超过40亿美元的援助。向印尼等国提供了进出口信贷和紧急无偿药品援助。当时香港刚刚回归祖国，中央政府支持香港特区政府，顶住了国际金融炒家空前的抛售压力，挽救了股市，有力地捍卫了港元与美元挂钩的联系汇率制度，保障了香港经济安全与稳定。中国国家主席江泽民在亚太经济合作组织第六次领导人非正式会议上提出了加强国际合作以制止危机蔓延、改革和完善国际金融体制、尊重有关国家和地区为克服金融危机的自主选择三项主张。时任国家副主席的胡锦涛在

1998年12月举行的第二次东盟-中、日、韩领导人非正式会晤和东盟-中国领导人非正式会晤中,进一步强调东亚国家要积极参与国际金融体制改革与调整,当务之急是加强对短期流动资本的调控和监管,主张东亚国家就金融改革等宏观问题进行交流,建议开展副财长和央行副行长级对话,并根据需要适时成立专家小组,深入研究对短期流动资本进行调控的具体途径等。中国在亚洲金融风暴中的努力得到普遍好评。

第二节 中国对外贸易制度变革

20世纪90年代,对外贸易经济合作部提出实施大经贸战略,旨在通过大开放、大融合、功能大转变,实行以进出口贸易为基础,商品、资金、技术、服务相互渗透,协调发展,外经贸、生产、科研、金融等部门共同参与的对外经贸发展战略。大经贸战略加快实现了外经贸各项业务如对外贸易、利用外资、对外投资和其他对外经济技术合作业务的大融合,实现了商品贸易、技术贸易和服务贸易的一体化协调发展,推动了外经贸的迅猛发展。与此相应,中国这一时期对外贸易在思想上有新发展,在立法上有新举措,在体制改革方面进入攻坚阶段。

一、对外贸易思想的发展

对外贸易经济合作部部长石广生在九届全国人大四次会议上提出,我国全方位对外开放格局已基本形成,开放型经济迅速发展……我们要更好地实施"以质取胜""市场多元化"和"科技兴贸"战略,转变外经贸增长方式……基本实现我国外经贸发展主要从依靠规模扩张和数量增长向主要依靠质量和效益的根本性转变。① 这一时期中国对外贸易思想的发展主要从"市场多元化""以质取胜""科技兴贸"战略这三方面来阐述。

1. 关于"市场多元化"战略思想

20世纪70年代以后经济全球化以加速度向前发展,表现在国际投资迅速增加,国际贸易大大发展,国际金融地位日益重要,跨国公司成为世界经济的主导力量,经济全球化对各国经济,无论发达国家经济还是发展中国家经济都产生了深远的影响。中共第三代领导集体以战略性的眼光及时洞察出国际经济这一重要发展趋势,并据此做出了进一步扩大对外开放

---

① 石广生:《对外开放和外经贸发展将进入新阶段》,《国际商报》2001年3月2日。

的重要决策。江泽民总书记在党的十四大报告中对新形势下对外开放的方针作了详尽阐述,他指出:对外开放的地域要扩大,形成多层次、多渠道、全方位开放的格局。① 江泽民在十五大报告中指出,"面对经济、科技全球化趋势,我们要以更加积极的姿态走向世界,完善全方位、多层次、宽领域的对外开放格局"。1990年外经贸部提出了以降低出口市场集中度、减少风险为主要内容的"市场多元化"战略。这一"市场多元化"战略思想被写入多个重要文件,在十五大报告中就有坚持"市场多元化"战略,积极开拓国际市场的内容。江泽民总书记强调:"无论是开拓国际市场还是利用国外资源,都要贯彻多元化的方针。开拓欧美市场,难度较大……尽管如此,我们在这些市场还是有了一些基础,要继续不断提高我们的产品质量,努力开拓欧美市场。同时,要继续努力开拓亚洲、非洲、拉丁美洲一些发展中国家的市场"②。

2. 关于"以质取胜"战略思想

我国经过十多年的改革开放,经济和贸易规模大幅度提高。但是有不少企业由于对国际市场缺乏了解,急于求成,重视完成出口数量而忽视了质量控制,在对外贸易中出现了比较严重的制售假冒伪劣产品出口的行为,影响了我国的信誉。1989年至1991年我国外经贸管理部门连续三次召开全国性提高出口商品质量工作会议,并于1991年正式提出"以质取胜"的战略。"以质取胜"战略主要包括三方面的重点内容:一是提高出口商品的质量和信誉;二是优化出口商品结构;三是创名牌出口商品。1992年外经贸部发布了《全国对外经贸进出口企业全面质量管理办法(试行)》要求进出口企业必须推行全面质量管理,组织全体职工和各个部门参加,综合运用现代管理思想和科学方法,控制贸易活动中影响经营质量的因素,通过改善和提高相关的工作质量,保证以最低成本提供客户满意的商品和服务,提高企业和社会的经济效益。江泽民总书记指出,"发展外贸也要有一个不断提高水平的问题,要坚持以质取胜……努力增加出口商品附加值,提高出口竞争力"。1993年11月,《中共中央关于建立社会主义市场经济体制若干问题的决定》进一步明确提出要"积极推进以质取胜战略"。十五大报告和十六大报告中都强调要实施"以质取胜"战略。

3. "科技兴贸"战略

这是科教兴国战略在外经贸领域的具体体现。1999年6月,科技部与

---

① 江泽民:《在中国共产党第十四次全国代表大会上的报告》,人民出版社1992年版。
② 《江泽民文选 第二卷》,人民出版社2006年版,第569页。

对外贸易经济合作部制定了《科技兴贸行动计划》。这是中国实施"科技兴贸"战略的第一个指导性计划。其宗旨是贯彻落实科教兴国战略,在外经贸领域发挥科技及产业优势,扩大我国高科技产品出口,促进我国从外贸大国向外贸强国转变,使外贸出口持续、稳定、快速增长;计划目标是在我国优势技术领域培育一批国际竞争力强、附加值高、出口规模较大的高科技出口产品和企业,确立了对外贸易经济合作部和科技部共同组织实施"科技兴贸"战略。

二、外贸立法新举措

这一时期我国在外贸立法方面有一系列新举措,如1992年外经贸部发布《全国对外经贸进出口企业全面质量管理办法(试行)》、1992年外经贸部与国务院生产办公室制定《关于赋予生产企业进出口经营权有关问题的意见》、1993年国家科委与外经贸部[①]制定《赋予科研院所科技产品进出口权暂行办法》等。在这一系列新举措中最重要的是1994年5月12日第八届全国人民代表大会常务委员会第七次会议通过的《中华人民共和国对外贸易法》(以下简称《对外贸易法》)。

1994年7月1日,《对外贸易法》正式颁布实施,其宗旨是"为了扩大对外开放,发展对外贸易,维护对外贸易秩序,保护对外贸易经营者的合法权益,促进社会主义市场经济的健康发展,制定本法"。这是我国第一部比较全面系统的外贸法。它用法的形式确立了社会主义市场经济条件下统一的对外贸易管理的基本制度,这是中国对外贸易制度的重要变革,标志着我国对外贸易发展进入规范化、法制化的轨道。《对外贸易法》共八章,44条,包括总则、对外贸易经营者、货物进出口与技术进出口、国际服务贸易、对外贸易秩序、对外贸易促进、法律责任、附则等。

《对外贸易法》从当时我国管理现状出发,将对外贸易经营者分为两大类,即从事货物技术进出口的对外贸易经营者和从事国际服务贸易的经营者,强调对外贸易经营者要实行许可制度。例如,其第九条规定从事货物进出口与技术进出口的对外贸易经营者,应当向国务院对外贸易主管部门或者其委托的机构办理备案登记;第十条规定国际服务贸易企业和组织的设立及其经营活动应当遵守本法和其他有关法律、行政法规的规定;要求不同行业的国际服务贸易企业组织的设立,需要依照该行业管理的法律、

---

① 1993年3月对外经济贸易部更名为对外贸易经济合作部,简称"外经贸部"。

行政法规的规定办理;从事对外工程承包或者对外劳务合作的单位,应当具备相应的资质。

《对外贸易法》宣告,国家准许货物与技术的自由进出口,但是法律、行政法规另有规定的除外。《对外贸易法》确立了货物和技术自由进出口的管理制度,这有利于我国的外贸管理措施与国际接轨,有助于复关谈判顺利进行。同时,《对外贸易法》为维护国家安全或者社会公共利益,也明确规定了禁止限制进出口的项目。

《对外贸易法》也包括了贸易救济制度。反倾销、反补贴和保障措施是国际通行的各国可以采取的保护本国产业和贸易利益的主要措施。为了让我国对外贸易制度与国际惯例接轨,《对外贸易法》对三种措施都进行了原则性的规定。

《对外贸易法》作为一部基本法,它所规范的是国家的外贸制度和国家管理对外贸易的基本方针、政策和措施,以及我国处理对外贸易关系的基本原则。

《对外贸易法》于1994年7月1日正式实施。为了保证该法实施,随后又相继颁布了大量的配套实施细则和行政法规等。

三、外贸体制改革步步深入

中国外贸体制改革自1987年开始试行以三项指标(出口收汇指标、出口换汇成本指标和财务盈亏指标)为内容的外贸承包经营责任制。从1988年起,在取得经验的基础上在全国推行以省、市、自治区为主的外贸承包责任制。这次改革的核心,主要是通过建立和完善以汇率、税收等为主要杠杆的经济调节体系,推动外贸企业实现自负盈亏。

在总结前一段实行外贸承包经营责任制的改革经验和教训的基础上,为解决外贸体制中存在的问题,国务院于1990年底决定进一步深化外贸体制改革,并于1991年开始实施。1992年以后,中国进入建立以市场为基础的外向型经济体制的攻坚阶段,外贸体制改革也进入攻坚阶段。外贸体制改革新阶段主要通过汇率、外贸、外资、金融、计划管理体制改革,促进产出和出口快速增长,从根本上缓解外汇和资本短缺的瓶颈制约。

1993年3月16日,第八届全国人民代表大会第一次会议决定,对外经济贸易部更名为对外贸易经济合作部。其主要职责为:贯彻执行党中央、国务院有关发展对外经济贸易的方针政策,规划、管理和协调省、市、自治区和国务院各部门的对外贸易经济活动,大力发展对外贸易,做好对第三世界国家的经济技术援助,加强国际多边和双边经济技术合作,积极利用外资,组织引进和出口技术,开展国外承包工程、劳务合作,统一组织政府间综合性的对外经济贸易活动,为我国社会主义现代化建设和对外战略服务。

1994年以前几年外贸体制改革的主要内容有以下几方面。

(1)在前一阶段改革试点(轻工、工艺和服装三个行业的外贸企业为承包经营责任制的试点)的基础上,全面实行了外贸企业出口自负盈亏的改革,取消了国家对外贸出口的财政补贴,对出口总额、出口收汇、上缴外汇仍维持承包制,但由原来的三年一核改为一年一核承包指标。

(2)与这次改革相配套,国家对人民币汇率继续作出相应调整。同时,改变外汇留成办法,由过去按地区实行差别比例留成改为按大类商品实行统一比例留成。1994年以后中国取消长期以来实行的双重汇率制度,以美元作为涉外贸易活动中的主要币种,实行的是以市场供求为基础的、单一的、有管理的浮动汇率制。

(3)改革了出口商品的管理办法,增强了出口商品管理的透明度。调整了出口商品的指令性计划、指导性计划和市场调节的范围,缩减了配额和许可证管理商品的范围,调整了分类经营的商品目录和管理办法。

(4)拟定了新的进口商品管理暂行办法,进一步减少了进口许可证管理的商品品种。改革关税制度。1992年1月1日,我国主动降低225个税目商品的进口关税率;1992年12月31日起调减3371个税目商品的进口关税率,使关税总水平下调7.3个百分点;1993年12月31日调减2998个税目的进口关税率,平均降税率为8.8%。

(5)深化外贸企业内部机制的改革,推动外贸企业转换经营机制。贯彻《全民所有制工业企业转换经营机制条例》和《对外经济贸易企业转换经营机制实施办法》的精神,使外贸企业真正成为自主经营、自负盈亏、自我发展、自我约束的法人实体和市场竞争的主体。通过改革,把企业应享有的经营自主权赋予企业,相应建立起企业的制约和监督机制,明确企业的责任和义务。同时,推动外贸企业开展实业化、集团化、国际化经营,形成若干在国际上有竞争力的、以外贸为龙头的工贸(农、技)相结合的外向型企业集团。

这一阶段的改革,主要从建立自负盈亏机制入手,使外贸企业逐步走向统一政策、平等竞争、自主经营、自负盈亏、工贸结合、推行代理制的轨道;所有外贸宏观管理方面的改革都是围绕发挥企业(包括外贸企业和生产企业)自主经营的活力而实行的。由于取消了国家对外贸出口的补贴,初步解决了以往扩大出口与增加国家财政支出的矛盾,在逐步减轻国家财政负担的同时,使外贸企业感受到经营管理的压力,增强了企业自我发展的动力和活力。

1994年以后,外贸体制改革继续深入,其核心内容是实行汇率改革,取消承包,依据《对外贸易法》完善外贸宏观管理。1994年开始的新一轮外贸体制改革作为国民经济体制全面改革的重要组成部分,在广度、深度、力度和难度上都有新的突破。其主要内容如下:

(1)改革汇率制度。从1994年1月1日起将双重汇率并轨,取消了外贸企业承担的上缴外汇和额度管理制度,实行有管理的单一浮动汇率制;外贸出口一律取消外汇留成,实行统一的结汇制;实行银行售汇制,允许人民币在经常项目下有条件地可兑换。

(2)完善外贸宏观管理。1994年7月1日实施《中华人民共和国对外贸易法》,1997年3月发布《中华人民共和国反倾销和反补贴条例》,将对外贸易的管理纳入法制化轨道;1994年全国实行分税制后,出口退税全部由中央财政承担(过去的出口退税,中央财政承担80%,地方财政承担20%),以保证全面贯彻出口退税制度;1994年成立国家进出口银行,为货物出口提供信贷支持;设立出口商品发展基金和风险基金,用于少数国际市场价格波动较大的商品以丰补歉、自负盈亏,开发新产品;改革和完善进口管理。从1995年12月31日起,取消176个税目的商品进口控制措施,包括进口许可证和进口配额管理的商品,自1996年4月1日起,中国进口关税总水平由35.9%降低至23%;同时,对进口设备和原材料等一律按法定税率征收关税和进口环节税(指增值税和消费税);逐步取消赋予生产企业自营进出口权的审批制,1997年初开始实行在一定条件下的生产企业自营进出口权登记制试点,加快赋予具备条件的国有生产企业、科研单位、商业物资企业的外贸经营权,同时最大限度地放开进出口商品经营;1998年10月1日,发布了《关于赋予私营生产企业和科研院所自营进出口权的暂行规定》,自1999年1月1日起,凡符合条件的私营生产企业和科研院所,经外经贸部批准,均可自营进出口业务,直接参与国际竞争。取消进出口贸易的指令性计划,实行指导性计划;对少数实行数量限制的进出口商品按照效益、公正、公开和公平竞争的原则,实行配额招标、拍卖或规则化分配。

(3)加快转换外贸企业经营机制。按照现代企业制度改组国有外贸企业,积极推行股份制试点,具备条件的外贸企业要逐步改变为规范化的有限责任公司或股份有限公司。在"三资"企业获得外贸进出口权的基础上,1996年9月30日颁布了《关于设立中外合资对外贸易公司试点暂行办法》,并于1997年7月批准在上海浦东成立了三家中外合资外贸公司,即东菱贸易有限公司、上海兰生大宇有限公司和中技-鲜京贸易有限公司;1997年1月起对经济特区内生产企业申请自营进出口权试行自动登记制后,外经贸部又于1998年11月发出通知,对国家确定的千家重点企业和科研院所实行了进出口经营权登记备案制,目前其适用范围已扩大到全国6000多家大型工业生产企业;1998年10月1日颁布《关于赋予私营生产企业和科研院所自营进出口权的暂行规定》后,首批20家私营生产企业也获得了外贸进出口权。因此,截止1999年6月底,除获得外贸经营权的34万多家"三资"企业之外,全国有外贸经营权的企业已有2.5万多家,其中外贸公司9000家,生产企业和科研院所1.2万多家,主营对外承包劳务的公司900多家,边贸公司3200多家,私营生产企业142家,中外合资外贸公司5家。纵观全国,外贸体制改革后的外贸领域,现已形成国有外贸公司、国有生产企业、"三资"企业、乡镇企业和私营企业等多元化的市场主体。

(4)加强外贸经营的协调服务机制。改革商会机构,改进商会功能,建立社会中介服务体系,发挥各研究咨询机构和各学会、协会的信息服务功能,形成全国健全的信息服务网络。

这两个阶段的改革,攻坚克难,步步深入,总体思路是:打破计划经济下国家对外贸的集中统制,既充分调动各个方面参与国际竞争的积极性,又保证国家外贸经济活动的法律化、规范化,逐步向社会主义市场经济体制过渡和与国际经贸规则接轨,使我国外贸体制向建立适应国际经济通行规则、符合社会主义市场经济体制要求的新型外贸管理体制方面又迈出了一大步。[①]

第三节 贸易伙伴分析

1989—2000年,虽然世界风云变幻,中国仍然坚持扩大开放,与世界各类国家与地区的经贸关系都有所发展。

---

① 王迎新:《外贸体制改革进展与前途》,《经济研究资料》2001年6期。

一、与亚洲其他国家的贸易发展

中国位于亚洲,与亚洲其他国家的贸易有得天独厚的地缘优势。因此,虽然在这一时期亚洲遭遇金融风暴的冲击,有些国家经济一度受到严重打击,但是总的看来这一时期中国与亚洲其他国家的贸易发展还是呈不断上升趋势。中国与亚洲其他国家的进出口贸易总额从1988年的602.84亿美元上升至2000年的2736.50亿美元(见表6-2)。

表6-2　1988—2000年中国与亚洲其他国家贸易额[①]

年份	I 从亚洲进口额/亿美元	E 向亚洲出口额/亿美元	I+E 进出口总额/亿美元	E-I 贸易平衡额/亿美元
1988	276.76	326.08	602.84	49.32
1989	306.91	371.44	678.35	64.53
1990	290.06	445.41	735.47	155.35
1991	375.94	533.12	909.06	157.18
1992	490.37	611.25	1101.62	120.88
1993	625.76	526.35	1152.11	-99.41
1994	687.68	734.47	1422.15	46.79
1995	780.54	920.02	1700.56	139.48
1996	834.40	912.50	1746.90	78.10
1997	884.00	1089.20	1973.20	205.20
1998	870.50	981.80	1852.30	111.30
1999	1016.90	1025.80	2042.70	8.90
2000	1413.40	1323.10	2736.50	-90.30

日本经济在20世纪90年代初因为经济泡沫的破灭处于低谷,又遭遇亚洲金融风暴的冲击,更是雪上加霜。但是日本经济发展仍然有较大韧性,日本在经济泡沫破灭后,一方面进行本国产业结构转型;另一方面为了争夺国际势力范围,加强在中国的直接投资[②],以投资促贸易。日本对中国出口的商品中以机械设备为主,中国对日本出口的商品种类主要有纺织

[①] 根据海关总署统计分析司:《改革开放40年中国对外贸易发展报告》(中国海关出版社2018年版)有关数据计算整理而成。

[②] 1992年邓小平"南方谈话"提升了外商对中国市场化政策的信心,日企对华投资热情高涨,但是在亚洲金融风暴后对华投资减少。

品、服装、矿物燃料、动物制品、食用蔬菜等资源性、劳动密集型商品。中国从日本进口贸易额在1990年降到低点(75.88亿美元)以后就开始上升,至2000年达到415.20亿美元;中国向日本出口贸易额则基本上是逐年上升,在1988年为79.22亿美元,至2000年达到416.50亿美元;中日两国双边贸易额从1988年的189.79亿美元,上升至2000年的831.70亿美元(见表6-3)。

表6-3 1988—2000年中国与日本贸易额①

年份	I 从日本进口额/亿美元	E 向日本出口额/亿美元	I+E 进出口总额/亿美元	E−I 贸易平衡额/亿美元
1988	110.57	79.22	189.79	−31.35
1989	105.35	83.63	188.98	−21.72
1990	75.88	89.99	165.87	14.11
1991	100.31	102.52	202.83	2.21
1992	136.81	116.99	253.80	−19.82
1993	232.53	157.79	390.32	−74.74
1994	263.27	215.79	479.06	−47.48
1995	290.05	284.67	574.72	−5.38
1996	291.80	308.80	600.60	17.00
1997	289.90	318.20	608.10	28.30
1998	282.10	296.90	579.00	14.80
1999	337.70	324.00	661.70	−13.70
2000	415.20	416.50	831.70	1.30

1991年中越两国关系恢复正常化,大大促进了两国进出口贸易发展。1992年,两国政府签订关于两国成立边境经济开发区的协定,使得中越贸易条件进一步改善。之后双边进出口额迅速增长。越南出口中国的主要商品是水果、天然橡胶、铁矿石等,而中国向越南出口的大部分商品属于建筑材料类、服装类和电子类。中越双边贸易额从1988年的0.01亿美元,

---

① 根据海关总署统计分析司:《改革开放40年中国对外贸易发展报告》(中国海关出版社2018年版)有关数据计算整理而成。

上升至2000年的24.70亿美元(见表6-4)。

表6-4 1988—2000年中国与越南贸易额①

年份	I 从越南进口额/亿美元	E 向越南出口额/亿美元	I+E 进出口总额/亿美元
1988	0.01	—	0.01
1989	0.06	0.02	0.08
1990	0.03	0.04	0.07
1991	0.11	0.21	0.32
1992	0.73	1.06	1.79
1993	1.23	2.76	3.99
1994	1.91	3.42	5.33
1995	3.32	7.20	10.52
1996	3.10	8.40	11.50
1997	3.60	10.80	14.40
1998	2.20	10.30	12.50
1999	3.60	9.60	13.20
2000	9.30	15.40	24.70

从20世纪60年代起,韩国成功实行出口导向战略,对外贸易成为韩国外向经济的支柱,在经济增长中发挥了"火车头"的作用。为了降低出口商品的国内成本以增强国际竞争能力,韩国政府给予出口企业种种优惠政策,如免征进口税,对加工进口原材料、半成品免征进口税(后来改为进口退税);减征国内税,对出口企业提供低息贷款等。这些优惠政策使韩国出口贸易额高速增长,出口产品结构从初级产品转变为工业制成品。20世纪80年代初期,韩国出口商品变为更能盈利的资本密集型产品,以后逐渐变为计算机、半导体、彩色电视机、汽车等技术密集型产品。

1992年8月,中国与韩国正式建交。之后双方贸易迅速发展,进出口贸易额不断扩大。亚洲金融危机一度对中韩贸易发展产生不利影响。中

---

① 根据海关总署统计分析司:《改革开放40年中国对外贸易发展报告》(中国海关出版社2018年版)有关数据计算整理而成。

国对韩国出口最多的商品是纺织原料及其制品,其次是矿产品,还有化工产品和农产品。韩国对中国出口的主要商品是有机化学品、电子产品、纤维类产品、金属产品、机电产品、钢铁制品、皮革及其制品等。中国从韩国进口贸易额从1988年的1.97亿美元增至2000年的232.10亿美元,向韩国出口贸易额从1988年的0.88亿美元增至2000年的112.90亿美元,中韩两国双边贸易额从1988年的2.85亿美元增至2000年的345.00亿美元,增长势头迅猛。除1989—1991年外,这一时期其余年份全部表现为中方逆差,中方贸易逆差在2000年达到最大,为119.20亿美元(见表6-5)。

表6-5 1988—2000年中国与韩国贸易额①

年份	I从韩国进口额/亿美元	E向韩国出口额/亿美元	I+E进出口总额/亿美元	E−I贸易平衡额/亿美元
1988	1.97	0.88	2.85	−1.09
1989	4.24	4.72	8.96	0.48
1990	6.83	12.60	19.43	5.77
1991	10.66	21.79	32.45	11.13
1992	26.23	24.05	50.28	−2.18
1993	53.60	28.60	82.20	−25.00
1994	73.19	44.02	117.21	−29.17
1995	102.93	66.88	169.81	−36.05
1996	124.80	75.10	199.90	−49.70
1997	149.30	91.20	240.50	−58.10
1998	150.00	62.70	212.70	−87.30
1999	172.30	78.10	250.40	−94.20
2000	232.10	112.90	345.00	−119.20

马来西亚位于马六甲海峡,该海峡连接太平洋与印度洋,是全球重要的贸易、交通枢纽之一。中马两国有深厚的历史渊源,中马贸易历史悠久。表6-6显示了1988—2000年中国与马来西亚贸易额增长情况。中国与马

---

① 根据海关总署统计分析司:《改革开放40年中国对外贸易发展报告》(中国海关出版社2018年版)有关数据计算整理而成。

来西亚贸易在这一时期也是在不断增长,只是增长速度没有中韩贸易那么快。这一时期各年份中国与马来西亚贸易全部表现为中方逆差,中马贸易逆差也是在2000年达到最大,为29.10亿美元(见表6-6)。

表6-6 1988—2000年中国与马来西亚贸易额①

年份	I 从马进口额/亿美元	E 向马出口额/亿美元	I+E 进出口总额/亿美元	E-I 贸易平衡额/亿美元
1988	5.69	3.08	8.77	-2.61
1989	6.92	3.52	10.44	-3.40
1990	8.35	3.41	11.76	-4.94
1991	8.04	5.28	13.32	-2.76
1992	8.30	6.45	14.75	-1.85
1993	10.84	7.04	17.88	-3.80
1994	16.22	11.18	27.40	-5.04
1995	20.71	12.81	33.52	-7.90
1996	22.40	13.70	36.10	-8.70
1997	25.00	19.20	44.20	-5.80
1998	26.70	16.00	42.70	-10.70
1999	36.10	16.70	52.80	-19.40
2000	54.80	25.70	80.50	-29.10

二、与苏(俄)贸易变化

中苏关系正常化以后,1988年6月8日两国政府签订了《关于建立合资企业及其活动原则的协定》,有效期为10年。该协定规定:"缔约双方为了引进技术、工艺和管理经验,促进两国自然资源的开发利用,满足两国对某些工业产品及原料的需求,将鼓励两国的公司、联合公司、企业及其他经济组织在两国境内建立合资企业。"应该说,这一协定为发展中苏合资企业奠定了法律基础,从而也为两国经济合作增加了新的内容。

---

① 据海关总署统计分析司:《改革开放40年中国对外贸易发展报告》(中国海关出版社2018年版)有关数据计算整理而成。

中苏关系正常化初期,边境贸易只被视为"大贸"的补充,充当调剂余缺的角色,这种受限制的"小额贸易"份额微乎其微,根本没列入国家正式统计之中,未能登上"大雅之堂"。20世纪90年代边贸则发生了重大变化。边贸成交额度占中苏(俄)两国贸易总额的1/3左右。中苏(俄)两国贸易的新创造也首先源自边境,如1988年双方以边贸易货项下名义,率先开展了工程承包、劳务输出及投资合作,而后则广泛推开。

1991年12月25日苏联解体,政局发生突变,但并未因此影响中俄双方的经济联系。相反,中俄的经贸以更快的速度、前所未有的深度和广度向前发展。到1989年中苏贸易总额近40亿美元(39.96亿美元),1990年则达43.79亿美元。1993年中俄贸易总额高达76.79亿美元,创50年中苏(俄)贸易新的最高点。而且双方开展了国际服务贸易业务,如工程承包、劳务输出,技术与专利的引进,相互进行资本流动及兴办三资企业,两国民间旅游业务也日渐发展,开展各种形式的科技文化交流与服务活动等。这是两国经济联系历史上未曾有过的新兴、新型合作内容,突破了单纯货物贸易的框框,开始步入全面合作、适应国际贸易发展新形势的轨道。令人遗憾的是,从1994年开始,中俄贸易出现持续大幅度下降的趋势,尽管两国政府曾努力扭转下降的势头,但终未能取得满意结果。在1997年和2000年中俄两国政府相继签署了贸易协定,目的是在平等互利原则和长期基础上,扩大两国经贸合作规模。中俄两国政府采取了一系列措施,鼓励双方企业和公司开展经济贸易合作,扩大两国银行、保险、运输部门的业务联系,为中俄经贸合作创造必要条件,提供高水平服务。至2000年,两国进出口贸易有明显增长。除1990年外,这一时期其余年份全部表现为中方逆差,中方贸易逆差在2000年达到最大,为35.4亿美元(见表6-7)。

表6-7 1988—2000年中国与俄罗斯贸易额①

年份	I 从俄罗斯 进口额 /亿美元	E 向俄罗斯 出口额 /亿美元	I+E 进出口 总额 /亿美元	E-I 贸易 平衡额 /亿美元
1988	17.82	14.76	32.58	-3.06

---

① 根据海关总署统计分析司:《改革开放40年中国对外贸易发展报告》(中国海关出版社2018年版)有关数据计算整理而成。

续表

年份	I 从俄罗斯进口额/亿美元	E 向俄罗斯出口额/亿美元	I＋E 进出口总额/亿美元	E－I 贸易平衡额/亿美元
1989	21.47	18.49	39.96	−2.98
1990	21.40	22.39	43.79	0.99
1991	20.81	18.23	39.04	−2.58
1992	35.26	23.36	58.62	−11.90
1993	49.87	26.92	76.79	−22.95
1994	34.96	15.81	50.77	−19.15
1995	37.99	16.65	54.64	−21.34
1996	51.60	16.90	68.50	−34.70
1997	40.90	20.30	61.20	−20.60
1998	36.40	18.40	54.80	−18.00
1999	42.20	15.00	57.20	−27.20
2000	57.70	22.30	80.00	−35.40

三、与欧共体(欧洲联盟)国家贸易发展

1991年12月11日,欧共体马斯特里赫特首脑会议通过了建立欧洲经济货币联盟和欧洲政治联盟的《欧洲联盟条约》(通称马斯特里赫特条约,简称马约)。1992年2月1日,各国外长正式签署马约。经欧共体各成员国批准,马约于1993年11月1日正式生效,欧共体开始向欧洲联盟过渡。奥地利、瑞典、芬兰于1995年1月1日加入欧共体(欧盟)。

中国改革开放以来,在双方共同努力下,中欧关系得到了长足发展。1995年12月欧盟部长理事会批准了《欧中关系长期政策》,这是欧盟第一个比较系统和完整的对华政策文件。该文件较客观地谈及中国的改革开放以及所带来的经济等方面的成就,认为"中国的崛起给中国和世界带来了机会和挑战","为实现共同目标,欧中需要一种长期的双边关系"。这些共同目标包括香港、澳门的平稳过渡,贸易与投资合作,发展科技,保护环境,开发人力资源等。1995年,中欧双边贸易额达到420.7亿美元,

1985—1995年间年均增长13.9%。①

1996年和1998年,欧盟先后发布了《欧盟对华新战略》和《与中国建立全面伙伴关系》,文件认为欧洲同中国的关系必然成为欧洲对外关系,包括亚洲和全球关系中的一块基石,主张同中国建立全面的伙伴关系。中国也一再重申,中国与欧盟都是当今世界舞台上维护和平、促进发展的重要力量,全面发展同欧盟及其成员国长期稳定的互利合作关系,也是中国对外政策的重要组成部分。1998年4月,中国朱镕基总理与欧盟轮值主席国、英国首相布莱尔,欧盟委员会主席桑特在伦敦举行了中欧领导人之间的首次正式会晤;1999年12月21日,中国—欧盟第二次领导人会晤在北京举行。2000年5月19日,中国与欧盟就中国加入世界贸易组织达成双边协议。9月8日,欧盟委员会发表的《欧盟—中国关系报告》指出,欧盟与中国的关系在过去两年里得到加强并快速发展。欧盟认为,越来越多的双边交往增进了相互了解,有利于互助互利。报告认为,欧中双方建立的每年一度的领导人会晤制度及欧盟与中国签署关于中国加入世贸组织协议是欧中关系快速发展的明证;2000年10月23日,中国—欧盟第三次领导人会晤在北京举行。会议就加强双边关系、中国加入世界贸易组织和控制非法移民等问题进行谈判和讨论。这些都促进了中欧贸易的发展。2000年5月,关于中国加入世界贸易组织问题中欧达成协议,当年中欧贸易出现了增长小高峰,增速为242.1%,规模达到720.7亿美元。1996—2000年间中欧双边贸易年均增长14.9%。②

1990年10月两德合并后,由于我国与德国的产业结构及发展水平不同,两国经济有很大的互补性,双方贸易发展很快。20世纪90年代德国大众的对华投资引人注目,其他中德合资企业发展比较稳定。德国是我国技术引进的主要来源之一,20世纪90年代德国对我国出口产品中工具机床、碾轧设备、动力设备均有大幅度增长,我国对德出口的商品主要是食品、原材料、服装、电子产品、玩具、皮革制品等。中德两国双边贸易额从1990年的49.71亿美元,上升至2000年的196.90亿美元。除1997、1998年外,这一时期其余年份全部表现为中方逆差,中方贸易逆差在1994年达到最大,为23.76亿美元(见表6-8)。

---

① 海关总署统计分析司:《改革开放40年中国对外贸易发展报告》,中国海关出版社2018年版,第235页。

② 海关总署统计分析司:《改革开放40年中国对外贸易发展报告》,中国海关出版社2018年版,第235、236页。

表 6-8　1988—2000 年中国与德国贸易额①

年份	I 从德国进口额/亿美元	E 向德国出口额/亿美元	I+E 进出口总额/亿美元	E-I 贸易平衡额/亿美元
1988	38.21	17.94	56.15	-20.27
1989	37.18	19.40	56.58	-17.78
1990	29.37	20.34	49.71	-9.03
1991	30.49	23.56	54.05	-6.93
1992	40.15	24.48	64.63	-15.67
1993	60.40	39.68	100.08	-20.72
1994	71.37	47.61	118.98	-23.76
1995	80.38	56.71	137.09	-23.67
1996	73.30	58.40	131.70	-14.90
1997	61.80	64.90	126.70	3.10
1998	70.00	73.50	143.50	3.50
1999	83.40	77.70	161.10	-5.70
2000	104.10	92.80	196.90	-11.30

20 世纪 80 年代末和 90 年代初，在国际形势急剧变动的大气候下，法国打着维护人权的旗号带头对中国实施"制裁"，并向台湾地区出售军舰和先进战斗机，严重侵犯中国主权。两国关系跌入低谷，经历了建交后最冷淡、最困难的时期，许多重要经贸合作项目均无法实现，经贸关系也随之萎缩倒退。

1993 年 3 月，法国政局发生变化。执政的社会党在议会改选中惨败，以戴高乐派为主体的反对派取得绝对多数。戴高乐派要员、前财政经济部部长爱德华·巴拉迪尔组成新政府。法国新政府决心调整对华政策，修补中法关系。1994 年 1 月 12 日，中法两国政府发表联合公报，确认法国今后不再向台湾地区出售武器的承诺。并在人权问题上法国率先以对话代替对抗，中法两国政治关系有所改善，经贸关系也逐步得到恢复和发展。由

---

① 根据海关总署统计分析司：《改革开放 40 年中国对外贸易发展报告》（中国海关出版社 2018 年版）有关数据计算整理而成。

表6-9可以看出,中法双边贸易额从1992年的22.60亿美元,上升至2000年的76.60亿美元。这一时期各年份中国与法国贸易全部表现为中方逆差。

表6-9　1988—2000年中国与法国贸易额①

年份	I从法国进口额/亿美元	E向法国出口额/亿美元	I+E进出口总额/亿美元	E-I贸易平衡额/亿美元
1988	9.87	5.15	15.02	-4.72
1989	14.20	5.27	19.47	-8.93
1990	16.63	6.45	23.08	-10.18
1991	15.72	7.33	23.05	-8.39
1992	14.96	7.64	22.60	-7.32
1993	16.45	12.91	29.36	-3.54
1994	19.39	14.24	33.63	-5.15
1995	26.48	18.42	44.90	-8.06
1996	22.40	19.20	41.50	-3.30
1997	32.40	23.30	55.70	-9.10
1998	32.10	28.20	60.30	-3.90
1999	37.90	29.20	67.10	-8.70
2000	39.50	37.10	76.60	-2.40

1989年英国对中国采取"制裁"政策,加之在香港回归问题上的争议,使中英经贸关系的发展受到相当程度的影响,中英双边贸易额在1991年陷入谷底。1995年5月,英国贸易工业大臣迈克尔·赫塞尔廷率130多位企业家组成的大型贸易代表团访华。李鹏总理会见了英国代表团,双方同意建立中英经贸联委会(在西欧大国中,英国是最后一个与我国建立联委会的国家)以形成定期经贸磋商机制。此后中英经贸关系开始好转。1996年2月,外经贸部部长吴仪率政府经贸代表团访问英国,会见了英国首相梅杰,与英国贸工大臣伊恩·兰共同主持了中英经贸联委会第一次会议,并商定在联委会中设立能源、化工、航空等工作小组。5月,英国副首相迈克尔·赫塞尔廷率270多位英国工商界人士组成的企业家代表团访华,访

---

① 根据海关总署统计分析司:《改革开放40年中国对外贸易发展报告》(中国海关出版社2018年版)有关数据计算整理而成。

问了北京、上海、珠海等地。

英国工党 1997 年 5 月大选获胜执政以来,中英经贸关系出现了快速发展的势头,成为欧盟在华投资第一大国。布莱尔首相领导的工党政府采取务实的态度,布莱尔和外交大臣库克多次表示,英中之间应该共同努力,以香港回归中国为契机,使两国关系出现一个新的开端。英国新政府的上台和香港主权的顺利交接,为改善英中关系提供了机遇。两国领导人利用出席香港政权交接仪式的机会,举行了工党新政府上台后的首次中英首脑会晤。

1998 年 1 月,英国贸工大臣贝克特和外交大臣库克先后访华,与我国就发展经贸关系进行磋商。中国外经贸部部长吴仪与贝克特共同主持了第二届中英经贸联委会会议。1998 年 10 月 6 日,英国首相布莱尔访华。朱镕基总理与布莱尔首相在会谈后发表了《中英联合声明》。声明指出,目前是中英关系开始新篇章的良好时机,双方同意拓展在政治、经济、文化和技术领域的联系;双方一致认为需要进一步促进商贸活动,改善市场准入,采取积极措施扩大双边贸易和投资;双方决定加强财经对话机制,就经济和金融问题进行经常性的交流;双方将通过扩大发展合作项目加强两国在国有企业发展和体制改革方面的合作。在朱镕基总理和布莱尔首相的会谈中,双方探讨了总额达 30 亿英镑的投资计划,不少大型跨国公司,如英国石油、帝国化学等都对对华投资很感兴趣。布莱尔首相访华期间,英国代表团还与中方举行若干国际研讨会,探讨了中国国有企业改革问题以及中英在石化、汽车等领域内的进一步合作。

中国对英国出口商品主要有纺织品、服装、鞋类、玩具、箱包、电子器件、通信设备、电力机械、陆用车辆和有机化学制品等,从英国进口的商品主要有纸烟、钢材、航空器零件、机械装卸设备、发电运输设备、控制仪器和农业科技产品等。中英两国双边贸易额从 1991 年的 16.69 亿美元,上升至 2000 年的 99.00 亿美元(见表 6-10)。

表 6-10　1988—2000 年中国与英国贸易额①

年份	I 从英国进口额/亿美元	E 向英国出口额/亿美元	I+E 进出口总额/亿美元	E−I 贸易平衡额/亿美元
1988	8.98	6.59	15.57	−2.39

---

① 根据海关总署统计分析司:《改革开放 40 年中国对外贸易发展报告》(中国海关出版社 2018 年版)有关数据计算整理而成。

续表

年份	I 从英国进口额/亿美元	E 向英国出口额/亿美元	I+E 进出口总额/亿美元	E-I 贸易平衡额/亿美元
1989	10.84	6.35	17.19	-4.49
1990	13.84	6.43	20.27	-7.41
1991	9.42	7.27	16.69	-2.15
1992	10.14	9.22	19.36	-0.92
1993	16.64	19.28	35.92	2.64
1994	17.70	24.14	41.84	6.44
1995	19.72	27.98	47.70	8.26
1996	18.80	32.00	50.80	13.20
1997	19.80	38.10	57.90	18.30
1998	19.50	46.30	65.80	26.80
1999	29.90	48.80	78.70	18.90
2000	35.90	63.10	99.00	27.20

四、与美国贸易发展

中美两国经贸关系一方面双边贸易互补性强，发展潜力大；另一方面又容易受到政治等因素干扰，免不了摩擦。1989年至2000年的中美贸易就是受到这两种趋向影响。美国居于全球价值链的中高端，对华出口多为资本品和中间品，中国居于中低端，对美出口多为消费品和最终产品，两国发挥各自比较优势，双边贸易呈互补关系。在这一时期中国对美贸易中，资源密集型产品的出口额占贸易总出口额的比重基本稳定在12%左右；劳动密集型产品出口额在总出口额中的比例逐年下降，而资本密集型产品的出口额在总出口额中的比例持续上升。1989年以后，政治因素和经济因素在中美贸易摩擦和争端中并存。1989年政治风波、1991年苏联解体、1993年美国反对中国申奥、1995年李登辉访美、1999年美国轰炸中国驻南使馆等事件都或多或少影响了中美贸易。美对华采取了经济制裁、歧视性出口管制和禁运、审议最惠国等政策手段，中美在纺织品配额、反倾销、贸易平衡等问题上产生较大分歧。由表6-11可以看出，1988—2000年中美两国双边贸易额从1988年的100.11亿美元，上升至2000年的742.21亿美元,上升幅度较大;从1992年起,中国对美贸易由逆差转为顺差,且顺差额越来越大。

表6-11　1988—2000年中国与美国贸易额①

年份	I 从美国进口额/亿美元	E 向美国出口额/亿美元	I+E 进出口总额/亿美元	E-I 贸易平衡额/亿美元
1988	66.31	33.80	100.11	-32.51
1989	78.63	43.91	122.54	-34.72
1990	65.88	51.80	117.68	-14.08
1991	80.08	61.94	142.02	-18.14
1992	83.99	85.94	169.93	1.95
1993	102.69	169.64	272.33	66.95
1994	133.68	214.61	348.29	80.93
1995	161.18	247.13	408.31	85.95
1996	161.55	266.83	428.38	105.28
1997	163.01	327.15	490.16	164.14
1998	168.83	379.48	548.31	210.65
1999	194.78	419.47	614.25	224.69
2000	222.31	519.90	742.21	297.59

五、与其他国家(地区)贸易变化

1989年至2000年,中国与世界其他国家(地区)贸易,仍然受国际政治与经济局势变化影响,有不同变化。例如,1997—1998年亚洲金融风暴对中国与大洋洲贸易有一些影响,而对中国与非洲贸易、中国与拉丁美洲贸易影响不大。

中国与非洲国家有着历史悠久的政治和经济合作关系。中国是一个发展中的大国,也是全球最大的发展中国家。非洲作为世界上发展中国家最为集中的区域,与中国有着同样巨大的发展需求以及在国际事务的协调

---

① 根据海关总署统计分析司:《改革开放40年中国对外贸易发展报告》(中国海关出版社2018年版)有关数据计算整理而成。

中有着广泛的共同利益。在当前复杂的国际经济形势下,中非双方在经济发展领域建立的友好合作关系,不仅为中非双方的经济发展提供了坚实基础,同时也在世界政治经济和平与稳定发展进程中发挥着深远的影响。在中国改革开放以后,中国与非洲的经贸合作关系有了质的提升,已经不单单是最初的对非提供经济援助方式,而是在合作模式上更加趋于多元化,合作领域上更加多样化发展。1988—2000年中国与非洲贸易有所发展,但是由于非洲大多数国家经济发展仍处于相对较低水平,增长幅度相对不大。中国与非洲双边贸易额从1988年的21.73亿美元,上升至2000年的106.00亿美元。除2000年外,这一时期中国对非洲贸易其他年份都是顺差(见表6-12)。

表6-12 1988—2000年中国与非洲贸易额[①]

年份	I从非洲进口额/亿美元	E向非洲出口额/亿美元	I+E进出口总额/亿美元	E-I贸易平衡额/亿美元
1988	2.89	18.84	21.73	15.95
1989	4.25	7.39	11.64	3.14
1990	3.68	12.97	16.65	9.29
1991	4.26	10.00	14.26	5.74
1992	5.04	13.02	18.06	7.98
1993	10.03	15.27	25.30	5.24
1994	8.94	17.49	26.43	8.55
1995	14.27	24.94	39.21	10.67
1996	14.60	25.70	40.30	11.10
1997	24.60	32.10	56.70	7.50
1998	14.80	40.60	55.40	25.80
1999	23.70	41.10	64.80	17.40
2000	55.60	50.40	106.00	-5.20

20世纪90年代,中国改革开放取得了巨大成就,而大洋洲的澳大利亚

[①] 根据海关总署统计分析司:《改革开放40年中国对外贸易发展报告》(中国海关出版社2018年版)有关数据计算整理而成。

和新西兰也越来越重视与亚洲国家的经济贸易往来,希望通过亚太经合组织等加深与亚洲国家的经济合作。在这一大背景下,1989—2000年中国与大洋洲贸易有明显发展。中国与大洋洲双边贸易额从1989年的22.85亿美元,上升至2000年的97.90亿美元。这一时期中国对大洋洲贸易各年份都是逆差(见表6-13)。

表6-13　1989—2000年中国与大洋洲贸易额①

年份	I从大洋洲进口额/亿美元	E向大洋洲出口额/亿美元	I+E进出口总额/亿美元	E−I贸易平衡额/亿美元
1989	17.94	4.91	22.85	−13.03
1990	14.85	5.32	20.17	−9.53
1991	18.43	5.46	23.89	−12.97
1992	20.59	7.95	28.54	−12.64
1993	23.61	12.32	35.93	−11.29
1994	29.15	17.24	46.39	−11.91
1995	30.22	19.02	49.24	−11.20
1996	39.40	19.60	59.00	−19.80
1997	36.70	24.00	60.70	−12.70
1998	31.40	26.60	58.00	−4.80
1999	41.90	31.10	73.00	−10.80
2000	58.80	39.10	97.90	−19.70

20世纪90年代,中国改革开放取得了令人瞩目的巨大成就,拉美国家更加重视发展对华关系,中拉关系进入了一个新的发展时期。拉美国家高官频繁访华,中国领导人也积极回访。1990年,杨尚昆主席以国家元首的身份访问墨西哥、乌拉圭、阿根廷及智利四国(这是新中国成立后中国国家元首首次访问拉美);1997年,江泽民主席出访拉美,加强了中拉友好合作与经贸往来。中国从拉美进口绝大多数属于资源性产品,而拉美从中国进口的产品主要是制成品。中国与拉美国家在自然资源方面有较大的互补

---

① 根据海关总署统计分析司:《改革开放40年中国对外贸易发展报告》(中国海关出版社2018年版)有关数据计算整理而成。

性,是颇具潜力的经贸合作伙伴。拉美国家有 5 亿多人口,市场规模巨大。另外,自然资源丰富,如拉丁美洲矿产、农林牧渔等自然资源非常丰富,其中,委内瑞拉和墨西哥石油、巴西铁矿、智利铜矿、巴西和阿根廷粮食等都是主要出口产品,能够满足我国经济迅速发展对资源性产品的迫切需求。因此,中国与拉美国家贸易稳步上升。中国与拉美双边贸易额从 1988 年的 25.76 亿美元,上升至 2000 年的 126.00 亿美元(见表 6-14)。

表 6-14　1988—2000 年中国与拉丁美洲贸易额[①]

年份	I 从拉美进口额/亿美元	E 向拉美出口额/亿美元	I+E 进出口总额/亿美元	E－I 贸易平衡额/亿美元
1988	21.88	3.88	25.76	－18
1989	24.18	5.51	29.69	－18.67
1990	15.10	7.81	22.91	－7.29
1991	15.63	7.95	23.58	－7.68
1992	19.00	10.76	29.76	－8.24
1993	19.31	17.76	37.07	－1.55
1994	22.47	24.55	47.02	2.08
1995	29.67	31.47	61.14	1.80
1996	36.10	31.20	67.30	－4.90
1997	37.70	46.10	83.80	8.40
1998	29.90	53.20	83.10	23.30
1999	29.90	52.70	82.60	22.80
2000	54.10	71.90	126.00	17.80

第四节　外贸总量增长与商品结构分析

1988—2000 年,中国对外贸易国内外环境发生了一些重要变化,对中国的改革开放形成一次次冲击。中国面对这些冲击,坚持深化改革、扩大开放,努力建立社会主义市场经济体制,继续推进对外贸易的发展。

[①] 根据海关总署统计分析司:《改革开放 40 年中国对外贸易发展报告》(中国海关出版社 2018 年版)有关数据计算整理而成。

一、外贸总量增长与贸易平衡分析

1988—2000年,中国进出口贸易增长迅速。中国进口贸易额从1988年的552.68亿美元增加到2000年的2250.94亿美元,出口贸易额从1988年的475.16亿美元增加到2000年的2492.03亿美元,进出口贸易总额从1988年的1027.84亿美元增加到2000年的4742.97亿美元,中国进出口额占世界进出口额比重也从1988年的1.76%上升到2000年的3.60%(见表6-15、图6-1),获得喜人成就。

表6-15 1988—2000年中国进出口贸易额[①]

年份	I 进口额 /亿美元	E 出口额 /亿美元	I+E 进出口总额 /亿美元	E-I 贸易平衡额 /亿美元	中国进出口额占 世界进出口额 比重/(%)
1988	552.68	475.16	1027.84	−77.52	1.76
1989	591.40	525.38	1116.78	−66.02	1.77
1990	533.45	620.91	1154.36	87.46	1.63
1991	637.91	718.43	1356.34	80.52	1.90
1992	805.85	849.40	1655.25	43.55	2.16
1993	1039.59	917.44	1957.03	−122.15	2.55
1994	1156.15	1210.06	2366.21	53.91	2.70
1995	1320.84	1487.80	2808.64	166.96	2.69
1996	1388.33	1510.48	2898.81	122.15	2.65
1997	1423.70	1827.92	3251.62	404.22	2.87
1998	1402.37	1837.12	3239.49	434.75	2.90
1999	1656.99	1949.31	3606.30	292.32	3.10
2000	2250.94	2492.03	4742.97	241.09	3.60

1988—2000年,中国进出口贸易平衡成就也很大。除1988年、1989年、1993年是逆差以外,其他各年份都是顺差,顺差最大值为1998年的434.75亿美元。

---

① 摘自本书附表。

第六章 1989—2000年对外贸易发展

这一时期中国对外贸易在国内生产总值中的比重,虽然因为金融危机等原因出现了一些波动,但是从1991年的33.4%到2000年的43.9%(见表6-16),总体呈上升趋势。

表6-16　1991—2000年中国对外贸易在国内生产总值中的比重①

年份	进出口总额/亿美元	外贸占国内生产总值比重/(%)
1991	1356.34	33.40
1992	1655.25	34.20
1993	1957.03	32.50
1994	2366.21	43.60
1995	2808.64	40.20
1996	2898.81	35.60
1997	3251.62	36.20
1998	3239.49	34.30
1999	3606.30	36.40
2000	4742.97	43.90

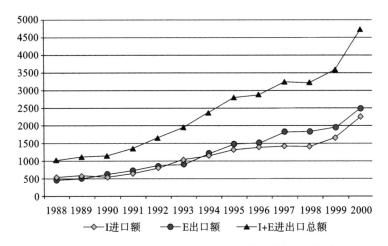

图6-1　1988—2000年中国进出口贸易额(单位:亿美元)

---

① 据《2002年中国统计年鉴》及本书附表有关数据计算整理而成。

二、进口商品分类构成

20世纪90年代,尽管中国进口商品结构中初级产品占比和工业制成品占比有一些小波动,但是从总体上看大致稳定,基本上维持了初级产品占比20%左右和工业制成品占比80%左右的构成(见表6-17)。

表6-17 1988—1999年中国外贸进口商品分类构成[①]

年份	进口总额/亿美元	初级产品占比/(%)	工业制成品占比/(%)
1988	552.68	18.20	81.80
1989	591.40	19.90	80.10
1990	533.45	18.50	81.50
1991	637.91	17.00	83.00
1992	805.85	16.50	83.60
1993	1039.59	13.70	86.30
1994	1156.15	14.30	85.70
1995	1320.84	18.50	81.50
1996	1388.33	18.30	81.70
1997	1423.70	20.10	79.90
1998	1402.37	16.40	83.60
1999	1656.99	16.20	83.80

这一时期中国进口商品中初级产品第一大类是"非食用原料",其次为"矿物燃料及润滑油等",第三大类为"食品及主要供食用的活动物";进口的工业制成品中第一大类是"机械及运输设备",约占进口的工业制成品一半份额;第二大类是"轻纺产品、橡胶制品",约占进口的工业制成品份额的四分之一;第三大类是"化学品",约占进口的工业制成品份额的五分之一。

[①] 根据海关总署统计分析司:《改革开放40年中国对外贸易发展报告》(中国海关出版社2018年版)有关数据计算整理而成。

三、出口商品分类构成

20世纪90年代,中国出口商品结构中工业制成品占比逐年上升,由1989年的71.3%上升至1999年的89.8%;相应的是,初级产品占比由1989年的28.7%下降至1999年的10.2%(见表6-18)。90年代,中国再次进入以重工业带动经济增长的阶段,工业总产值中重工业所占比重由1990年的51.5%增至2000年的59.9%。90年代,私营工业及其他非国有工业增长异常迅速。据国家工商总局公布的数据,1991—1995年,私营工业产值年均增长率为75.2%,1994年高达140.1%。随后几年虽有所回落,但仍快于国有、集体工业的增长率。私营工业产值在全部工业总产值中的比例,1995年达到2.6%。至1998年,非国有工业产值为85583.8亿元,占全国工业总产值的比重达71.5%,比1991年提高了27.7%。90年代,一些高新技术产业迅速成长。至2000年,标志工业化程度的工业增加值占GDP比重已达44%。中国出口商品结构中工业制成品占比逐年上升,反映了这一时期中国工业化的成就。

表6-18 1978—1988年中国外贸出口商品分类构成①

年份	出口总额/亿美元	初级产品占比/(%)	工业制成品占比/(%)
1988	475.16	30.30	69.70
1989	525.38	28.70	71.30
1990	620.91	25.60	74.40
1991	718.43	22.50	77.50
1992	849.40	20.00	80.00
1993	917.44	18.20	81.80
1994	1210.06	16.30	83.70
1995	1487.80	14.40	85.60
1996	1510.48	14.50	85.50
1997	1827.92	13.10	86.90

---

① 根据海关总署统计分析司:《改革开放40年中国对外贸易发展报告》(中国海关出版社2018年版)有关数据计算整理而成。

续表

年份	出口总额/亿美元	初级产品占比/(%)	工业制成品占比/(%)
1998	1837.12	11.20	88.80
1999	1949.31	10.20	89.80

这一时期中国出口商品中初级产品第一大类是"食品及主要供食用的活动物",其次为"矿物燃料及润滑油等",第三大类为"非食用原料";出口的工业制成品中第一大类是"杂项制品",其占出口工业制成品份额在20世纪90年代初约有一半,在90年代后期有所下降;第二大类是"机械及运输设备",其占出口工业制成品份额由1992年的19.5%上升至2001年的39.6%;第三大类是"轻纺产品、橡胶制品",约占出口工业制成品份额的五分之一;第四大类是"化学品",占出口工业制成品份额的不到十分之一。

第五节 加工贸易与服务贸易

1992年邓小平"南方谈话",进一步推动了解放思想,为改革开放指出了明确的道路,中国改革开放开始进入新的阶段。党的十四大确立了建立社会主义市场经济体制的改革目标,国家大力推进财政、税收、金融、外贸、外汇、计划、投资、价格、流通、住房和社会保障等体制改革,使市场在资源配置中的基础性作用明显增强,我国加工贸易发挥了极为重要的作用。占我国对外贸易总额的一半以上的加工贸易,从本质上讲,是经济全球化不断深化的结果,是全球产业链不断延伸的结果,也是从事加工贸易的企业参与全球分工和竞争的结果。20世纪90年代,中国服务贸易发展加快。

一、加工贸易

改革开放初期我国开始实行有关鼓励加工贸易政策以来,以"三来一补"为主要特征的加工贸易得到了突飞猛进的发展。20世纪80年代中期以后,国务院转发的《关于抓住有利时机加快来料加工装配等业务请示的通知》等文件中提出了"大进大出、两头在外"的对外经贸战略。随着内地开放进一步扩大,有关加工贸易政策的完善和投资环境的改善,香港企业开始大规模将其制造活动转移到珠江三角洲地区,形成了所谓的"前店后厂"的分工新格局。这种分工格局充分发挥了两地各自的优势,大大降低了产品的成本,增强了其在国际市场的竞争力,从而有力地扩大了其国际市场的份额。香港则由一个依赖出口导向型制造业的经济模式,完全转型成为服务型的经济模式,金融、贸易、航运、旅游成为其支柱产业。这时美国、日本大力发展新材料、新能源等高新技术产业,将产业结构重心向高技术化、信息化和服务化方向发展,进一步把劳动、资本密集型产业和部分低附加值的技术密集型产业转移到海外。亚洲新兴工业化国家或地区通过大量吸收发达国家的投资,承接美、日转移出来的重化工业和微电子等高科技产业,并将劳动密集型产业和一部分资本技术密集型产业转移到中国和东盟。借助这一全球产业水平分工机会,中国不仅在原有基础上继续了加工贸易良好的发展势头,而且推动了经济的进一步发展和产业结构的升级。在该政策指导方面,上海外高桥保税区于1992年3月9日正式投入运营,同年国务院又批准了宁波保税区、海口保税区、大连保税区等14个保税区,进一步优化了加工贸易的经营环境。中国进一步发展了加工贸易,推动了经济的进一步发展和产业结构的升级。①

1989年,进料加工进出口总额达到192.5亿美元,占全部加工贸易的比重达到53.2%,首次超过了来料加工所占比重。1992年,海关总署颁发了《对外商投资企业进出口货物监管和征免税办法》,规定了以吸收外商投资为主要目的的加工贸易政策,以进料加工为主要形式的加工贸易进入了大发展时期。我国劳动密集型行业的比较优势进一步发挥,到20世纪90年代末,加工贸易已经稳居我国出口量的半壁江山(见表6-19)。

表6-19　1992—2001年中国加工贸易统计②

年份	E 出口额/亿美元	E/货物出口额/(%)	I 进口额/亿美元	E+I 加工贸易总额/亿美元	加工贸易总额/货物贸易进出口总额/(%)
1992	396.2	46.6	315.4	711.6	43.0
1993	442.5	48.2	363.7	806.2	41.2
1994	569.8	47.1	475.7	1045.5	44.2
1995	737.0	49.5	583.7	1320.7	47.0
1996	843.3	55.8	622.7	1466.0	50.6

---

① 傅自应:《中国对外贸易三十年》,中国财政经济出版社2008年版,第184页。
② 根据商务部国际贸易经济合作研究院:《中国对外贸易史　下卷》(中国商务出版社2015年版)改编。

续表

年份	E出口额/亿美元	E/货物出口额/(%)	I进口额/亿美元	E+I加工贸易总额/亿美元	加工贸易总额/货物贸易进出口总额/(%)
1997	996.0	54.5	702.1	1698.1	52.2
1998	1044.7	56.9	685.7	1730.4	53.4
1999	1108.7	56.9	735.9	1844.6	51.1
2000	1376.6	55.2	925.6	2302.2	48.5
2001	1474.3	55.4	939.7	2414.0	49.1

由表6-19可以看出，中国加工贸易进出口额从1992年的711.6亿美元增加到2001年的2414.0亿美元，年均增幅为14.5%，加工贸易进出口额占货物贸易进出口总额的比重从1992年的43.0%上升到2001年的49.1%；加工贸易出口额占货物贸易进出口总额的比重，1992年为46.6%，至1996年时已达到55.8%，其后每年占比都在50%以上。尽管在1998年受到亚洲金融危机的影响，当年加工贸易增长率仅为1.9%，但这并没有阻碍加工贸易的继续发展。1999年中国加工贸易总额达到1844.6亿美元，增长率达到6.6%，之后基本保持着高速增长。

中国加工贸易伴随着利用外资的增长而快速发展，其主体呈现出阶段性变化的特征。1980—1992年，加工贸易的主体以国内企业为主，主要是东南沿海地区的一些乡镇企业，从事对外加工装配活动，外资企业在加工贸易中的占比较低，1990年才达到28.8%。1992年，邓小平"南方谈话"之后，外商投资进入快速增长的阶段，外商投资企业把中国作为全球市场的"制造基地"。外商投资企业在加工贸易中的占比逐渐攀升，1994年首次超过一半，达到56.1%，成为中国加工贸易的主要力量。

在内地开展加工贸易的外资企业，20世纪80年代主要是自我国香港地区转移而来，其分布主要在珠江三角洲地区，产业活动以纺织服装、轻工、玩具等为主。20世纪90年代中期开始，台资企业大规模向大陆转移，台资企业主要分布在福建和长江三角洲地区，产业活动以运动鞋、IT产品加工为主。同时期韩资企业也大规模向中国转移，主要分布在环渤海地区，尤其是天津和胶东半岛地区，其产业以信息技术、家电产品和服装业为主。随着中国对外开放的推进，外商来华投资进入了快速增长的时期。

1993年中国首次成为吸引外商直接投资最多的发展中国家,这一地位一直延续到今天。由于中国的相关政策对外资具有选择性,因此,70%的外资企业集中在加工制造业,并主要开展加工贸易,它们把中国当作一个面向全球的出口加工基地。大量从事出口加工的外商投资企业在加工贸易中的比重首次超过一半,达到56.1%,2006年已经接近85%。可以说,这一阶段加工贸易的快速增长,主要是由外商投资企业推动的。

外商投资企业的到来,也加快了加工贸易出口产品结构的演变。在加工制造业产品结构方面,主要的加工贸易出口品中,化工、机电、车船及运输设备等产品在出口品中所占的比例持续增加,尤其是机电产品,在1993年其总产值只占加工贸易出口总值的15.1%,到1999年达到了26.7%。而纺织、鞋帽这些原本是中国加工贸易主要出口品的产品在总出口额中所占比例却不断下降,分别由1993年的28.4%和6.8%下降至1999年的14.9%和5.2%。1999年的高新技术产品出口额达到370.43亿美元,其中加工贸易出口额达到215.74亿美元,占高新技术产品出口的一半以上,占加工贸易出口的近20%。这说明,在这一阶段,中国加工贸易的产品结构正在由劳动密集型为主向劳动密集型和资本、技术密集型并重的方向转变,机电产品和高新技术产品逐渐成为主要的出口商品。

在中国加工贸易先发地区,"三来一补"加工贸易方式也受到了一些挑战。例如,深圳是最早开始加工贸易的,但是受低端加工贸易影响,环境污染比较严重,1993年深圳做出了停止"三来一补"的决定。尽管这一决定在当时引起一些不同的意见,但也由此拉开了最先发展加工贸易的地区进行产业结构调整、鼓励民营企业经营、提升自主创新能力的序幕。

在全球化进程中,发达经济体与发展中经济体之间的差距总体上拉大了,但我国被认为是在经济全球化进程中少有发展中经济体的"赢家",正在从制造大国过渡为制造强国,从贸易大国过渡为贸易强国,其中加工贸易的迅速发展具有不可替代的作用。

二、服务贸易

20世纪90年代,中国服务贸易发展加快,旅游和运输等传统行业在中国服务贸易中占据主导地位。与货物贸易相比,这一时期中国服务贸易规模不大,但是增速较快,中国服务贸易进出口总额从1992年的183亿美元增至2001年的719.3亿美元,年均增速为16.4%,占世界服务贸易总额的比重从1992年的1.0%上升至2001年的2.4%(见表6-20)。

表 6-20　1992—2001 年中国服务贸易发展情况[①]

年份	中国服务贸易进出口总额/亿美元	中国服务贸易出口额/亿美元	中国服务贸易进口额/亿美元	中国服务贸易总额占世界比重/(%)
1992	183	91	92	1.0
1993	226	110	116	1.2
1994	322	164	158	1.6
1995	430	184	246	1.8
1996	430	206	224	1.7
1997	522	245	277	2.0
1998	504	239	265	1.9
1999	572	262	310	2.1
2000	660	301	359	2.2
2001	719.3	329	390.3	2.4

① 据商务部国际贸易经济合作研究院编:《中国对外贸易史　下卷》(中国商务出版社 2015 年版)表 6-18 改编。

第七章
2001—2017 年对外贸易新发展

进入 21 世纪以来,按全球产业链进行分工推动了新一轮国际产业重组,产业内贸易成为新的趋势。2001 年,中国加入 WTO,是对外开放的新起点,中国又抓住了 21 世纪初全面融入全球经济的机遇,实施投资驱动、要素驱动战略,成为跨国公司调整产业配置、构筑全球产业链的重要一极,抓住并利用 21 世纪初的全球化红利促进经济结构转型升级。现阶段,科技创新和产业发展相互融合,全球化和信息化交叉发展,新一轮全球化红利正在兴起,2012 年党的十八大提出开放型的创新驱动战略,抓住并利用好基于中国"内需的全球化红利",实施创新驱动战略,对于经济结构进一步优化,实现"两个一百年"奋斗目标,推进中国特色社会主义事业,具有极其重大的意义。

"入世"以来,随着对外开放程度的不断加深,货物贸易迅猛发展,中国对外贸易跨入了一个新的台阶。2001—2013 年,货物进出口总额由 5096.5 亿美元提高至 41589.9 亿美元,超越 4 万亿美元,占世界比重由 4.4% 提升至 11%,居世界的位次由第 6 位跃升至第 1 位,创造了世界贸易发展史上的奇迹。其中出口、进口分别以年均 19.2% 和 18.9% 的速度增长,远大于同期世界 9.3% 和 9.0% 的年均增速,也高于中国工业年均 10.7% 的速度。中国正处于经济转型的关键阶段和工业化快速发展时期,外贸的迅速发展促进其由外贸大国和制造业大国向外贸强国和制造业强国的转变。对这一时期中国进出口商品结构等的分析也体现了这一转变。

第一节 对外贸易国际环境的重要变化

2001—2017 年,中国对外贸易国际环境可谓风起云涌。重要变化主要有：①21世纪初，中国加入世界贸易组织；②2007—2009年世界金融海啸；③世界金融海啸后西方逆全球化趋势下贸易摩擦加剧。

一、中国加入世界贸易组织

1994年4月15日，在摩洛哥的马拉喀什市举行的关贸总协定乌拉圭回合部长会议决定成立更具全球性的世界贸易组织①，以取代成立于1947年的关贸总协定。1995年1月1日，世界贸易组织成立，该组织负责管理世界经济和贸易秩序，总部设在瑞士日内瓦莱蒙湖畔。其基本原则是通过实施市场开放、非歧视和公平贸易等原则，来实现世界贸易自由化；其目标是建立一个完整的，包括货物、服务、与贸易有关的投资及知识产权等内容的，更具活力、更持久的多边贸易体系，使之可以包括关贸总协定贸易自由化的成果和乌拉圭回合多边贸易谈判的所有成果。

在世贸组织体制下，由于一成员的贸易自由化是在获得现有成员开放市场承诺范围内进行的，自然这种贸易自由化改革带来的实际利益有世贸组织机制作保障，而不像单边或双边贸易自由化利益那么不确定。因此，多边贸易自由化要优于单边贸易自由化，尤其像中国这样的发展中大国。世贸组织坚持鼓励经济发展与经济改革原则，该原则以帮助和促进发展中国家的经济迅速发展为目的，针对发展中国家和经济接轨国家而制定，是给予这些国家的特殊优惠待遇，如允许发展中国家在一定范围内实施进口数量限制或是提高关税的"政府对经济发展援助"条款，仅要求发达国家单方面承担义务而发展中国家无偿享有某些特定优惠的"贸易和发展"条款，以及确立了发达国家给予发展中国家和转型国家更长的过渡期待遇和普惠制待遇的合法性。这对于中国这样的发展中大国也是有利的。

中国是关贸总协定原始缔约国之一。中国不断扩大对外开放，在国际贸易中的地位不断提高，中国在对外开放走向深入的过程中，越来越需要加入国际经济的大市场中去，于是在20世纪80年代中国政府就决定要求恢复中国在关贸总协定中的合法席位。但是这一过程不是一蹴而就的，而是如前所述，是一个曲折艰难的过程。

经过多方努力，1995年7月1日，世贸组织决定接纳中国为该组织的观察员。1997年5月23日，在日内瓦举行的第4次世贸组织中国工作组

---

① 世界贸易组织（World Trade Organization，WTO），中文简称是世贸组织。世界贸易组织是当代重要的国际经济组织之一，拥有164个成员，成员贸易总额达到全球的98%，有"经济联合国"之称。

会议就中国加入世贸组织议定书中关于非歧视原则和司法审议两项主要条款达成协议。12月5日,世贸组织中的发展中国家成员在日内瓦发表声明,一致支持中国尽早加入世贸组织。1999年4月10日,中国对外贸易经济合作部部长石广生和美国贸易代表巴尔舍夫斯基在华盛顿分别代表两国政府签署了《中美农业合作协议》,此举被认为是中国加入WTO的前奏。1999年11月5日,中美两国政府在北京签署了关于中国加入世贸组织的双边协议。2000年5月19日,中国与欧盟代表在北京签署了关于中国加入世贸组织的双边协议。2001年6月9日和21日,美国和欧盟先后与中国就中国"入世"遗留问题达成全面共识。2001年9月13日,中国和墨西哥就中国加入世贸组织达成双边协议,至此中国完成了与世贸组织的所有双边市场准入谈判。9月17日,世贸组织中国工作组第18次正式会议在日内瓦通过了中国入世议定书及附件和中国工作组报告书。

2001年11月20日,世贸组织总干事迈克·穆尔致函世贸组织各成员,宣布中国政府已于2001年11月11日接受《中国加入世贸组织议定书》。该议定书于2001年12月11日生效,中国也于同日正式成为世贸组织第143个成员。中国加入世贸组织,实际上可以看作是中国、美国和世贸组织"三赢"的结果。①

中国加入世贸组织对中国有着重要的意义:①有利于改善中国的国际贸易环境,中国加入世贸组织后可获得多边最惠国待遇,同时,利用多边贸易体制,可实现出口市场多元化;②可享受发展中缔约方的优惠待遇,给中国的对外经济贸易的发展提供良好的机遇;③有利于中国吸收更多的外国投资;④能够促进中国改革开放与社会主义市场经济的发展,加速与国际市场的接轨,使中国经济保持高速发展。中国加入世贸组织,对世界其他国家也有好处,中国是一个发展中的大国,也是一个贸易大国。中国加入世贸组织,可以促进世界贸易发展,促进外国企业对中国投资和更有效地配置资源。

当然,加入世贸组织后,中国对外经济贸易制度要进一步改革。世贸组织市场准入原则是可见的和不断增长的,它以要求各国开放市场为目的,有计划、有步骤、分阶段地实现最大限度的贸易自由化。市场准入原则的主要内容包括关税保护与减让,取消数量限制和透明度原则。透明度原则是世贸组织的重要原则,它体现在世贸组织的主要协定、协议中。根据

---

① 郑秉文:《"入世"对中国经济的影响》,《世界经济与政治》2000年第1期。

该原则,世贸组织成员须公布有效实施的、现行的贸易政策法规,包括:①海关法规,即海关对产品的分类、估价方法的规则,海关对进出口货物征收的关税税率和其他费用;②进出口管理的有关法规和行政规章制度;③有关进出口商品征收的国内税、法规和规章;④进出口商品检验、检疫的有关法规和规章;⑤有关进出口货物及其支付方面的外汇管理和对外汇管理的一般法规和规章;⑥利用外资的立法及规章制度;⑦有关知识产权保护的法规和规章;⑧有关出口加工区、自由贸易区、边境贸易区、经济特区的法规和规章;⑨有关服务贸易的法规和规章;⑩有关仲裁的裁决规定,等等。因此,中国要与国际市场规则接轨,《对外贸易法》等都需要进行修订。

加入世贸组织后,中国的很多产业也面临着挑战,如纺织业、汽车制造业、化学工业、农业、银行业、保险业、信息产业等。

二、2007—2009年世界金融海啸

2007—2009年世界金融海啸指2008年全球范围内的金融危机。它起因于美国次贷①危机。在2006年之前,美国的次级抵押贷款市场迅速发展。但是过后随着美国住房市场的降温、短期利率的提高,次贷还款利率也大幅上升,购房者的还贷负担大为加重。同时,住房市场的持续降温也使购房者出售住房或者通过抵押住房再融资变得困难。这种局面直接导致大批次贷的借款人不能按期偿还贷款,银行收回房屋,却卖不到高价,大面积亏损。2007年2月13日,美国最大次级房贷公司(Countrywide Financial Corp)减少放贷,第二大次级抵押贷款机构新世纪金融公司(New Century Finance)发布盈利预警,美国抵押贷款风险开始浮出水面。

2007年4月4日,新世纪金融公司裁减半数员工后,申请破产保护。8月3日,美国信贷市场呈现20年来最差状态,欧美股市全线暴跌。尽管世界各地央行一再注资救市,但是不断有金融机构破产,2008年1月4日美国银行业协会数据显示,消费者信贷违约现象加剧,逾期还款率升至2001年以来最高。2008年2月9日,七国集团财长和央行行长会议声明指出,次贷危机影响加大。金融危机蔓延至欧洲、日本。2008年4月15日,摩根

---

① 次贷即"次级抵押贷款"(subprime mortgage loan),"次"的意思是指与"高""优"相对应的,形容较差的一方。在美国,贷款是非常普遍的现象。一些收入不稳定甚至根本没有收入的人,如失业者,买房因为信用等级达不到标准,就被定义为次级信用贷款者,简称次级贷款者。次级抵押贷款对贷款者信用记录和还款能力要求不高,贷款利率相应地比一般抵押贷款高很多。那些因信用记录不好或偿还能力较弱而被银行拒绝提供优质抵押贷款的人,会申请次级抵押贷款购买住房。

大通分析师指出,此次全球信贷危机,很可能会在未来10年时间里继续影响市场。5月5日,美联储主席伯南克预计美国房市将进一步恶化并危害整体经济。8月,美国房贷两大巨头——房利美和房地美(简称"两房")股价暴跌,持有"两房"债券的金融机构大面积亏损。美国财政部和美联储被迫接管"两房",以表明政府应对危机的决心。虽然联邦政府接管了房利美和房地美,但危机继续加剧。9月15日,美国第四大投资银行雷曼兄弟公司陷入严重财务危机并宣布申请破产保护,美林证券宣布被美国银行收购,这两件事标志着9月全球股市大崩盘的序幕。9月15—17日全球股市暴跌。伴随而来的是企业大量倒闭,失业率上升,经济萧条。2008年9月25日,全美最大的储蓄及贷款银行——华盛顿互惠公司被美国联邦存款保险公司(FDIC)查封、接管,成为美国有史以来倒闭的最大规模银行。各国领导者意识到,全球性的危机需要全球共同应对。在各大经济体相继出台措施刺激经济、稳定市场的同时,全球加强了合作,共同抵御国际金融危机已逐渐成为各国共识,一系列为应对危机,寻求对话和合作的会议相继召开。11月8日,20国集团财政部部长和中央银行行长2008年年会在巴西圣保罗开幕;11月15日,20国集团领导人金融市场和世界经济峰会在华盛顿召开;11月22日至23日,亚太经济合作组织(APEC)第十六次领导人非正式会议在秘鲁首都利马召开。20国集团金融峰会在宣言中再次强调了"与会国家决心加强合作,努力恢复全球经济增长"的重要性。会议最重要的成果就是与会各方就下一步应对金融危机行动达成了协议,20国集团领导人承诺将共同行动,运用货币和财政政策,应对全球宏观经济挑战。APEC会议针对金融危机专门发表一份联合声明,承诺密切合作,进一步采取全面、协调的行动应对当前的金融危机。表示将采取一切必要的经济及金融行动,力求在18个月内战胜金融危机。2009年1月14日,北美最大电信设备制造商北电网络公司申请破产保护。2009年1月16日,欧洲央行再度降息至历史低点。6月1日,通用公司申请破产保护。在国际合作及各国政府加强干预下,西方世界经济逐渐走出危机。这次世界金融海啸之严重,只有20世纪30年代的美国大萧条可以相比。其后一些西方发达国家政策内顾倾向加重,贸易保护主义抬头,逆全球化思潮暗流涌动。

这次世界金融海啸对中国经济贸易也有很大影响:①最主要的是对中国出口贸易的影响,2007年,由于美国和欧洲的进口需求疲软,中国月度出口增长率已从2007年2月的51.6%下降至12月的21.7%;②中国出口增长下降,面临经济增长趋缓和严峻就业形势的双重压力;③次贷危机加大中国的汇率风险和资本市场风险。美元大幅贬值给中国带来了巨大的汇率风险。在发达国家经济放缓、中国经济持续增长、美元持续贬值和人民币升值预期不变的情况下,国际资本加速流向我国寻找避风港,加剧了中国资本市场的风险。

三、西方逆全球化趋势下贸易摩擦加剧

在经济全球化过程中,贸易摩擦频繁发生。例如,日本在20世纪60—80年代经济发展较快。至20世纪80年代,日本产品如日中天,其GDP位居世界第二[①]。从60年代起,美日贸易摩擦愈演愈烈,旷日持久,到90年代升级为全方位、综合性的摩擦,对日本经贸发展带来非常不利的影响。21世纪,美国与欧盟国家在农产品领域和钢铁领域一再发生贸易摩擦。

2007—2009年世界金融海啸之后,西方发达国家经济复苏乏力,总体需求不足,以致世界贸易的增长持续下降,增长率从2010年的14％下降到2016年的1.7％;国际直接投资出现大幅下滑,至今都未能恢复到2008年以前的水平;技术创新与技术扩散的速度都在放缓。从世界知识产权组织(WIPO)的数据来看,2016年全球专利申请数量为310万件,较往年有所增长,但增速较低;尤其是从2006年以来的十年时间里,技术创新出现分化,日本专利申请数量出现下降趋势,倒退到1986年的水平,欧洲的申请数量低于韩国的,只有中国有较高速度增长,2016年是美国的两倍,而其他原来的创新型国家的专利申请数量均增长缓慢甚至出现下滑。[②]而与此同时,中国、印度、巴西等新兴经济体发展令人瞩目。2017年中国GDP规模占全球的15％,成长为世界第二大经济体、世界第一大外汇储备国。

全球经济发展往往是不平衡的。世界金融海啸之后西方发达国家为了维持其在全球经济的主导地位,不会无视中国等新兴国家国际贸易实力不断上升的状况,于是在其国际贸易地位相对有所下降的情况下,发达国家新贸易保护主义倾向加强,逆全球化思潮由隐趋显。特别是西方国家一

---

① 这时哈佛大学教授傅高义写的《日本第一》和日本右翼政治家石原慎太郎和索尼公司创始人盛田昭夫合写的《日本可以说不》这两本在全球畅销。但是日本的赶超引发了美国的恐慌。1992年,加州大学伯克利分校教授劳拉·泰森(Laura Tyson)推出的专著《谁在敲打谁?》,列举日本在半导体、大型计算机、航空等高科技产业领域如何蚕食美国市场,美国应该跳出自由贸易的束缚,对日本进行"战略性贸易管理",通过补贴等措施提高美国厂商的竞争力。这本书成为当年克林顿政府敲打日本的政策指南和依据,泰森本人也成为克林顿政府经济顾问委员会的主席。

② 蒋瑛、周俊:《习近平新时代对外开放思想与逆全球化挑战的应对》,《经济学家》2018年9期。

些政客把商品自由流动带来的贸易逆差当作其本国内部社会问题的"替罪羊",将问题归咎于自由贸易和中国等新兴经济体的发展,从而鼓动本国民众的逆全球化诉求以增加自己的选票。例如,美国将国内政策失误和制度缺陷导致的失业问题错误归因于国际贸易。美国政府认为他国通过不公平贸易的方式抢夺了本国就业岗位,作为美国贸易逆差最大来源国,中国首当其冲成为主要的被指责对象(事实是,根据联合国数据,2001—2017年,中美贸易额增长了4.4倍,但美国失业率则从5.7%下降到4.1%。尤其是2009年以来,美国从中国进口快速增长,同期美国失业率反而呈现出持续下降的态势,美国政府指责的货物进口和失业率之间的替代关系并不存在)。[①] 近十年来,逆全球化的主导者是西方发达国家。一些西方国家利用国家权力限制资本自由流动,加强国家对经济的管制。WTO多哈回合谈判受阻、英国通过"脱欧"公投、美国退出TPP(跨太平洋伙伴关系协定)、重新协商北美自由贸易协定、近期美国对多个国家就进口钢铁和铝征收高关税、对中国约600亿美元的贸易品征收高关税等行为,均是由发达国家发起的、违反自由贸易精神和经济全球化趋势的行为。利用减税、提高关税等目的促进企业回流、限制进出口在社会思潮上迎合了部分阶层对在全球化中获利不足的不满、对发展中国家迅速崛起的不适应和对国内问题的回避转移情绪;在政治思潮上迎合了部分因国内分配机制不合理、经济增长放缓等而受到影响的阶层。这些措施产生的社会效应、政治效应和经济效应共同作用,促成了逆全球化趋势。总的来说,逆全球化问题"不是单纯的经济问题,而是经济、社会、政治多维叠加的问题"。[②]

随着中国扩大开放及对外贸易发展,针对中国的贸易摩擦加剧。1980—1989年,中国被投诉反倾销64起,占世界反倾销案总数1388起的4.6%;1990—1999年,中国被投诉反倾销306起,占世界反倾销案总数2321起的13.2%;2005—2009年,中国被投诉反倾销338起,占世界反倾销案总数974起的34.7%。至2009年,中国连续14年位居全球贸易摩擦目标国榜首,全年共有21个国家/地区对中国发起贸易救济调查116起,涉案金额27亿美元。从涉案产品看,钢铁、轮胎、鞋、玩具、铝制品等已成为贸易摩擦的重灾区。

[①] 中华人民共和国国务院新闻办公室:《关于中美经贸摩擦的事实与中方立场》,《人民日报》2018年9月25日。

[②] 熊光清:《"逆全球化"阻挡不了全球化进程》,《人民论坛》2019年5月;蒋瑛、周俊:《习近平新时代对外开放思想与逆全球化挑战的应对》,《经济学家》2018年9期。

2017年新一届美国政府上任以来,在"美国优先"的口号下,抛弃相互尊重、平等协商等国际交往基本准则,实行单边主义、保护主义和经济霸权主义,"对许多国家和地区特别是中国做出一系列不实指责,利用不断加征关税等手段进行经济恫吓,试图采取极限施压方法将自身利益诉求强加于中国"①。美中贸易摩擦陷入"白热化",成为逆全球化趋势中的焦点。

第二节　中国走向全方位对外开放

21世纪来临,中国对外开放迈上了新的台阶。一方面,中华人民共和国主席江泽民在香港"二〇〇一《财富》全球论坛"开幕晚宴上的讲话中表示要"继续大力发展对外贸易,更好地实施以质取胜、市场多元化和科技兴贸战略"。②另一方面,又把"走出去"战略提高到国家战略层面。2001年11月,世贸组织第四届部长级会议通过了中国加入世贸组织法律文件,我国成为世贸组织新成员。此后,我国成功应对了加入世贸的各种挑战,抓住经济全球化和国际产业加快转移的历史性机遇,建设"一带一路",走向全方位对外开放。

一、加快实施"走出去"战略

"走出去"是以中国的公司为主导,服务于中国公司战略的一种跨国整合模式,是中国对外开放提高到一个新水平的重要标志。"走出去"战略是坚持对外开放的基本国策,把"引进来"和"走出去"更好地结合起来,扩大开放领域,优化开放结构,提高开放质量,完善内外联动、互利共赢、安全高效的开放型经济体系,形成经济全球化条件下参与国际经济合作和竞争的新优势,预示我国"走出去""引进来"的双向开放向纵深发展。我国前一个时期的开放以"引进来"为重心,努力"筑巢引凤",借助国外的资金、技术、设备和管理经验,搞好国内的建设。20世纪90年代中期以后,我国的综合国力增强了,技术水平提高了,改革开放的程度也加深了,我们也培养了一大批能够适应"走出去"战略的人才,这时我们才有条件提出"走出去"战略。

2000年初,江泽民总书记在向中央政治局通报"三讲"情况的讲话中,

---

① 中华人民共和国国务院新闻办公室:《关于中美经贸摩擦的事实与中方立场》,《人民日报》2018年9月25日。

② 《国务院公报》2001年第19号。

在全面总结我国对外开放经验的基础上,首次把"走出去"战略上升到"关系我国发展全局和前途的重大战略之举"的高度。江泽民同志指出:"'走出去'和'引进来',是我们对外开放基本国策两个相辅相成的方面,二者缺一不可";"现在情况与二十多年前不同了,我们的经济水平已大为提高,应该而且也有条件走出去了。只有大胆地积极地走出去,才能弥补我们国内资源和市场的不足;才能把我们的技术、设备、产品带出去,我们也才更有条件引进更新的技术,发展新的产业;才能由小到大逐步形成我们自己的跨国公司,以利更好地参与经济全球化的竞争;也才能更好地促进发展中国家的经济发展,从而增强反对霸权主义和强权政治、维护世界和平的国际力量。在这个问题上,不仅要从我国现在的实际出发,还要着眼于国家长远的发展和安全。"[①]他又提出要"适应经济全球化和加入世贸组织的新形势,在更大范围,更广领域和更高层次上参与国际经济技术合作和竞争,充分利用国际国内两个市场,优化资源配置,拓宽发展空间,以开放促改革促发展"。[②]

2001年,我国《国民经济和社会发展第十个五年计划纲要》中提出:"鼓励能够发挥我国比较优势的对外投资,扩大国际经济技术合作的领域、途径和方式。继续发展对外承包工程和劳务合作,鼓励有竞争优势的企业开发境外加工贸易,带动产品、服务和技术出口。支持到境外合作开发国内短缺资源,促进国内产业结构调整和资源置换。鼓励企业利用国外智力资源,在境外设立研究开发机构和设计中心。支持有实力的企业跨国经营,实现国际化发展。健全对境外投资的服务体系,在金融、保险、外汇、财税、人才、法律、信息服务、出入境管理等方面,为实施'走出去'战略创造条件。完善境外投资企业的法人治理结构和内部约束机制,规范对外投资的监管。"随着加入世贸组织及我国现代化建设的推进,实施"走出去"战略的条件更加成熟,要求也更迫切,逐渐在"走出去"上下更多的工夫,以全面提高对外开放水平。国家鼓励国有企业及其他所有制企业,通过合资、合作、并购和技术转让的形式"走出国门",开展跨国经营;积极开展对外承包工程与劳务合作;鼓励各种企业"走出去"投资创业,进行经济技术合作,带动商品和劳务的出口;支持有条件的企业"走出去"开展对外设计咨询,承包大型工程项目,带动成套设备和技术的出口;鼓励和支持有比较优势的各种

[①] 《江泽民文选 第二卷》,人民出版社2006年版,第569页。
[②] 《江泽民在参加上海代表团审议时强调适应新形势迎接新挑战增创新优势赢得新发展》,《人民日报》2000年3月8日。

所有制企业扩大对外投资,建立国际性的生产体系、销售网络和融资渠道,在全球范围进行专业化和规模化经营,带动商品和劳务出口。同时,要始终注意维护国家的主权和经济社会安全,注意防范和化解国际风险的冲击。2002年,在党的十六大报告中,江泽民同志提出:"坚持'引进来'与'走出去'相结合,全面提高对外开放水平。"①

2003年10月14日,中共十六届三中全会通过的《关于完善社会主义市场经济体制的若干重大问题的决定》指出:要增强参与国际合作和竞争的能力。鼓励国内企业充分利用扩大开放的有利时机,增强开拓市场、技术创新和培育自主品牌的能力。提高出口商品质量、档次和附加值,扩大高新技术产品出口,发展服务贸易,全面提高出口竞争力。继续实施"走出去"战略,完善对外投资服务体系,赋予企业更大的境外经营管理自主权,健全对境外投资企业的监管机制,促进我国跨国公司的发展,积极参与和推动区域经济合作。

2005年,温家宝总理在政府工作报告中提出:"要进一步实施'走出去'战略。鼓励有条件的企业对外投资和跨国经营,加大信贷、保险外汇等支持力度,加强对'走出去'企业的引导和协调。建立健全境外国有资产监管制度。"

胡锦涛主席关于"走出去"战略有一系列的指示,他提出:"要积极鼓励和支持有条件的企业'走出去',更多更好地利用国外资源和国际市场";"要积极稳妥地实施'走出去'战略,在取得实效上下工夫。这既是新形势下充分利用两个市场、两种资源的重要途径,也是扩大国际经济技术合作、提高企业竞争力的重大举措"。他在中国加入世贸组织十周年高层论坛上讲话指出:"引进来"和"走出去"是中国对外开放的重要内容,也是中国深化对外经贸合作、促进与世界各国共同发展的有效途径;强调中国将加快实施"走出去"战略,按照市场导向和企业自主决策原则,引导企业有序开展境外投资合作,重视开展有利于不发达国家改善民生和增强自主发展能力的合作,承担社会责任,造福当地人民。

事实证明,中国具有竞争优势的企业实施"走出去"战略不仅必要,而且可行。在中国成为"世界工厂",对外贸易依存度超过70%的情况下,国家必须考虑通过提高引进外资质量和扩大对外投资两个轮子,主动地在更广阔的空间进行产业结构调整和优化资源配置。在保持制造业优势的同

---

① 《江泽民文选 第三卷》,人民出版社2006年版,第551页。

时,向产业链高增值环节迈进,提升中国在国际分工中扮演的角色。[①]

把"引进来"和"走出去"更好地结合起来,形成经济全球化条件下参与国际经济合作和竞争新优势。我国对外投资从2002年的25亿美元上升到2007年的200亿美元,增长7倍,由世界第26位上升到第13位,居发展中国家首位。我国"走出去"已基本形成以"亚洲为主,发展非洲,拓展欧美、拉美和南太"的多元化市场格局。

二、组建商务部

2003年3月,中央政府将原外经贸部职能与原国家计委、国家经贸委的部分职能整合,组建商务部。多数地方原外经贸部门和原负责商业的部门也根据中央机构调整而合并,改为商务厅、商务局。

商务部职能包括以下几方面。

(1)拟订国内外贸易和国际经济合作的发展战略、方针、政策,起草国内外贸易、国际经济合作和外商投资的法律法规,制定实施细则、规章;研究提出中国经济贸易法规之间及其与国际多边、双边经贸条约、协定之间的衔接意见,以对外贸活动进行有序的控制和管理。

(2)拟订国内贸易发展规划,研究提出流通体制改革意见,培育发展城乡市场,推进流通产业结构调整和连锁经营、物流配送、电子商务等现代流通方式。

(3)研究拟订规范市场运行、流通秩序和打破市场垄断、地区封锁的政策,建立健全统一、开放、竞争、有序的市场体系;监测分析市场运行和商品供求状况,组织实施重要消费品市场调控和重要生产资料流通管理。

(4)研究制定进出口商品管理办法和进出口商品目录,组织实施进出口配额计划,确定配额、发放许可证;拟订和执行进出口商品配额招标政策。

(5)拟订并执行对外技术贸易、国家进出口管制以及鼓励技术和成套设备出口的政策,推进进出口贸易标准化体系建设;依法监督技术引进、设备进口、国家限制出口的技术和引进技术的出口与再出口工作,依法颁发与防扩散相关的出口许可证。

(6)研究提出并执行多边、双边经贸合作政策;负责多边、双边经贸对外谈判,协调对外谈判意见,签署有关文件并监督执行;建立多边、双边政

---

① 陈清泰:《实施"走出去"战略的几个问题》,《中国经济时报》2005年5月9日。

府间经济和贸易联系机制并组织相关工作;处理国别(地区)经贸关系中的重要事务,管理同未建交国家的经贸活动;根据授权,代表中国政府处理与世贸组织的关系,承担中国在世贸组织框架下的多边、双边谈判和贸易政策审议、争端解决、通报咨询等工作。

(7)指导中国驻世贸组织代表团、常驻联合国及有关国际组织经贸代表机构的工作和中国驻外经济商务机构的有关工作;联系国际多边经贸组织驻中国机构和外国驻中国官方商务机构。

(8)负责组织协调反倾销、反补贴、保障措施及其他与进出口公平贸易相关的工作,建立进出口公平贸易预警机制,组织产业损害调查,指导协调国外对中国出口商品的反倾销、反补贴、保障措施的应诉及相关工作。

(9)宏观指导全国外商投资工作;分析研究全国外商投资情况,定期向国务院报送有关动态和建议,拟订外商投资政策,拟订和贯彻实施改革方案,参与拟订利用外资的中长期发展规划;依法核准国家规定的限额以上、限制投资和涉及配额、许可证管理的外商投资企业的设立及其变更事项;依法核准大型外商投资项目的合同、章程及法律特别规定的重大变更事项;监督外商投资企业执行有关法律法规、规章及合同、章程的情况;指导和管理全国招商引资、投资促进及外商投资企业的审批和进出口工作,综合协调和指导国家级经济技术开发区的有关具体工作。

(10)负责全国对外经济合作工作;拟订并执行对外经济合作政策,指导和监督对外承包工程、劳务合作、设计咨询等业务的管理;拟订境外投资的管理办法和具体政策,依法核准国内企业对外投资开办企业(金融企业除外)并实施监督管理。

(11)负责中国对外援助工作;拟订并执行对外援助政策和方案,签署并执行有关协议;编制并执行对外援助计划,监督检查援外项目执行情况,管理援外资金、援外优惠贷款、援外专项基金等中国政府援外资金;推进援外方式改革。

(12)拟订并执行对香港、澳门特别行政区和台湾地区的经贸政策、贸易中长期规划;与香港、澳门特别行政区有关经贸主管机构和台湾授权的民间组织进行经贸谈判并签署有关文件;负责内地与香港、澳门特别行政区商贸联络机制工作;组织实施对台直接通商工作,处理多边、双边经贸领域的涉台问题。

(13)负责中国驻世贸组织代表团、驻外经济商务机构以及有关国际组织代表机构的队伍建设、人员选派和管理;指导进出口商会和有关协会、学会的工作。

(14) 承办国务院交办的其他事项。

商务部机构职能比原来的外经贸部有较大扩充,既有利于加入世贸组织以后更好地与国际接轨,有利于国际、国内两大市场的连接,也有利于推进流通体制改革,培育发展城乡市场,建设社会主义市场经济体系。

三、完善对外贸易法律制度

商务部成立后的一项重要任务是负责研究、完善对外贸易法律制度,因为加入世贸组织意味着中国对外贸易的法制建设要以世贸组织的法律制度框架为基础。2003年10月中共十六届三中全会通过的《关于完善社会主义市场经济体制的若干重大问题的决定》指出:要按照市场经济和世贸组织规则的要求,加快内外贸一体化进程。形成稳定、透明的涉外经济管理体制,创造公平和可预见的法制环境,确保各类企业在对外经济贸易活动中的自主权和平等地位。依法管理涉外经济活动,强化服务和监管职能,进一步提高贸易和投资的自由、便利程度。建立健全外贸运行监控体系和国际收支预警机制,维护国家经济安全。

新的《中华人民共和国对外贸易法》由2004年4月6日第十届全国人民代表大会常务委员会第八次会议修订通过,并于同年的7月1日起开始实施。这意味着WTO规则转化为国内法的工作在全国人大常委会制定的法律层面上进行,标志着我国涉及外贸领域的基本法与WTO规则进行全面接轨,我国对外贸易法制建设的日趋完善,我国对外贸易法制建设进入了一个新阶段。

2004年修订通过的《中华人民共和国对外贸易法》共11章70个条款,与原外贸法(指《中华人民共和国对外贸易法》1994年版,后同)相比增加和修订的主要内容包括:

(1)原外贸法第八条规定中国的自然人不能够从事对外贸易经营活动,而根据中国加入世贸组织的承诺,应当进一步放宽外贸经营权的范围,同时考虑到在技术贸易和国际服务贸易、边贸活动中,自然人从事对外贸易经营活动已经大量存在,因此,新修订的外贸法将对外贸经营者的范围扩大到依法从事对外贸易经营活动的个人。

(2)根据原外贸法第九条第一款的规定,从事货物进出口与技术进出口,必须经国务院主管部门的许可。新修订的外贸法取消了对货物和技术进出口经营权的审批,只要求对外贸易经营者进行备案登记。

(3)根据关贸总协定第17条和服务贸易总协定第8条的规定,允许各缔约方在国际贸易中建立或维持国营贸易。据此,新修订的外贸法增加了国家可以对部分货物的进出口实行国营贸易管理的内容。

(4)根据《中国加入工作报告书》第136段中的承诺,自加入时起,中国将使其自动许可制符合世贸组织的《进口许可程序协定》的规定。自动许可仅为备案性质,目的为监测进出口情况。因此,新修订的外贸法增加了国家基于监测进出口情况的需要,对部分自由进出口的货物实行进出口自动许可管理的内容。

(5)新修订的外贸法增加了"与对外贸易有关的知识产权保护"一章。与贸易有关的知识产权是世贸组织三大支柱之一,越来越多地成为各主要贸易国家维护国家利益的重要手段。因此,根据世贸组织规则,新修订的外贸法增加了通过实施贸易措施,防止侵犯知识产权的货物进出口和知识产权权利人滥用权力,并促进我国知识产权在国外的保护的相关内容。

(6)新修订的外贸法根据对外贸易管理出现的新情况、新问题,结合对外贸易管理的实际需要,补充、修改和完善了有关法律责任的规定,通过刑事处罚、行政处罚和从业禁止等多种手段,加大了对对外贸易违法行为以及对外贸易中侵犯知识产权行为的处罚力度。

此外,新修订的外贸法还增加了建立和完善贸易促进机制、维护进出口经营秩序、建立公共信息服务体系、对外贸易调查、处理贸易争端、对外贸易救济等内容。

为了使国内原有的对外贸易法律法规符合WTO多边贸易规则的要求,中国清理并修订了国内的相关法律法规,陆续出台了《货物进出口管理条例》和与之配套的进出口配额许可证管理等多项部门规章;加入WTO之后,为了履行承诺,中国于2002年开始在较大范围内进行实质性降税,平均关税水平下降至9.8%。同时还对非关税措施进行大幅削减和规范,对于部分商品的进出口取消数量限制,对于重要农产品以关税配额管理代替原来的绝对配额管理。在出口退税方面,从2004年1月至2010年7月先后9次从负担体制、增值税率以及出口退税率等方面对出口退税制度进行改革,促进货物出口。1994年以来,我国实行的是以市场供求为基础的、单一的、有管理的浮动汇率制,从2005年7月21起,我国开始实行以市场供求为基础、参考一篮子货币进行调节、有管理的浮动汇率制。2005年汇制改革赋予央行很大的灵活性,使之更加主动地根据我国的实际情况和国内外的形势对人民币汇率进行管理。在利用外资方面,修订并颁布了《指导外商投资方向规定》和《外商投资产业指导目录》,完成了 WTO 知识产权理事会对中国入世以来执行《与贸易有关的知识产权协定》和相关承诺的审议工作,使市场准入程度不断加大。在运用多边贸易规则方面,中国政府较快完成角色转换,积极投身多哈回合新一轮的多边贸易谈判,合理行使 WTO 成员权利,处理各种贸易纠纷时灵活运用多边贸易机制,有效地维护了中国的正当权益。另外,中国围绕贸易自由化这一核心,又对一系列其他相关法案进行修订,不断完善,使中国对外贸易法律体系与国际通行的法律体系接轨,更好地为中国对外贸易的快速发展服务。

加入 WTO 之后,根据遵循 WTO 规则和国家经济发展的需要,国务院将国家质量技术监督局和国家出入境检验检疫局进行合并,于 2001 年成立了国家质量监督检验检疫总局(简称国家质检总局)。作为正部级国务院直属机构,国家质检总局主要负责全国质量、计量、出入境商品检验、出入境卫生及动植物检疫、进出口食品安全和认证认可、标准化等工作,并充分行使行政执法职能。国家质检总局的成立,标志着中国进出口商品检验管理新体制的建立,以国家质检总局及其在全国各地设立的出入境检验检疫机构为行政执法主体,以及经国家质检总局许可的第三方检验鉴定机构为补充力量的新型管理体系逐渐形成。

世界金融海啸之后,国际经济形势日趋严峻,西方发达国家经济发展速度放缓,导致贸易保护主义在全球范围抬头,制约了中国对外贸易的发展。中国继续调整对外经贸政策,由原来以"奖出限入"为核心,逐步转变为在保障出口的前提下,鼓励进口发展为中心。调整的具体内容包括:①调整出口退税政策,中国政府通过上调在国际市场上受影响较大的出口商品的出口退税率以及削减相关产品出口费用等措施推动国内企业参与国际竞争;②调整加工贸易政策,给予加工贸易企业更多的资金及政策支持;③完善贸易摩擦应对机制,中国政府通过建立贸易摩擦预警机制以及颁布应对有关贸易摩擦的法律法规政策,帮助企业有效地应对贸易摩擦;④完善海外投资制度。由于以美国为代表的西方发达国家受到金融危机的影响,对进口商品实施了较为严格的限制措施,因而使中国的出口贸易受到阻碍。为此,中国政府采取各种有效措施,为中国企业"走出去"提供有力的金融支持,鼓励中国企业在海外通过并购、参股以及注资等方式进行投资,以扩展国际市场。

加入 WTO 以后,中国也开始意识到过度追求对外贸易顺差,其结果过于片面并不利于对外贸易发展,因此开始注重贸易结构的优化和质量的提高,有利于发挥进口贸易的经济增长效用。金融危机所带来的消极影响促使中国在保持对外贸易总体发展战略不变的前提下,不断调整和完善对外贸易制度,重视进出口贸易平衡,削弱贸易保护主义的不利影响,提升国际竞争力。

党的十八大以后,为了适应国家提出的全面深化改革以及转变行政管理方式的要求,2013年7月24日国务院在常务会议上提出了关于减少出口法检商品种类,推进法定检验体制改革的方案。2014年4月30日又进一步提出减少出口商检商品种类,全面推进海关和检验检疫"一次申报、一次查验、一次放行"合作机制,使贸易便利化水平得到有效提高。国家质检总局为贯彻国务院会议精神,从2013年开始先后两次对出口法检商品目录进行了调整,取消了对机电、轻纺、资化、汽车以及食品接触产品等的出口法定检验。与此同时,还进一步深化进出口商品检验监管机制改革,提出了新的发展思路,为完善进出口商品检验管理制度提供了制度支持。

2015年8月11日,为增强人民币兑美元汇率中间价的市场化程度和基准性,中国人民银行发布了《关于完善人民币兑美元汇率中间价报价的声明》,在声明中决定完善人民币兑美元汇率中间价报价,人民币兑美元汇率中间价以后会跟随上一交易日的外汇市场收盘汇率而定。这是2005年汇改以来人民币汇率机制的最重要改革,有助于人民币国际化提速,并为人民币加入SDR(特别提款权)保驾护航。IMF(国际货币基金组织)正式宣布,人民币2016年10月1日加入SDR。IMF总裁拉加德在发布会上表示:"人民币进入SDR将是中国经济融入全球金融体系的重要里程碑,这也是对于中国政府在过去几年在货币和金融体系改革方面所取得的进步的认可。"这将进一步推动中国国内金融改革以及资本项目开放进程。

四、建设自贸区

中国加入世界贸易组织之后,自贸区[①]已成为中国对外开放的新形式、新起点,以及与其他国家实现互利共赢的新平台。

中国自由贸易区(FTZ)是指在国境内关外设立的,以优惠税收和海关

---

① 即自由贸易区,有两个本质上存在差异很大的概念:一个是 FTA,Free Trade Area;另一个是 FTZ,Free Trade Zone。由于中文名称一样,会造成理解和概念上的混乱。FTA 又称为对外贸易区、自由区、工商业自由贸易区等,是指两个或两个以上的国家通过达成某种协定或条约取消相互之间的关税和与关税具有同等效力的其他措施的国际经济一体化组织。FTZ 是指在主权国家或地区的关境(关税国境)以外,划出特定的区域,准许外国商品豁免关税自由进出,实质上是采取自由港政策的关税隔离区。

特殊监管政策为主要手段,以贸易自由化、便利化为主要目的的多功能经济性特区。原则上是指在没有海关"干预"的情况下允许货物进口、制造、再出口。其核心是营造一个符合国际惯例的,对内外资的投资都具有国际竞争力的国际商业环境。20多年前,中国内地第一个保税区在上海外高桥成立。当时,它的英文译名就叫"Free Trade Zone"(自由贸易园区),而不是"Bonded Area"(保税区)。时至今日,包括外高桥保税区在内,中国的海关特殊监管区已有约110个,对促进中国外贸发展起到了巨大作用。

2013年7月3日,国务院总理李克强主持召开的国务院常务会议原则通过了《中国(上海)自由贸易试验区总体方案》。会议强调,在上海外高桥保税区等4个海关特殊监管区域内,建设中国(上海)自由贸易试验区,是顺应全球经贸发展新趋势,更加积极主动对外开放的重大举措。要进一步深化改革,加快政府职能转变,坚持先行先试,既要积极探索政府经贸和投资管理模式创新,扩大服务业开放;又要防范各类风险,推动建设具有国际水准的投资贸易便利、监管高效便捷、法制环境规范的自由贸易试验区,使之成为推进改革和提高开放型经济水平的"试验田",形成可复制、可推广的经验,发挥示范带动服务全国的积极作用,促进各地区共同发展。这有利于培育我国面向全球的竞争新优势,构建与各国合作发展的新平台,拓展经济增长的新空间,打造中国经济"升级版"。上海成为中国第一个被批准建立自由贸易试验区的城市。中国(上海)自由贸易试验区起初涵盖四片区——外高桥保税区、外高桥保税物流园区、洋山保税港区和上海浦东机场综合保税区,总面积28.78平方公里。2014年12月28日,国务院决定扩展上海自由贸易试验区区域范围,涵盖七片区——外高桥保税区、外高桥保税物流园区、洋山保税港区、上海浦东机场综合保税区、金桥出口加工区、张江高科技园区、陆家嘴金融贸易区,总面积120.72平方公里。中国(上海)自由贸易试验区运行试水以来,各项举措得到广泛好评。

2014年12月12日,中央决定设立中国(广东)自由贸易试验区、中国(天津)自由贸易试验区、中国(福建)自由贸易试验区3个自贸区。

广东自贸区涵盖三片区——广州南沙新区片区、深圳前海蛇口片区、珠海横琴新区片区,总面积116.2平方公里。广东自贸区在CEPA(内地与香港关于建立更紧密经贸关系的安排)框架下,进一步取消或放宽对港澳投资者的资质要求、股比限制、经营范围等准入限制,重点在金融、商贸、科技等服务领域取得突破。

天津自贸区涵盖三片区——天津港片区、天津机场片区、滨海新区中心商务区片区,总面积119.9平方公里。在对接京津冀协同发展方面,天津自贸区将优化区域内现代服务业、先进制造业和战略性新兴产业布局,鼓励跨区域兼并重组。

福建自贸区涵盖三片区——福州片区、厦门片区、平潭片区,总面积118.04平方公里。福建自贸区在产业合作、服务贸易、货物贸易、两岸便利往来以及两岸金融合作方面开展一系列深度合作。

2016年8月31日,中央决定设立中国(辽宁)自由贸易试验区、中国(浙江)自由贸易试验区、中国(河南)自由贸易试验区、中国(湖北)自由贸易试验区、中国(重庆)自由贸易试验区、中国(四川)自由贸易试验区、中国(陕西)自由贸易试验区7个自贸区。新设的7个自贸区,代表着中国自贸区建设进入了试点探索的新航程,将继续依托现有经国务院批准的新区、园区,继续紧扣制度创新这一核心,进一步对接高标准国际经贸规则,在更广领域、更大范围形成各具特色、各有侧重的试点格局,推动全面深化改革、扩大开放。

在FTA建设方面,也有较大成就。2002年11月,第六次中国-东盟领导人会议在柬埔寨首都金边举行,朱镕基总理和东盟10国领导人签署了《中国与东盟全面经济合作框架协议》,决定到2010年建成中国-东盟自由贸易区。这标志着中国-东盟建立自由贸易区的进程正式启动。2004年11月,中国与东盟签署了《货物贸易协议》,规定自2005年7月起,除2004年已实施降税的早期收获产品和少量敏感产品外,双方将对其他约7000个税目的产品实施降税。2007年1月,双方又签署了自贸区《服务贸易协议》。2010年1月1日,拥有19亿人口、GDP接近6万亿美元、世界最大的由发展中国家组成的自由贸易区——中国-东盟自由贸易区正式建立。2010年1月7日,在广西南宁举行的中国-东盟自由贸易区建成庆祝仪式上,中国-东盟18个合作项目正式签约,签约金额达48.96亿美元。

2005年11月18日,中国和智利签署自由贸易协定。2006年11月24日,中国和巴基斯坦签署自由贸易协定。2008年4月7日,中国与新西兰签署自由贸易协定,这是我国与发达国家签署的第一个自由贸易协定。2008年10月23日,中国和新加坡签署自由贸易协定。2008年11月19日,中国和秘鲁签署自由贸易协定。2013年4月15日,中国和冰岛签署自由贸易协定,这是我国与欧洲国家签署的第一个自由贸易协定。2013年7月6日,中国和瑞士签署中瑞自贸协定,这是我国与欧洲大陆和世界经济20强国家达成的首个自贸协定。瑞士将对中方99.7%的出口立即实施零关税,中方将对瑞士84.2%的出口最终实施零关税。2014年11月10日,中韩双方共同确认中韩自贸区结束实质性谈判。11月17日,中韩自贸区(FTA)谈判实质性谈判的结束有助于中日韩三国自贸区取得进展。2015年6月1日,中国商务部部长高虎城代表中国政府在首尔与韩国产业通商资源部部长官尹相直共同签署了中韩自贸协定。中韩自贸协定是我国涉及国别贸易额最大、领域范围最为全面的自贸协定。2015年6月17日,中国和澳大利亚签署自由贸易协定。2015年12月20日,中韩、中澳自贸协定正式生效并实施第一次降税。2016年1月1日起,中韩、中澳自贸协定实施第二次降税,涉及的产品范围更广,企业受惠更多。中国与格鲁吉亚自贸协定于2015年12月启动谈判,于2017年5月签署,于2018年1月1日生效并实施。2017年11月29日,中国与马尔代夫签订自由贸易协定。

党的十九大提出要"促进自由贸易区建设,推动建设开放型世界经济"。2018年11月12日,中国商务部国际贸易谈判代表兼副部长傅自应与新加坡贸易与工业部部长陈振声分别代表两国政府在新加坡签署《自由贸易协定升级议定书》。双方在自由贸易协定中首次纳入"一带一路"合作,强调"一带一路"倡议对于深化双方全方位合作、实现共同发展目标、建立和强化互联互通以及促进地区和平发展的重要意义。双方同意给予对方投资者高水平的投资保护,相互给予准入后阶段国民待遇和最惠国待遇,纳入了全面的投资者与东道国间争端解决机制。

2019年3月1日,《中华人民共和国政府与智利共和国政府关于修订〈自由贸易协定〉及〈自由贸易协定关于服务贸易的补充协定〉的议定书》正式生效实施,中方将在3年内对智方逐步取消部分木制品关税。这是我国继中国-东盟自贸区升级后实施的第二个自贸区升级协定,也是我国与拉美国家签署的第一个自贸区升级协定。这个议定书对于进一步发掘双边经贸合作潜力,提升两国贸易自由化、便利化水平,充实两国全面战略伙伴关系,进一步深化我国与拉美国家经贸合作具有重要意义。

2019年6月24日—27日,中国-挪威自由贸易协定第十五轮谈判在挪威奥斯陆举行。双方就货物贸易、服务贸易、投资、技术性贸易壁垒、卫生与植物卫生措施、贸易救济、政府采购、环境、竞争政策、电子商务、法律议题、争端解决等相关议题展开磋商。谈判取得积极进展。

五、建设"一带一路",推进全面开放

"一带一路"(The Belt and Road,B&R)是"丝绸之路经济带"和"21世

纪海上丝绸之路"的简称,2013年9月和10月由中国国家主席习近平分别提出建设"新丝绸之路经济带"和"21世纪海上丝绸之路"的合作倡议。"一带一路"倡议旨在借用古代丝绸之路的历史符号,依靠中国与有关国家既有的双多边机制,高举和平发展的旗帜,积极发展与沿线国家的经济合作伙伴关系,共同打造政治互信、经济融合、文化包容的利益共同体、命运共同体和责任共同体。建设"一带一路"要以政策沟通、设施联通、贸易畅通、资金融通、民心相通为主要内容。推进"一带一路"建设既是中国扩大和深化对外开放的需要,也是加强和亚欧非及世界各国互利合作的需要,中国愿意在力所能及的范围内承担更多责任义务,为人类和平发展做出更大的贡献。

"一带一路"贯穿亚欧非大陆,一头是活跃的东亚经济圈,一头是发达的欧洲经济圈,中间广大腹地国家经济发展潜力巨大。丝绸之路经济带重点畅通中国经中亚、俄罗斯至欧洲(波罗的海);中国经中亚、西亚至波斯湾、地中海;中国至东南亚、南亚、印度洋。21世纪海上丝绸之路重点方向是从中国沿海港口过南海到印度洋,延伸至欧洲;从中国沿海港口过南海到南太平洋。

根据"一带一路"走向,陆上依托国际大通道,以沿线中心城市为支撑,以重点经贸产业园区为合作平台,共同打造新亚欧大陆桥、中蒙俄、中国－中亚－西亚、中国－中南半岛等国际经济合作走廊;海上以重点港口为节点,共同建设通畅、安全、高效的运输大通道。中巴、孟中印缅两个经济走廊与推进"一带一路"建设关联紧密,要进一步推动合作,取得更大进展。

2015年3月28日,国家发展改革委、外交部、商务部联合发布了《推动共建丝绸之路经济带和21世纪海上丝绸之路的愿景与行动》。第71届联合国大会决议欢迎"一带一路"等经济合作倡议,敦促各方通过"一带一路"倡议,呼吁国际社会为"一带一路"倡议建设提供安全保障环境。"一带一路"倡议提出5年以来,中国已经和80多个国家、国际组织签署了合作协议,建设了75个经贸合作区,入区企业超过3400家,累计投资270多亿美元,上缴东道国税费22亿美元,创造就业岗位21万个。5年来,中国与沿线国家货物贸易额累计超过5万亿美元,对外直接投资超过700亿美元。2017年,沿线国家对华投资新设立企业超过3800家,同比增长近33%。①

---

① 蒋瑛、周俊:《习近平新时代对外开放思想与逆全球化挑战的应对》,《经济学家》2018年9期。

"一带一路"是促进共同发展、实现共同繁荣的合作共赢之路,是增进理解信任、加强全方位交流的和平友谊之路。中国政府倡议,秉持和平合作、开放包容、互学互鉴、互利共赢的理念,全方位推进务实合作,打造政治互信、经济融合、文化包容的利益共同体、命运共同体和责任共同体。

党的十九大报告指出,"主动参与和推动经济全球化进程,发展更高层次的开放型经济"。这是中国对自身和全球经济发展的判断和选择。在选择开放还是贸易保护的道路上,中国选择了继续坚持开放,坚持发展更高层次的开放型经济。

第三节　贸易伙伴分析

一、与亚洲其他国家的贸易发展

虽然在这一时期亚洲遭遇金融风暴的冲击,有些国家经济一度受到严重打击,但是由于中国与亚洲其他国家的贸易有明显的地缘优势,在FTA建设方面中国分别与东盟、巴基斯坦、韩国、新加坡等签署了自由贸易协定,促进了中国与亚洲其他国家的贸易发展。总的看来,这一时期中国与亚洲其他国家的贸易还是呈不断上升趋势。中国与亚洲其他国家的进出口贸易总额从2000年的2736.50亿美元,上升至2017年的21257.22亿美元(见表7-1),增长了677%。中国将加快中日韩自贸区谈判进程,推动早日达成"区域全面经济伙伴关系协定"。中国将深入推进"一带一路"国际合作,坚持共商共建共享原则,努力实现政策沟通、设施联通、贸易畅通、资金融通、民心相通,增添共同发展新动力。[①]

表7-1　2000—2017年中国与亚洲贸易额[②]

年份	I从亚洲进口额/亿美元	E向亚洲出口额/亿美元	I+E进出口总额/亿美元	E-I贸易平衡额/亿美元
2000	1413.40	1323.10	2736.50	-90.30
2001	1471.82	1409.57	2881.39	-62.25

---

① 中华人民共和国国务院新闻办公室:《关于中美经贸摩擦的事实与中方立场》,《人民日报》2018年9月25日。

② 根据海关总署统计分析司:《改革开放40年中国对外贸易发展报告》(中国海关出版社2018年版)有关数据计算整理而成。

续表

年份	I 从亚洲进口额/亿美元	E 向亚洲出口额/亿美元	I+E 进出口总额/亿美元	E-I 贸易平衡额/亿美元
2002	1903.09	1703.15	3606.24	-199.94
2003	2729.34	2226.06	4955.40	-503.28
2004	3695.27	2955.00	6650.27	-740.27
2005	4415.40	3664.31	8079.71	-751.09
2006	5253.67	4557.60	9811.27	-696.07
2007	6199.27	5681.89	11881.16	-517.38
2008	7026.57	6632.95	13659.52	-393.62
2009	6034.52	5685.97	11720.49	-348.55
2010	8346.90	7320.66	15667.56	-1026.24
2011	10038.88	8991.42	19030.30	-1047.46
2012	10379.67	10069.63	20449.30	-310.04
2013	10901.70	11347.06	22248.76	445.36
2014	10855.75	11886.36	22742.11	1030.61
2015	9547.81	11408.50	20956.31	1860.69
2016	9058.39	10422.76	19481.15	1364.37
2017	10293.74	10963.48	21257.22	669.74

进入 21 世纪以来，中日贸易持续增长。中国与日本进出口贸易总额从 2000 年的 831.70 亿美元，上升至 2017 年的 3029.77 亿美元（见表 7-2）。虽然在 21 世纪中国的产业结构优化取得了可喜的成绩，但与日本相比，中国还处在国际分工的低端位置，劳动密集型产业和资源密集型产业仍占据重要位置，高技术产业的发展潜力仍未完全释放，中国产业结构还处在发展阶段，其基本表现是中国出口到日本的商品仍明显地体现在劳动集约型商品方面或加工组装产品上。我国从日本进口的商品主要是机械制品、化工制品和原材料制品，出口的主要商品是服装、食品、石油、煤炭等，中日贸易失衡问题加剧。2001 年中国对日本还存在 21.60 亿美元的贸易顺差，2002 年双边贸易的均衡状况开始逆转，2002 年中国对日本存在

50.31亿美元的贸易逆差,随后中日贸易逆差额迅速扩大,2004年中日贸易逆差达到208.58亿美元,2008年达到345.17亿美元,2010年达到最大值556.46亿美元(见表7-2)。中日贸易均衡状态的快速变化是由多方面的因素引起的:一是中国经济增长明显提高了进口能力,日本在持续的经济低迷时期减少了进口需求;二是中国"入世"后,市场逐步开放,关税大幅降低,为日本产品进入中国创造了良好的条件,日本产品大量进入中国市场,而日本的市场早已高度开放,日本市场进一步开放的潜力明显小于中国,因此中国对日本的出口并不能在短期内迅速增加,这也解释了21世纪以来双边贸易逆差急速增加的原因。

表7-2 2000—2017年中国与日本贸易额①

年份	I 从日本进口额/亿美元	E 向日本出口额/亿美元	I+E 进出口总额/亿美元	E-I 贸易平衡额/亿美元
2000	415.20	416.50	831.70	1.30
2001	427.97	449.57	877.54	21.60
2002	534.68	484.37	1019.05	−50.31
2003	741.48	594.09	1335.57	−147.39
2004	943.72	735.14	1678.86	−208.58
2005	1004.52	839.92	1844.44	−164.60
2006	1156.73	916.23	2072.96	−240.50
2007	1339.43	1020.41	2359.84	−319.02
2008	1506.51	1161.34	2667.85	−345.17
2009	1309.38	979.11	2288.49	−330.27
2010	1767.07	1210.61	2977.68	−556.46
2011	1945.91	1482.98	3428.89	−462.93
2012	1778.09	1516.43	3294.52	−261.66
2013	1622.78	1502.75	3125.53	−120.03
2014	1629.97	1494.42	3124.39	−135.55

① 根据海关总署统计分析司:《改革开放40年中国对外贸易发展报告》(中国海关出版社2018年版)有关数据计算整理而成。

续表

年份	I 从日本进口额/亿美元	E 向日本出口额/亿美元	I+E 进出口总额/亿美元	E−I 贸易平衡额/亿美元
2015	1429.87	1356.71	2786.58	−73.16
2016	1455.25	1292.61	2747.86	−162.64
2017	1656.53	1373.24	3029.77	−283.29

  进入 21 世纪以来，中国与韩国贸易迅速发展，进出口贸易额不断扩大。虽然世界金融危机一度对中韩贸易发展产生不利影响，2009 年双边贸易额比上年下降，但是其后又迅速回升。中国与韩国双边贸易额从 2000 年的 345.00 亿美元，上升至 2017 年的 2802.60 亿美元（见表 7-3）。从 2000 年起，尽管中国对韩国出口的纺织品有较大增长，但是"机电、音像设备"的出口增长更快，成为中国对韩国出口的第一大类商品。另一方面，中国从韩国进口的第一大类商品也是"机电、音像设备"。2000—2017 年中国与韩国贸易各年份都是逆差，2013 年达到最大值 918.97 亿美元，比这一时期中国对日本的贸易逆差最大值还要大很多。导致中韩贸易长期逆差的原因主要有中韩产业处于全球价值链的不同位置、韩国居民消费习惯等。在投资方面，我国则处于净流入状态，以 2017 年为例，韩国对华投资 1627 个项目，实际使用韩资 36.7 亿美元，累计对华投资 723.7 亿美元，中国资本净流入 32.5 亿美元。但是资本项目的净流入依然弥补不了对韩巨大的贸易逆差，值得关注。

表 7-3　2000—2017 年中国与韩国贸易额①

年份	I 从韩国进口额/亿美元	E 向韩国出口额/亿美元	I+E 进出口总额/亿美元	E−I 贸易平衡额/亿美元
2000	232.10	112.90	345.00	−119.20
2001	233.89	125.21	359.10	−108.68
2002	285.74	154.97	440.71	−130.77
2003	431.35	200.96	632.31	−230.39

---

① 根据海关总署统计分析司：《改革开放 40 年中国对外贸易发展报告》（中国海关出版社 2018 年版）有关数据计算整理而成。

续表

年份	I 从韩国进口额/亿美元	E 向韩国出口额/亿美元	I+E 进出口总额/亿美元	E-I 贸易平衡额/亿美元
2004	622.50	278.18	900.68	-344.32
2005	768.22	351.09	1119.31	-417.13
2006	897.24	445.22	1342.46	-452.02
2007	1037.52	561.25	1598.77	-476.27
2008	1121.62	739.51	1861.13	-382.11
2009	1025.52	536.80	1562.32	-488.72
2010	1383.99	687.71	2071.70	-696.28
2011	1627.09	829.24	2456.33	-797.85
2012	1686.48	876.81	2563.29	-809.67
2013	1830.73	911.76	2742.49	-918.97
2014	1901.52	1003.40	2904.92	-898.12
2015	1745.18	1012.96	2758.14	-732.22
2016	1588.68	937.08	2525.76	-651.60
2017	1775.08	1027.52	2802.60	-747.56

1999年亚洲金融危机基本结束,中越两国政府提出"睦邻友好,全面合作,长期稳定,面向未来"的16字方针,作为21世纪中越贸易发展方针。21世纪初,中越发布最高决议——《新世纪全面合作的联合声明》,进一步促进两国多层次高水平合作,推动中越贸易向新的方向发展。新世纪两国政府领导互访频繁,两国间先后签订了贸易、经济合作、科技、旅游、航空、海运、公路等多个双边合作文件,陆续开放许多双边对开的国家级别互市点,促进了中越贸易发展。2002年3月,中国宣布给予越南最惠国待遇。同年,朱镕基总理在金边和东盟十国首脑签订《中国-东盟全面经济合作框架协议》。紧接着2004年的"两廊一圈"、2006年的"一轴两翼"构想、2010年中国-东盟自由贸易正式建立等,带给中越贸易新的发展契机,掀起中越贸易的一轮又一轮高潮。中国与越南双边贸易额从2000年的24.70亿美元,上升至2017年的1212.97亿美元(见表7-4)。

然而,中越贸易结构变化并不大。中国从越南进口的主要还是工业生产所需原料和农副商品,中国向越南出口的商品以工业制成品为主,如建筑材料、机械设备、服装类等。2015年,中国向越南出口的前5位商品是电子、机械、钢铁、化学纤维短纤和铝及其制品,累计出口额294.29亿美元,占中国对越南出口商品总额的44.5%。同年,中国从越南进口商品排名前5位的是电子、棉花、机械、矿物燃料和鞋靴类产品,累计出口额160.59亿美元,占中国从越南进口商品总额的53.8%。这一时期,中国对越贸易各年份都是顺差。

表7-4 2000—2017年中国与越南贸易额①

年份	I从越南进口额/亿美元	E向越南出口额/亿美元	I+E进出口总额/亿美元	E-I贸易平衡额/亿美元
2000	9.30	15.40	24.70	6.10
2001	10.11	18.04	28.15	7.93
2002	11.15	21.49	32.64	10.34
2003	14.56	31.78	46.34	17.22
2004	24.82	42.61	67.43	17.79
2005	25.52	56.44	81.96	30.92
2006	24.86	74.63	99.49	49.77
2007	32.26	118.91	151.17	86.65
2008	43.43	151.22	194.65	107.79
2009	47.47	163.01	210.48	115.54
2010	69.80	231.14	300.94	161.34
2011	111.16	290.92	402.08	179.76
2012	162.29	342.10	504.40	179.81
2013	168.90	485.93	654.83	317.03
2014	199.03	637.36	836.39	438.33
2015	298.42	661.24	959.66	362.82

① 根据海关总署统计分析司:《改革开放40年中国对外贸易发展报告》(中国海关出版社2018年版)有关数据计算整理而成。

续表

年份	I 从越南进口额 /亿美元	E 向越南出口额 /亿美元	I＋E 进出口总额 /亿美元	E－I 贸易平衡额 /亿美元
2016	371.26	611.00	982.26	239.74
2017	503.03	709.94	1212.97	206.91

在东盟各国中，马来西亚最早与中国建立外交关系，建交以来中马关系稳定发展，在经贸领域合作中展现了蓬勃的活力。中国开展与"一带一路"沿线东盟国家的合作中马来西亚是较早响应并积极参与的国家之一，现已成为我国共建"一带一路"的重要伙伴，也是我国同东盟十国较重要的切入点。当前两国人文交流活跃，共同推进互联互通建设，双边贸易稳定发展，金融合作不断加深。2000—2017 年中国与马来西亚贸易额也是在不断增长，只是增长速度没有中越贸易那么快。这一时期各年份中国与马来西亚贸易全部表现为中方逆差，中方逆差在 2011 年达到最大，为 342.55 亿美元（见表 7-5）。

表 7-5　2000—2017 年中国与马来西亚贸易额[①]

年份	I 从马进口额 /亿美元	E 向马出口额 /亿美元	I＋E 进出口总额 /亿美元	E－I 贸易平衡额 /亿美元
2000	54.80	25.70	80.50	－29.10
2001	62.05	32.20	94.25	－29.85
2002	92.96	49.75	142.71	－43.21
2003	139.87	61.41	201.28	－78.46
2004	181.74	80.87	262.61	－100.87
2005	200.96	106.07	307.03	－94.89
2006	235.72	135.37	371.09	－100.35
2007	286.97	176.99	463.96	－109.98
2008	320.94	213.75	534.69	－107.19
2009	323.31	196.32	519.63	－126.99

[①] 根据海关总署统计分析司：《改革开放 40 年中国对外贸易发展报告》（中国海关出版社 2018 年版）有关数据计算整理而成。

续表

年份	I 从马进口额/亿美元	E 向马出口额/亿美元	I+E 进出口总额/亿美元	E-I 贸易平衡额/亿美元
2010	504.10	238.06	742.16	-266.04
2011	621.45	278.90	900.35	-342.55
2012	582.95	365.18	948.13	-217.77
2013	601.43	459.33	1060.76	-142.10
2014	556.61	463.59	1020.20	-93.02
2015	533.00	439.90	972.90	-93.10
2016	492.13	376.63	868.76	-115.50
2017	543.02	417.25	960.27	-125.77

二、与俄罗斯贸易发展

21世纪初,中俄两国政府相继签署了《中俄政府间2001—2005年贸易协定》和《中俄睦邻友好合作条约》,旨在平等互利原则基础上扩大两国经贸合作空间。2004年10月,中俄签署了《关于俄罗斯加入世贸组织的市场准入协议》,相互承认完全市场经济地位。中俄两国的贸易额呈现逐年增长的趋势。2008年因金融危机的影响出现大幅度降低,但在2009年开始又再次出现大幅度增长,并在2010年底达到金融危机前的水平。2013年,中国提出"一带一路"倡议,俄罗斯积极响应和支持,双方把"一带一路"当作加速双方友好互助关系的新的增长点。2014年5月,中国同俄罗斯签署了《关于全面战略协作伙伴关系新阶段的联合声明》,双方讨论了中俄关系发展的首要任务以及扩大务实合作领域有关措施,这极大地促进了两国在政治上的相互信任和两国经济贸易的迅速发展。中国与俄罗斯双边贸易额从2000年的80.00亿美元,上升至2017年的840.95亿美元(见表7-6)。这一时期中俄双边贸易额最大值为2014年的952.85亿美元。

俄罗斯在矿产和能源资源方面拥有很大储量,2009年石油的探明储量达到82亿吨,居于世界第八位。天然气已经探明蕴藏量达到48万亿立方米,居于世界首位。俄罗斯是石油天然气输出大国,是中国能源供给大国。俄罗斯从中国进口商品主要是纺织品及其原料、机电产品、贱金属及其制品。随着两国经济快速发展,两国的机电产品贸易量已呈现出明显的上涨趋势。特别是在俄罗斯正式加入世贸组织后,中俄双边贸易中电力、重型机械以及通信器材等机电产品的贸易量显著提升,加之中俄能源产品及资源类产品贸易量亦大幅度提升,促使中俄两国的贸易结构逐步改善。中俄两国在能源合作方面还开始了新一轮建设工作。如中俄在深挖油气潜力方面全面合作,有力地带动了上下游产业链的快速发展;双方在电力、煤炭及核能等能源贸易方面达成了合作协议,并签署了相关合作备忘录。

中国外汇储备量已位列全球第一,这使得中国的生产资金供给能力显著提升。而俄罗斯作为技术大国,拥有较多的先进技术,能在一定程度上弥补我国技术缺陷,因此中俄两国在资金、技术互补方面有望进一步加强合作。

但是俄罗斯为了保障其本国工业,加大了中国产品进口关税调控,特别是在汽车、塑料制品等中国出口量较大的商品方面,俄罗斯征收了较高的关税。在这些贸易壁垒的限制下,中国对俄罗斯的产品出口出现严重的发展困境,中俄贸易关系受到考验。

表7-6 2000—2017年中国与俄罗斯贸易额[①]

年份	I 从俄罗斯进口额/亿美元	E 向俄罗斯出口额/亿美元	I+E 进出口总额/亿美元	E-I 贸易平衡额/亿美元
2000	57.70	22.30	80.00	-35.40
2001	79.59	27.11	106.70	-52.48
2002	84.07	35.21	119.28	-48.86
2003	97.26	60.35	157.61	-36.91
2004	121.30	91.02	212.32	-30.28
2005	158.91	132.12	291.03	-26.79
2006	175.54	158.32	333.86	-17.22
2007	196.89	284.66	481.55	87.77
2008	238.25	330.05	568.30	91.80
2009	212.83	175.14	387.97	-37.69

① 根据海关总署统计分析司:《改革开放40年中国对外贸易发展报告》(中国海关出版社2018年版)有关数据计算整理而成。

续表

年份	I从俄罗斯进口额/亿美元	E向俄罗斯出口额/亿美元	I＋E进出口总额/亿美元	E－I贸易平衡额/亿美元
2010	258.36	296.13	554.49	37.77
2011	403.45	389.04	792.49	－14.41
2012	441.01	440.58	881.59	－0.43
2013	396.18	495.95	892.13	99.77
2014	416.07	536.78	952.85	120.71
2015	332.76	347.84	680.60	15.08
2016	322.29	373.34	695.63	51.05
2017	411.97	428.98	840.95	17.01

三、与欧盟国家贸易发展

欧盟在新世纪有较大发展：2001年1月1日，希腊正式成为欧元区第12个成员国。2002年1月1日，欧元正式流通。3月1日，欧元成为欧元区国家唯一法定货币。2003年12月12日，欧盟首脑会议在布鲁塞尔开幕。2003年7月，欧盟制宪筹备委员会全体会议就欧盟的盟旗、盟歌、铭言与庆典日等问题达成了一致。2004年5月1日，马耳他、塞浦路斯、波兰、匈牙利、捷克、斯洛伐克、斯洛文尼亚、爱沙尼亚、拉脱维亚、立陶宛10国正式加入欧盟。2004年10月29日，欧盟25个成员国的领导人在罗马签署了欧盟历史上第一部宪法条约。2006年1月1日，欧盟开始实施新的普惠制。2007年1月1日，罗马尼亚和保加利亚正式成为欧盟成员国。这是欧盟历史上第六次扩大。2007年10月19日，欧盟非正式首脑会议通过了欧盟新条约，从而结束了欧盟长达6年的制宪进程。新条约称为《里斯本条约》。2010年欧盟国内生产总值16.106万亿美元，人均GDP 32283美元。2013年7月1日，克罗地亚正式成为欧盟第28个成员国。随着欧盟的扩大，欧盟的经济实力进一步加强，为世界上最大资本输出的国家集团和商品与服务出口的国家集团，再加上欧盟相对宽容的对外技术交流与发展合作政策,欧盟可以说是全球经济实力最强、一体化程度最高的国家联合体。[1] 欧盟对世界其他地区的经济发展特别是包括中国在内的发展中国家至关重要。

2001年11月,中国正式成为世贸组织成员,整体外贸环境得到显著改善,使得中欧合作的广度和深度都有了长足进展,双边贸易突飞猛进。2002年3月,欧盟发表了对华《国家战略文件2002—2006》,为其后五年与中国的合作提供了总体框架。2003年9月,欧盟出台了对华政策新文件《走向成熟的伙伴关系——欧中关系的共同利益与挑战》,进一步将中欧关系提升为全面战略伙伴关系。中国也于同年发表《中国对欧盟政策文件》,强调致力于发展中欧富有活力和长期稳定的经贸合作关系。同年10月,中欧领导人在北京举行第六次会晤,并发表了《第六次中欧领导人会晤联合新闻公报》,确定建立中欧全面战略伙伴关系。2001—2007年,中欧双边贸易年均增长28%,其中进口年均增长20.4%,出口年均增长32.9%。2008年,美国爆发的次贷危机逐渐蔓延并发展为全球金融危机,对全球金融、贸易等领域造成严重冲击,迫使各主要经济体纷纷采取强力手段,以减轻危机对自身经济造成的负面影响。中欧贸易在危机期间承受巨大压力,2009年出现14.5%的同比降幅。之后,快速反弹,并于2011年、2014年分别突破5000亿、6000亿美元。2015年、2016年受全球经济复苏乏力影响,中欧贸易连续两年下滑。直到2017年才重返6000亿美元水平,并实现两位数同比增长。当年中国对欧盟进出口6169.2亿美元。2008—2017年中欧双边贸易年均增长4.2%。[2] 中国将与欧盟一道加快推进中欧投资协定谈判,争取早日达成一致,并在此基础上将中欧自贸区问题提上议事日程。中国对欧盟进出口商品结构有明显优化。中国自欧盟进口原以机器设备及钢材、铜材、肥料等工农业原料为主,现在已经转向以高精尖产品和消费类商品为主;中国对欧盟出口原来以传统轻工产品为主,现在转向以机电产品为主。

中德两国的外贸结构互补性强,双边贸易额不断攀升,这是中德经贸关系发展最显著的特点。这些年,中国向德国出口的主要商品为五金制品、纺织品、机电、玩具、食品、服装、地毯、皮革以及一些土产畜产和化工原

---

[1] 海关总署统计分析司:《改革开放40年中国对外贸易发展报告》,中国海关出版社2018年版,第232页。

[2] 海关总署统计分析司:《改革开放40年中国对外贸易发展报告》,中国海关出版社2018年版,第235、236页。

料;而德国向中国出口的商品则以机械设备、精密仪器、汽车及零部件、飞机零部件、船舶、特种钢材、石化类产品等为主。中德双边贸易额从2000年的196.90亿美元,上升至2017年的1680.98美元(见表7-7)。

表7-7 2000—2017年中国与德国贸易额①

年份	I 从德国进口额/亿美元	E 向德国出口额/亿美元	I+E 进出口总额/亿美元	E-I 贸易平衡额/亿美元
2000	104.10	92.80	196.90	-11.30
2001	137.72	97.54	235.26	-40.18
2002	164.28	113.72	278.00	-50.56
2003	243.40	175.36	418.76	-68.04
2004	303.68	237.56	541.24	-66.12
2005	307.24	325.28	632.52	18.04
2006	378.79	403.15	781.94	24.36
2007	453.83	487.14	940.97	33.31
2008	558.35	591.74	1150.09	33.39
2009	557.64	499.20	1056.84	-58.44
2010	743.42	680.47	1423.89	-62.95
2011	927.16	764.35	1691.51	-162.81
2012	919.12	692.18	1611.30	-226.94
2013	942.04	673.58	1615.62	-268.46
2014	1050.40	727.12	1777.52	-323.28
2015	876.23	691.61	1567.84	-184.62
2016	860.73	652.14	1512.87	-208.59
2017	969.54	711.44	1680.98	-258.10

世纪之交时英国首相布莱尔访华,与中国总理朱镕基会谈后发表的《中英联合声明》揭开了中英关系新篇章,双方积极扩大双边贸易和投资,

---

① 根据海关总署统计分析司:《改革开放40年中国对外贸易发展报告》(中国海关出版社2018年版)有关数据计算整理而成。

加强财经对话机制。中国加入世界贸易组织,也促进了中英经济贸易在21世纪初平稳发展。据2004年、2005年贸易统计分析,中国对英出口商品以电子和电气产品、机器设备、服装(包括针织和非针织)等为主,而同期英国对中国出口的商品也是以机械设备、电子和电气产品、服装(包括针织和非针织)等为主。中英双边贸易额从2000年的99.00亿美元,逐步上升至2008年的456.24美元(见表7-8)。2009年因世界金融危机的影响双边贸易额降低,但在2010年开始再次出现大幅度增长。2015年10月,中国国家主席习近平对英国进行了成功的国事访问,双方在伦敦发表了《中英关于构建面向21世纪全球全面战略伙伴关系的联合宣言》,中英关系有新发展。双边贸易额至2017年达到790.34亿美元的水平。这一时期中英贸易各年份全部表现为中方顺差。2018年1月,英国首相特雷莎·梅访华取得圆满成功,对中英贸易发展也有积极影响。

表7-8 2000—2017年中国与英国贸易额[①]

年份	I 从英国进口额/亿美元	E 向英国出口额/亿美元	I+E 进出口总额/亿美元	E−I 贸易平衡额/亿美元
2000	35.90	63.10	99.00	27.20
2001	35.27	67.80	103.07	32.53
2002	33.36	80.60	113.96	47.24
2003	35.70	108.24	143.94	72.54
2004	47.61	149.28	196.89	101.67
2005	55.26	189.77	245.03	134.51
2006	65.06	241.63	306.69	176.57
2007	77.76	315.56	393.32	237.8
2008	95.55	360.69	456.24	265.14
2009	78.77	312.77	391.54	234.00
2010	113.04	387.71	500.75	274.67
2011	145.60	441.25	586.85	295.65

① 根据海关总署统计分析司:《改革开放40年中国对外贸易发展报告》(中国海关出版社2018年版)有关数据计算整理而成。

续表

年份	I 从英国进口额/亿美元	E 向英国出口额/亿美元	I+E 进出口总额/亿美元	E-I 贸易平衡额/亿美元
2012	168.06	462.99	631.05	294.93
2013	190.91	509.49	700.40	318.58
2014	237.29	571.43	808.72	334.14
2015	189.37	595.82	785.19	406.45
2016	186.53	556.89	743.42	370.36
2017	223.14	567.20	790.34	344.06

世纪之交时,中法两国建立了战略对话机制。中国加入世界贸易组织,也促进了中法贸易发展,双边贸易总量稳步增长。中法双边贸易额从2000年的76.60亿美元,逐步上升至2008年的389.44亿美元(见表7-9)。2009年因世界金融危机的影响双边贸易额降低,但在2010年开始再次出现大幅度增长。2013年,两国决定保持元首年度会晤,并建立了高级别经济财金对话机制。2014年是中法建交50周年,两国建立了新型全面战略伙伴关系。中法双边贸易额在2014年达到557.97亿美元。同时,中法两国的贸易结构也在发生新的变化。在我国对法的出口中,机电、音像设备及其零件、纺织品及原料、运输设备、塑料、橡胶、鞋帽伞等的比重正在逐年上升,成为对法出口的新增长点;在法国对我国的出口商品中,位列前列的分别是机电产品、运输设备,以及光学、医疗仪器和化工产品。这一时期中法贸易从2003年开始各年份全部表现为中方顺差。

表 7-9 2000—2017 年中国与法国贸易额[①]

年份	I 从法国进口额/亿美元	E 向法国出口额/亿美元	I+E 进出口总额/亿美元	E-I 贸易平衡额/亿美元
2000	39.50	37.10	76.60	-2.40
2001	41.05	36.85	77.90	-4.20
2002	42.54	40.72	83.26	-1.82

---

① 根据海关总署统计分析司:《改革开放 40 年中国对外贸易发展报告》(中国海关出版社 2018 年版)有关数据计算整理而成。

续表

年份	I 从法国进口额/亿美元	E 向法国出口额/亿美元	I+E 进出口总额/亿美元	E-I 贸易平衡额/亿美元
2003	60.97	72.94	133.91	11.97
2004	76.63	99.22	175.85	22.59
2005	90.09	116.40	206.49	26.31
2006	112.79	139.11	251.90	26.32
2007	133.41	203.27	336.68	69.86
2008	156.40	233.04	389.44	76.64
2009	130.20	214.60	344.80	84.40
2010	171.44	276.54	447.98	105.10
2011	220.80	299.97	520.77	79.17
2012	241.22	269.00	510.22	27.78
2013	231.13	267.19	498.32	36.06
2014	270.89	287.08	557.97	16.19
2015	246.57	267.53	514.10	20.96
2016	224.78	246.57	471.35	21.79
2017	267.95	276.69	544.64	8.74

四、与美国贸易发展变化

2001年中国加入世界贸易组织,为中美两国贸易和经济合作发展提供了强劲的推动力,中美贸易步入飞跃发展阶段。此后,两国首脑互访频繁。2005年,首次中美战略对话在北京举行;2006年,中美双方发表《中美关于启动两国战略经济对话机制的共同声明》,长期对话机制的建立得到两国领导人、经济决策者和社会各界的广泛肯定。与此同时,中美之间围绕贸易平衡问题争端不断。其中不乏2002年美国对中国钢铁的反倾销案、2003年美国对中国冷冻和罐装暖水虾反倾销案、2003年美国对中国彩电反倾销案等金额高、影响大的案件。但整体双边贸易规模依然快速扩大。2003年、2005年和2007年,中美双边贸易额分别突破1000亿美元、2000

亿美元、3000亿美元大关。2002—2008年中美进出口贸易额年均增速高达22.8%。①

中美双边经贸关系不断发展,贸易和投资等合作取得丰硕成果,实现了优势互补、互利共赢。中国从中受益匪浅,美国也从中获得了广泛、巨大的经济利益,分享了中国发展带来的机遇和成果。②

2008年因美国次贷危机演变的世界金融危机,对世界政治经济格局造成深远影响。在国际经济秩序面临更大挑战的背景下,中美关系处于冷战后新一轮的重大转型中。2013年6月,习近平主席与奥巴马总统会晤,双方一致同意共同致力于构建中美新型大国关系。2017年5月,习近平主席与特朗普总统会晤期间,进一步从促进世界和平、稳定、繁荣的高度阐述了中美合作的重大意义。此阶段,中美两国高层交往频繁,人文交流继续扩大,两国关系总体稳定但日益复杂,相互间的合作与竞争都在上升,两国经贸关系在博弈中发展。③

中国是美国飞机、农产品、汽车、集成电路的重要出口市场。中国是美国飞机和大豆的第一大出口市场,汽车、集成电路、棉花的第二大出口市场。2017年美国出口中57%的大豆、25%的波音飞机、20%的汽车、14%的集成电路、17%的棉花都销往中国。2017年中国向美国出口的前三大类商品为电机电气设备及其零附件、机械器具及零件、家具寝具灯具等,合计占比为53.5%。中国从美国进口前三大类商品为电机电气设备及其零附件、机械器具及零件、车辆及其零附件,合计占比为31.8%。机电产品在中美双边贸易中占重要比重,产业内贸易特征较为明显。中国对美出口的"高技术产品",大多只是在华完成劳动密集型加工环节,包含大量关键零部件和中间产品的进口与国际转移价值。④

美国是中国重要外资来源地。根据中国商务部统计,截至2017年,美国累计在华设立外商投资企业约6.8万家,实际投资超过830亿美元。中国企业对美国直接投资快速增长,美国成为中国重要的投资目的地。随着中国对外投资的发展,中国企业对美国直接投资从2003年的0.65亿美元增长至2016年的169.8亿美元。根据中国商务部统计,截至2017年,中国对美直接投资存量约670亿美元。与此同时,中国还对美国进行了大量

---

①③ 海关总署统计分析司:《改革开放40年中国对外贸易发展报告》,中国海关出版社2018年版,第246页。

②④ 中华人民共和国国务院新闻办公室:《关于中美经贸摩擦的事实与中方立场》,《人民日报》2018年9月25日。

金融投资。根据美国财政部统计,截至2018年5月底,中国持有美国国债1.18万亿美元。①

表7-10显示了2000—2017年中国与美国进出口贸易总额从2000年的742.21亿美元,上升至2017年的5836.97亿美元。这一时期中美贸易各年份全部表现为中方顺差。

表7-10 2000—2017年中国与美国贸易额②

年份	I从美国进口额/亿美元	E向美国出口额/亿美元	I+E进出口总额/亿美元	E-I贸易平衡额/亿美元
2000	222.31	519.90	742.21	297.59
2001	262.00	542.80	804.80	280.80
2002	272.38	699.46	971.84	427.08
2003	338.66	924.67	1263.33	586.01
2004	446.57	1249.42	1695.99	802.85
2005	486.22	1628.91	2115.13	1142.69
2006	592.11	2034.48	2626.59	1442.37
2007	693.91	2327.06	3020.97	1633.15
2008	814.40	2522.97	3337.37	1708.57
2009	774.43	2208.16	2982.59	1433.73
2010	1020.38	2833.04	3853.42	1812.66
2011	1221.54	3244.93	4466.47	2023.39
2012	1328.86	3517.96	4846.82	2189.10
2013	1525.75	3684.27	5210.02	2158.52
2014	1590.36	3960.82	5551.18	2370.46
2015	1487.37	4095.38	5582.75	2608.01
2016	1344.02	3950.85	5294.87	2606.83
2017	1539.43	4297.54	5836.97	2758.11

---

① 中华人民共和国国务院新闻办公室:《关于中美经贸摩擦的事实与中方立场》,《人民日报》2018年9月25日。

② 根据海关总署统计分析司:《改革开放40年中国对外贸易发展报告》(中国海关出版社2018年版)有关数据计算整理而成。

五、与其他国家(地区)贸易发展变化

2001年中国加入世界贸易组织,2008年美国次贷危机演变为世界金融危机等事件,对中国与其他国家(地区)贸易亦有影响。

自2000年中非合作论坛成立以来,中国与非洲在各领域的经济合作得到了大幅增长。2015年12月,中国政府在约翰内斯堡发表的《中国对非洲政策文件》,2018年9月在中非合作论坛北京峰会上通过的《关于构建更加紧密的中非命运共同体的北京宣言》和《中非合作论坛——北京行动计划(2019—2021年)》两个重要文件,为进一步深化中非合作指明了方向。表7-11显示了2000—2017年中国与非洲进出口贸易总额从2000年的106.00亿美元,上升至2017年的1700.00亿美元。中国企业对非投资在2017年约41亿美元。随着中非双方在各领域的合作逐渐深入,中非经济互补性逐渐增强,非洲国家的经济也取得了较为迅速的增长。

表7-11 2000—2017年中国与非洲贸易额①

年份	I 从非洲进口额/亿美元	E 向非洲出口额/亿美元	I+E 进出口总额/亿美元	E-I 贸易平衡额/亿美元
2000	55.60	50.40	106.00	-5.20
2001	47.93	60.07	108.00	12.14
2002	54.27	69.62	123.89	15.35
2003	83.61	101.84	185.45	18.23
2004	156.46	138.16	294.62	-18.30
2005	210.63	186.84	397.47	-23.79
2006	287.72	266.88	554.60	-20.84
2007	363.59	372.98	736.57	9.39
2008	560.02	508.40	1068.42	-51.62
2009	433.30	477.36	910.66	44.06
2010	669.52	599.58	1269.10	-69.94

① 根据海关总署统计分析司:《改革开放40年中国对外贸易发展报告》(中国海关出版社2018年版)有关数据计算整理而成。

续表

年份	I 从非洲进口额/亿美元	E 向非洲出口额/亿美元	I+E 进出口总额/亿美元	E-I 贸易平衡额/亿美元
2011	932.21	730.99	1663.20	-201.22
2012	1131.71	853.19	1984.90	-278.52
2013	1174.29	928.09	2102.38	-246.20
2014	1157.37	1061.47	2218.84	-95.90
2015	703.66	1086.67	1790.33	383.01
2016	569.00	922.16	1491.16	353.16
2017	752.61	947.39	1700.00	194.78

进入21世纪以后,随着中国加入世界贸易组织,中国外贸体制改革进一步深化,中国与大洋洲的澳大利亚和新西兰贸易进一步蓬勃发展。中澳双方已然成为彼此重要的贸易伙伴国。2008年4月7日,中国与新西兰签署自由贸易协定,这是中国与发达国家签署的第一个自由贸易协定。表7-12显示了2000—2017年中国与大洋洲进出口贸易总额从2000年的97.90亿美元,上升至2017年的1589.38亿美元。这一时期中国与大洋洲贸易各年份全部表现为中方逆差,贸易逆差在2013年达到最大,为639.41亿美元。

表7-12 2000—2017年中国与大洋洲贸易额①

年份	I 从大洋洲进口额/亿美元	E 向大洋洲出口额/亿美元	I+E 进出口总额/亿美元	E-I 贸易平衡额/亿美元
2000	58.80	39.10	97.90	-19.70
2001	62.93	40.74	103.67	-22.19
2002	68.33	52.90	121.23	-15.43
2003	86.01	72.89	158.90	-13.12
2004	133.34	101.70	235.04	-31.64

① 根据海关总署统计分析司:《改革开放40年中国对外贸易发展报告》(中国海关出版社2018年版)有关数据计算整理而成。

续表

年份	I从大洋洲进口额/亿美元	E向大洋洲出口额/亿美元	I+E进出口总额/亿美元	E−I贸易平衡额/亿美元
2005	180.07	128.87	308.94	−51.20
2006	213.24	160.09	373.33	−53.15
2007	284.14	211.01	495.15	−73.13
2008	401.61	258.63	660.24	−142.98
2009	426.12	249.32	675.44	−176.80
2010	657.59	330.22	987.81	−327.37
2011	889.79	408.95	1298.74	−480.84
2012	916.07	448.80	1364.87	−467.27
2013	1085.61	446.20	1531.81	−639.41
2014	1096.00	465.82	1561.82	−630.18
2015	830.34	505.43	1335.77	−324.91
2016	803.82	475.06	1278.88	−328.76
2017	1076.75	512.63	1589.38	−564.12

进入新世纪，中拉高层交往非常频繁，既有双边互访，又有与巴西等拉美新兴国家在20国集团、APEC会议、金砖国家领导人等国际场合进行的多边会晤。中拉高层领导互访一般都会签订经济合作协议，政治交往赋予了更多经济内涵，给双方国家和人民带来了更多实实在在的经济利益，真正实现了互利共赢。2005年11月18日，中国和智利签署了自由贸易协定。该协定是中国与拉美国家签署的第一个自由贸易协定，带动和扩大了中国与其他拉美国家的经贸合作，为中拉经贸关系的持续稳定发展奠定了良好的基础和氛围。2008年11月19日，中国和秘鲁签署自由贸易协定。为了更好地与拉美国家开展经济合作，中国早在1998年就已正式加入了加勒比开发银行，又通过不懈努力于2009年成为美洲开发银行的正式成员国。中拉双边贸易额从2000年的126.00亿美元，逐步上升至2008年的1433.86亿美元（见表7-13）。2009年因世界金融危机的影响双边贸易额降低，但在2010年开始再次出现大幅度增长，达到1830.68亿美元。其后又逐步上升至2014年的2634.62亿美元。中国同拉美的贸易主要集中

在巴西、墨西哥、智利、阿根廷、委内瑞拉、秘鲁和巴拿马这7个国家。拉美作为中国的贸易伙伴有以下优势：一是拉美拥有中国所需要的丰富的自然资源；二是拉美市场潜力巨大；三是中拉贸易互补性较强。从中拉贸易的商品结构看，中国出口的基本上是轻纺、机电、化工、玩具、五金和医药等工业制成品，进口的主要是铁矿砂、铜、钢材、石油、羊毛、鱼粉、原糖、植物油、冻鱼、化工原料等初级产品。2015年、2016年，拉美经济陷入滞胀状态，中国对拉美出口有较大幅度下降。2017年，中拉贸易恢复增长（见表7-13）。

习近平自2012年以来三度访问拉美，倡议制定了《中国与拉美和加勒比国家合作规划（2015—2019）》。该规划要求进一步促进中国同拉共体成员国间贸易和投资，共同努力促进双向贸易增长和平衡互利发展，力争10年内双方贸易额达到5000亿美元，双方投资存量至少达到2500亿美元。①

表7-13　2000—2017年中国与拉丁美洲贸易额②

年份	I 从拉美进口额/亿美元	E 向拉美出口额/亿美元	I+E 进出口总额/亿美元	E-I 贸易平衡额/亿美元
2000	54.10	71.90	126.00	17.80
2001	67.02	82.37	149.39	15.35
2002	83.36	94.90	178.26	11.54
2003	149.27	118.79	268.06	−30.48
2004	217.85	182.42	400.27	−35.43
2005	267.75	236.82	504.57	−30.93
2006	341.75	360.28	702.03	18.53
2007	511.11	515.39	1026.5	4.28
2008	719.09	714.77	1433.86	−4.32
2009	644.44	570.96	1215.4	−73.48
2010	912.47	918.21	1830.68	5.74
2011	1197.54	1217.31	2414.85	19.77

---

① 《中国与拉美和加勒比国家合作规划（2015—2019）》，《人民日报》2015年1月10日。
② 根据海关总署统计分析司：《改革开放40年中国对外贸易发展报告》（中国海关出版社2018年版）有关数据计算整理而成。

续表

年份	I从拉美进口额/亿美元	E向拉美出口额/亿美元	I+E进出口总额/亿美元	E-I贸易平衡额/亿美元
2012	1260.26	1352.17	2612.43	91.91
2013	1273.00	1342.71	2615.71	69.71
2014	1272.27	1362.35	2634.62	90.08
2015	1043.29	1322.16	2365.45	278.87
2016	1030.72	1139.01	2169.73	108.29
2017	1270.22	1308.27	2578.49	38.05

第四节 外贸总量增长与相关结构分析

经过多年的改革开放,中国对外贸易得到迅速发展。无论从进出口规模、进出口商品结构还是中国贸易对全球贸易的贡献来看,中国都成为名副其实的对外贸易大国。

"入世"以来,随着对外开放程度的不断加深,货物贸易迅猛发展,中国对外贸易跨入了一个新的台阶。2001—2013年,货物进出口总额由5096.51亿美元提高至41589.93亿美元,超越4万亿美元,占世界比重由4.02%提升至约11%,居于世界的位次由第6位跃升至第1位,创造了世界贸易发展史上的奇迹。其中出口、进口分别以年均19.2%和18.9%的速度增长,远大于同期世界9.3%和9.0%的年均增速,也高于中国工业年均10.7%的速度。中国正处于经济转型的关键阶段和工业化快速发展时期,外贸的迅速发展促进了中国由外贸大国和制造业大国向外贸强国和制造业强国的转变。对这一时期中国进出口的有关分析也体现了这一转变。

一、外贸总量增长与贸易平衡分析

2000—2017年,中国成功"入世"后,进出口贸易增长十分明显。其间虽然2009年因世界金融危机的影响进口贸易额比上年降低,出口贸易额降低幅度更大,但在2010年再次出现大幅度增长。中国进口贸易额从2000年的2250.94亿美元增加到2017年的18409.82亿美元,出口贸易额从2000年的2492.03亿美元增加到2017年的22635.22亿美元,进出口贸易总额从 2000 年的 4742.97 亿美元增加到 2017 年的 41045.04 亿美元，中国进出口额占世界进出口额比重也从 2000 年的 3.60% 上升到 2017 年的 11.48%（见表 7-14、图 7-1），获得巨大成就。

表 7-14 2000—2017 年中国进出口贸易额①

年份	I 进口额 /亿美元	E 出口额 /亿美元	I+E 进出口总额 /亿美元	E-I 贸易平衡额 /亿美元	中国进出口额占世界进出口额比重/(%)
2000	2250.94	2492.03	4742.97	241.09	3.60
2001	2435.53	2660.98	5096.51	225.45	4.02
2002	2951.70	3255.96	6207.66	304.26	4.69
2003	4127.60	4382.28	8509.88	254.68	5.51
2004	5612.29	5933.26	11545.55	320.97	6.14
2005	6599.53	7619.53	14219.06	1020.00	6.65
2006	7914.61	9689.78	17604.39	1775.17	7.16
2007	9561.15	12200.60	21761.75	2639.45	7.67
2008	11325.62	14306.93	25632.55	2981.31	7.83
2009	10059.23	12016.12	22075.35	1956.89	8.71
2010	13962.47	15777.54	29740.01	1815.07	9.65
2011	17434.84	18983.81	36418.65	1548.97	9.89
2012	18184.05	20487.14	38671.19	2303.09	10.39
2013	19499.89	22090.04	41589.93	2590.15	10.95
2014	19592.35	23422.93	43015.28	3830.58	11.29
2015	16795.64	22734.68	39530.32	5939.04	11.88
2016	15879.26	20976.31	36855.57	5097.05	11.40
2017	18409.82	22635.22	41045.04	4225.40	11.48

2000—2017 年，中国进出口贸易平衡成就也很大。这一时期各年份都

---

① 根据海关总署统计分析司：《改革开放 40 年中国对外贸易发展报告》（中国海关出版社 2018 年版）有关数据计算整理而成。

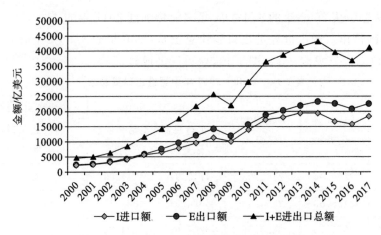

图 7-1 2000—2017 年中国进出口贸易总额

是顺差,顺差最大值为 2015 年的 5939.04 亿美元。

二、进口商品分类构成

改革开放以来,中国商品贸易结构不断提升,实现了从初级产品为主向制成品为主,从轻纺产品为主向机电产品为主的升级。资源密集型商品比重显著下降,制成品比重显著上升;机电产品和高新技术产品比重持续上升。国内产业结构与对外贸易商品结构是一个相互影响、相互促进、不断优化升级的过程。

中国进口商品结构一直以工业制成品为主、以初级产品为辅,但相对比重发生了一些变化。初级产品的比重变化经历了一个"U"形变化轨迹,从 20 世纪 80 年代初期到 90 年代初期,初级产品进口比重总体处于下降趋势,平均为 20.9%,工业制成品占比则相应上升至 79.1%;90 年代中期以来,初级产品特别是国内短缺的原材料和农产品进口增长较快,比重有所上升。2014 年初级产品进口为 6469.4 亿美元,占进口总额的 33.0%。初级进口商品结构的变化与中国国情和经济发展状况相符合,随着经济总量增长和产业结构调整,国内资源类产品供给紧张,需要增加进口。工业制成品进口比重的变化则刚好相反,20 世纪 80 年代初为 70% 左右,1986—2003 年的 18 年间,基本稳定在 80% 以上,自 2004 年开始下滑,2014 年降至 67.0%(见图 7-2)。对外贸易中初级产品与工业制成品的比重变化,从一个侧面反映了工业化进程的成就,显示了我国产业国际竞争力的不断提高。

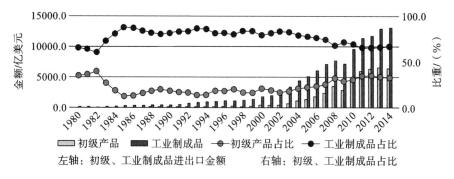

图 7-2　1980—2014 年中国初级产品、工业制成品进口情况①

表 7-15 显示了 2000—2017 年中国外贸进口商品分类构成情况。由表 7-15 可以看出，这一时期中国外贸进口商品仍然以工业制成品为主，不过由于石油、铁矿等矿产原料进口增加，工业制成品占比有所下降，初级产品占比有所上升。

表 7-15　2000—2017 年中国外贸进口商品分类构成②

年份	进口总额/亿美元	初级产品占比/(%)	工业制成品占比/(%)
2000	2250.94	20.80	79.20
2001	2435.53	18.80	81.20
2002	2951.70	16.70	83.30
2003	4127.60	17.60	82.40
2004	5612.29	20.90	79.10
2005	6599.53	22.40	77.60
2006	7914.61	23.60	76.40
2007	9561.15	25.40	74.60
2008	11325.62	32.00	68.00
2009	10059.23	28.80	71.20

---

①　《新中国六十年统计资料汇编》；《中国统计年鉴》(2015)。
②　根据海关总署统计分析司：《改革开放 40 年中国对外贸易发展报告》(中国海关出版社 2018 年版)有关数据计算整理而成。

续表

年份	进口总额/亿美元	初级产品占比/(%)	工业制成品占比/(%)
2010	13962.47	31.00	69.00
2011	17434.84	34.70	65.30
2012	18184.05	34.90	65.10
2013	19499.89	33.70	66.30
2014	19592.35	33.00	67.00
2015	16795.64	28.10	71.90
2016	15879.26	27.80	72.20
2017	18409.82	31.30	68.70

这一时期中国进口商品中初级产品第一大类是"非食用原料（燃料除外）"，其次为"矿物燃料、润滑油及有关原料"，第三大类为"食品及主要供食用的活动物"；进口的工业制成品中第一大类是"机械及运输设备"，约占进口的工业制成品一半份额；第二大类是"按原料分类制成品"，约占进口的工业制成品份额的四分之一；第三大类是"化学品"，约占进口的工业制成品份额的五分之一。

进口初级产品中，1980年非食用原料和食品及主要供食用的活动物两大类分别占初级产品进口的51.07%和42.06%，合计占初级产品进口的93.13%。2014年，矿物燃料、润滑油及有关原料取代了原来的食品及主要供食用的活动物，与非食用原料成为我国初级产品进口的主要种类，矿物燃料、润滑油及有关原料占48.96%，非食用原料占41.68%，合计占初级产品进口比重的90.64%。矿物燃料、润滑油及有关原料进口从1980年的2.0亿美元增加至2014年的3167.6亿美元。这突出地显示出中国处于工业化加速发展的后期阶段，由制造业大国向制造业强国转变过程中，对矿物燃料、润滑油及有关原料等资源性产品需求增长，也揭示了国内资源对经济结构转型升级约束的潜在特征，应防止其成为中国对外发展的瓶颈（见图7-3）。

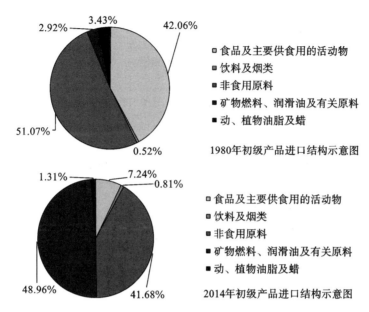

图7-3　1980/2014年中国初级产品进口结构示意图①

进口工业制成品中，1980年轻纺产品、橡胶制品、矿冶产品及制品和机械及运输设备两大类分别占制成品进口的31.81%和39.20%，合计占制成品进口的71.01%。2014年，制成品进口转变为机械及运输设备为主，化学品及有关产品和轻纺产品、橡胶制品、矿冶产品及制品为辅的格局，其中机械及运输设备占55.19%，化学品及有关产品和轻纺产品、橡胶制品、矿冶产品及其制品分别为14.73%和13.13%，三类合计占工业制成品进口的83.05%。1980—2014年，机械及运输设备进口的平均增速高于工业制成品进口增速以及其他类别的增速，工业制成品进口增长了99.5倍，而机械及运输设备增长了140.5倍。显示出在经济结构转型升级过程中，对国际机械及运输设备等投资类产品需求的强劲增长，也为我国机电产品大规模进入国际市场提供了坚实的生产能力，为实现贸易强国提供了重要条件（见图7-4）。②

---

① 《中国统计年鉴(2015)》。
② 傅自应：《中国对外贸易三十年》，中国财政经济出版社2008年版，第226页。

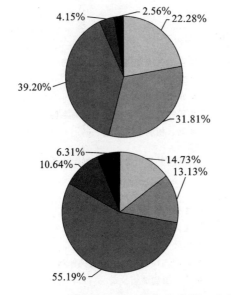

图 7-4 1980/2014 年中国工业制成品进口内部结构示意图①

三、出口商品分类构成

改革开放初期,中国出口商品主要以初级产品为主,初级产品占整个外贸的出口比重达到 50.3%。20 世纪 80 年代,中国抓住了国际以纺织产品为代表的劳动密集型产业向发展中国家转移的历史机遇,着力发展轻纺产品加工贸易,培育了纺织品、服装、鞋类、玩具、箱包、塑料制品等一大批外向型企业。1980—1991 年,中国初级产品的出口占比由 50.3% 降到 22.5%,工业制成品出口比重由 49.7% 上升到 77.5%,出口商品结构基本上实现了由农副和工矿初级产品为主向工业制成品为主的转变。1992—2001 年初级产品所占比重进一步下降,由 20% 降至 9.9%,工业制成品出口比重进一步上升,由 80% 上升到 90.1%,出口商品结构发生了根本性的改变(见图 7-5)。"入世"后,初级产品出口占比进一步下降,2014 年已降至不足 5%,而工业制成品占比直线上升为 95.2%。30 多年的外贸发展完全实现了中国贸易结构由初级产品出口为主到工业制成品出口为主的第一个根本性转变,反映了中国国内产业结构的变化和工业产业体系的逐渐完善,也顺应了国际产业转移和跨国公司在全球范围内重新调整生产布局

---

① 《中国统计年鉴(2015)》。

的总体趋势。

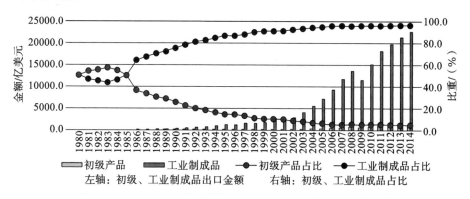

图 7-5　1980—2014 年中国初级产品、工业制成品出口情况①

表 7-16 显示了 2000—2017 年中国外贸出口商品分类构成情况。由表 7-16 可以看出，这一时期中国外贸出口商品中工业制成品占压倒优势；初级产品占比从 2000 年的 10.2% 下降至 2017 年的 5.2%，在 2015 年甚至低到 4.6%；工业制成品占比从 2000 年的 89.8% 上升至 2017 年的 94.8%，在 2015 年高达 95.4%。

表 7-16　2000—2017 年中国外贸出口商品分类构成②

年份	出口总额/亿美元	初级产品占比/(%)	工业制成品占比/(%)
2000	2492.03	10.20	89.80
2001	2660.98	9.90	90.10
2002	3255.96	8.80	91.20
2003	4382.28	7.90	92.10
2004	5933.26	6.80	93.20
2005	7619.53	6.40	93.60
2006	9689.78	5.50	94.50
2007	12200.60	5.20	94.80

① 《新中国六十年统计资料汇编》；《中国统计年鉴(2015)》。
② 根据海关总署统计分析司：《改革开放 40 年中国对外贸易发展报告》(中国海关出版社 2018 年版)有关数据计算整理而成。

续表

年份	出口总额/亿美元	初级产品占比/(%)	工业制成品占比/(%)
2008	14306.93	5.40	94.60
2009	12016.12	5.30	94.70
2010	15777.54	5.20	94.80
2011	18983.81	5.30	94.70
2012	20487.14	4.90	95.10
2013	22090.04	4.90	95.10
2014	23422.93	4.80	95.20
2015	22734.68	4.60	95.40
2016	20976.31	5.00	95.00
2017	22635.22	5.20	94.80

  这一时期中国出口商品中初级产品第一大类是"食品及主要供食用的活动物",其次为"矿物燃料、润滑油及有关原料",第三大类为"非食用原料(燃料除外)";出口的工业制成品中第一大类是"机械及运输设备",其占出口额的比重从2000年的33.1%上升至2017年的47.8%;第二大类是"杂项制品",约占出口额的四分之一;第三大类是"按原料分类制成品"。

  从2015年《中国统计年鉴》(分类口径与海关略有不同)的初级产品出口商品的分类构成来看,以食品及主要供食用的活动物和矿物燃料、润滑油及有关原料两大类为主,1980年分别占初级产品出口的32.8%和47.0%,合计占初级产品出口的79.8%;2014年分别为52.3%和30.6%,合计占82.9%。总的比重大体稳定,但两者内部比重则发生了逆转,前者成为初级产品出口的动力,比重超过50%,甚至超过了后者在1980年的占比(见图7-6)。

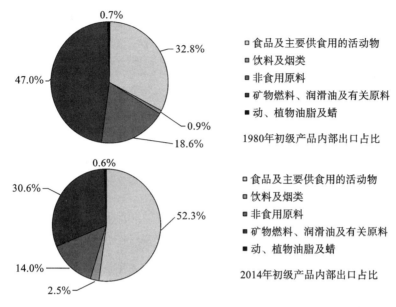

图 7-6　1980/2014 年中国初级产品出口贸易内部结构示意图①

在工业制成品出口贸易内部分类中,改革开放初期,以传统劳动密集型产品和资源性加工产品出口为主。1980 年,轻纺产品、橡胶制品、矿冶产品及其制品和杂项制品,以这两大类产品出口为主,分别占工业制成品出口比重的 44.41% 和 31.49%,合计占 75.90%,而机电产品占比不足 10%,为 9.36%。随着我国制造业能力的逐步增强,机电产品成为主要出口制成品(见图 7-7)。2001 年是机械及运输设备出口的转折点,首次超过了杂项制品的出口,成为中国工业制成品出口中的第一大户。2014 年,机械及运输设备占比提高到 48.01%,占工业制成品出口比重的接近一半。机械及运输设备出口比重的增长,充分反映了中国制造业竞争力的增强,这将继续为出口商品结构升级提供坚实的产业基础。2014 年我国高技术制造业和装备制造业增加值分别同比增长 12.3% 和 10.5%,高于规模以上工业增加值 8.3% 的增速,占规模以上工业增加值的比重分别为 10.6% 和 30.4%,②这揭示了在第三次工业革命浪潮中,中国制造业逐步向高技术密集、精益制造的战略转型,有助于提升我国制造业大国优势。

---

① 《中国统计年鉴(2015)》。
② 《中华人民共和国 2014 年国民经济和社会发展统计公报》。

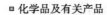

图 7-7　1980/2014 年中国工业制成品出口贸易内部结构示意图①

"入世"后,机械及运输设备从 2002 年的 1000 多亿美元猛升至 2014 年的 10000 多亿美元,并以年均 21.7% 的速度持续增长了 13 年。中国在全球产业链中的地位发生了重要变化,从以提供初级产品等具有原料特征的环节向具有投资品特征的中高端环节推进,在国际贸易利益的分配中,也逐渐扩大了通过资本含量与技术含量的提升所获得的份额(见图 7-8)。

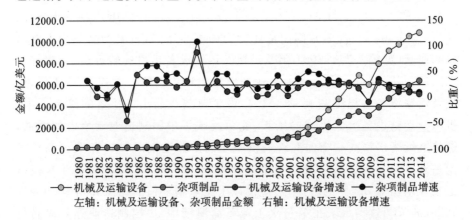

图 7-8　1980—2014 年中国机械及运输设备、杂项制品出口情况②

---

①② 《中国统计年鉴(2015)》。

四、高新技术产品贸易快速增长

20世纪90年代中期之前,中国高新技术产品贸易额较小,在中国外贸中微不足道。90年代中期特别是"入世"后,高新技术产品贸易迅猛增长。2001年中国高新技术产品出口为464.6亿美元,占出口总额的17.5%,2014年出口达到6605.0亿美元,增长了13.2倍,占比也提高了11个百分点;高新技术产品进口从2001年的641.2亿美元提升到2012年的5514亿美元,占比从26.3%提升到28.1%。同时,高新技术产品贸易也由2001年的176.6亿美元的逆差,转变为2014年的1091亿美元的顺差(见图7-9)。高新技术产品贸易的增长是中国对外经济贸易"互利双赢"的积极成果。高新技术产业占领国际高新科技的前沿,掌握国民经济发展以及工业化进程的制高点,是中国对外贸易转型升级的重要内容,同时也体现出中国投入要素参与国际经济交换的重要转折,技术要素在对外贸易中扮演着越来越重要的角色。

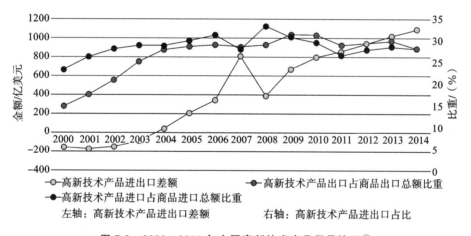

图7-9 2000—2014年中国高新技术产品贸易情况 [1]

从高新技术产品出口的增长速度来看,2001—2014年,高新技术产品出口增速平均为24.3%,而商品出口增速为18.2%,同期,高新技术产品出口增速不仅明显快于商品出口增速,也高于高新技术产品进口增速(见图7-10),说明中国商品贸易结构的根本性转变,由粗放、劳动密集型的初级产品贸易开始逐步向资本、技术密集型贸易转变,高新技术产品贸易的快速发展促进国内产业结构调整,加快技术密集型产业发展的成效显著。

---

[1] 根据2002—2015年《中国统计年鉴》相关数据计算整理而成。

中国在充分利用"两种资源、两个市场"的功能方面有重大突破。

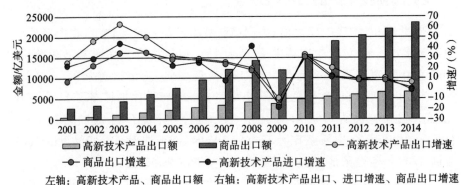

图7-10 2001—2014年高新技术产品、商品出口贸易对比情况①

五、对外贸易的主体结构分析

随着外贸经营制度的放宽,对外贸易的主体模式从改革开放之初的国有企业一统天下,逐渐走向了多元化的发展道路。国有外贸企业改革是我国对外贸易体制改革的重要组成部分,"入世"后民营外贸企业日益活跃,在利用外资政策的推动下外商投资企业在我国对外贸易的主体结构中占据越来越重要的地位。

2001年,国有企业、民营企业和外资企业进出口额占我国商品贸易总额的比重分别为42.5%、50.8%、6.6%。"入世"后,尽管国有企业贸易总额从2001年的2167.8亿美元,增加到2014年的43015.3亿美元,但在规模增长的同时,其在外贸总额中的比重在持续下降,从2001年的42.5%降至17.4%;2011—2014年,国有企业连续三年负增长。这主要是由于民营企业出口的高速增长所造成的。民营企业进出口从2001年的338.9亿美元,增加到2014年的15714.5亿美元,增长了45.4倍,所占比重从2001年的6.6%升至2014年的36.5%。民营企业进出口总额占外资企业贸易总额的比重也呈直线上升趋势,从2001年的13.1%升至2014年的79.2%,民营企业对外贸增长的贡献率达55.9%。外资企业的进出口增速也高于国有企业,在进出口总额中的比重从2001年的50.8%提高到2007年的57.7%,近年来占比有所回落,但仍然为50%左右(见图7-11),成为我国进出口贸易主体结构中的一个基础性特征。

---

① 根据2002—2015年《中国统计年鉴》相关数据计算整理而成。

国有企业在国民经济的关键领域占据着主导地位。进入21世纪后,国有企业由顺差转变为逆差,从2002年的83.7亿美元的顺差转为2003年的逆差,其后逆差规模逐渐变大,2014年逆差为2345.6亿美元。

与国有企业相反,外资企业在改革开放30多年中呈现出不同的发展趋势。20世纪80年代和90年代初期,外资企业为逆差。90年代开始转化,进入21世纪则持续表现为顺差,尤其是从2005年开始,顺差规模迅速扩大,2014年顺差为1654.2亿美元。通过进出口平衡关系的转变,从一个侧面看出外资企业在我国改革开放的40多年中在整体上实现了投入、建厂、形成生产能力到产出、出口的战略发展序列过程。特别是由于加工贸易是我国顺差的主要来源,而外资企业又是加工贸易的主体,外资企业贸易平衡关系的变化也反映了我国承接产业转移的基本进程。

民营企业方面,2001年实现顺差54.9亿美元,其后逐年扩大,2014年达到4515.9亿美元。民营企业的贸易平衡关系,显示了国内企业开始走向国际化经营的普遍行为特点,即以出口贸易开拓外部市场为主。民营企业出口明显大于进口,也说明了我国民营企业开拓国际市场的巨大潜力,民营企业逐渐成为新常态下拉动出口的主力。

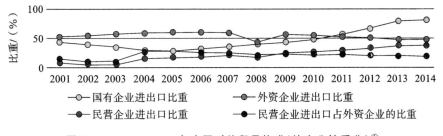

图 7-11　2001—2014 年中国对外贸易构成(按企业性质分)①

第五节　加工贸易与服务贸易

"入世"后,中国加工贸易与服务贸易都取得了令人瞩目的发展成就。

一、加工贸易

自20世纪90年代开始,以信息技术为代表的第三次产业革命兴起,同时各国的开放程度也进一步提高,国际分工进一步深化。我国在加入世

---

① 根据历年《中国对外贸易形势报告》相关数据计算整理而成。

界贸易组织后,对外开放转入了体制性开放阶段,开放的步伐、程度明显加快,外商对中国市场更有信心,对华投资连年增长,加工贸易进入了一个新的发展阶段。

1. 开始进入高新技术化的新阶段

这一阶段加工贸易的发展,一个重要的背景是台湾地区IT产业向大陆转移。在从20世纪90年代开始,低价计算机兴起,国际IT产业制造链发生了巨大的变化,以代工生产为主的台湾地区电子制造业遇到了前所未有的冲击。台湾地区传统的代工生产模式下,主要的竞争优势是成本、规模、产业聚集等,但是大陆在这几个方面拥有更大的优势,不仅生产成本更低,而且拥有更大的市场规模和更明显的集聚效应。因此,为了保持参与国际竞争的优势,台湾地区的电子制造产业开始大规模迁往大陆进行投资,其主力是IT产业,特别是计算机硬件制造业。台湾地区IT产业的转移,为大陆参与全球IT加工产业链提供了一个重要的机会。代工设计仍然在台湾地区本地,加工组装则通过投资设厂的方式进入大陆。从转移的具体产品来看,转移过程是一个从中下游产品向核心产品延伸的过程。最初是技术层次很低的部分电子零件和消费性电子产品的成品组装,之后逐渐扩展到低价周边设备如键盘、鼠标。到了21世纪,台湾地区信息产业的主力产品如笔记本电脑、液晶显示器、半导体制造业开始向大陆转移。因此,这一时期,台资企业在促进大陆加工贸易生产中起了突出作用,成为国际IT制造链中非常重要的环节。

在这样的背景下,我国的加工贸易产品结构开始进入高新技术化的新阶段,并带动我国整体出口结构的提升。在IT产业带动下,我国的高新技术产品对外贸易额迅速扩大,由1999年高新技术产品进出口总额623亿美元,扩大到2007年的6348.2亿美元,以年均33.7%的速度增长。加工贸易对于我国贸易结构的升级做出了重大贡献,2007年,加工贸易高新技术出口为3478.3亿美元,进口2869.9亿美元,差额608.4亿美元。进料加工贸易、来料加工贸易分别占我国高新技术出口的72.7%和12.6%,而一般贸易和其他贸易方式分别只占11.3%和3.4%。

到2007年,进料加工贸易进出口总额已占加工贸易进出口总额的79.26%,而来料加工贸易比重仅占20.74%。进料加工贸易远远超过了来料加工贸易,成为当前我国加工贸易的主要贸易方式。2000年,机电产品占加工贸易的比重已达到57.3%;2007年,加工贸易机电产品出口已达4815.1亿美元,占加工贸易出口总额的78.0%;加工贸易高新技术产品出口2830.3亿美元,占加工贸易出口总额的45.8%。但是也要看到,外商投资企业的机电产品和高新技术产品在华的增值环节主要仍以劳动密集为主。我国作为一个发展中国家,低廉的劳动力一直是我国参与国际分工与竞争的重要比较优势之一,加工贸易中机电产品与高新技术产品出口的比重迅速提高,也只是外商投资企业将机电产品与高新技术产品中劳动密集型的生产环节转移到我国的结果。

2. 外资企业在加工贸易中的地位上升

我国加入WTO以后,来华的外商投资企业迅速增长。到2007年,外资企业加工贸易进出口总额达到8311.3亿美元,占加工贸易进出口总额的84.3%,而国有企业、民营企业仅仅分别占9.9%、5.8%。其中,外商独资企业加工贸易进出口总额远远高于中外合资、中外合作企业。外资企业对加工贸易进出口的贡献尤为突出。2002—2012年,外资企业加工贸易进出口总额由2287.6亿美元升至10984.2亿美元,占全国加工贸易进出口总额的比重由75.7%提高至81.7%(见表7-17)。其中,2012年,外资企业加工贸易出口占加工贸易出口总额以及三资企业出口总额的比重分别高达82.9%和69.9%;同年,外资企业加工贸易进口占加工贸易进口总额以及三资企业进口总额的比重分别为79.7%和44.0%。

表7-17 2002—2012年外资企业进出口贸易情况①

年份	进出口总额/亿美元	出口额/亿美元	进口额/亿美元	占全国加工贸易进出口总额的比重/(%)
2002	2287.6	1346	941.6	75.7
2003	3220.3	1902.7	1317.6	79.6
2004	4500.1	2663.5	1836.6	81.9
2005	5778.8	3466.3	2312.5	83.7
2006	7055.5	4311.6	2743.9	84.9
2007	8311.3	5214.6	3096.7	84.3
2008	8906.1	5722.0	3184.1	84.5
2009	7645.0	4937.0	2708.0	84.1
2010	9709.4	6205.4	3504	83.9
2011	10842.8	6993.3	3849.5	83.1
2012	10984.2	7151.5	3832.7	81.7

① 资料来源:商务部外资统计数据。

我国对外开放在区域空间上,自沿海地区率先开放,并向沿江、沿边渐次推进。受政策和自然条件的影响,东部沿海地区率先进入加速增长阶段,而中、西部地区则相对发展较慢。加工贸易在地区间不平衡尤为突出。2007年,东部地区、中部地区、西部地区加工贸易进出口总额分别为9601.4亿美元、166.9亿美元、91.1亿美元,分别占到全国加工贸易进出口总额的97.37%、1.69%、0.93%。加工贸易的这种区域分布特征,是由加工贸易"大进大出"的特性决定的,也是由区位特色和自然经济基础决定的,并由此导致外商直接投资在区域分布上向沿海地区集中,同时也使得中、西部地区的劳动力、资源、资金等生产要素流向东部地区,在某种程度上也加剧了地区经济发展的差距。

加工贸易占中国进出口贸易的比重较高,彰显了中国制造业的大国地位。就出口贸易来说,2001年中国加工贸易额为1474.3亿美元,占商品出口额的比重为55.4%;2012年为8626.8亿美元,比重有所下降,但仍高达42.1%。就进口贸易来说,加工贸易所占比重较出口低,但是仍不能忽视。加工贸易进口额由2001年的939.7亿美元升至2012年的4812.8亿美元,所占比重为26.5%(见图7-12)。加工贸易在中国进出口贸易中的比重依然较大,反映出中国制造业大国的国际地位。

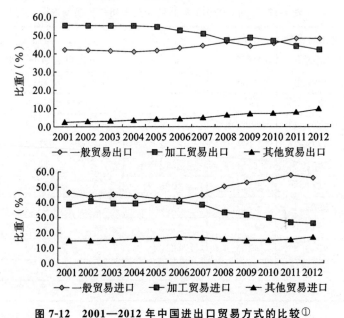

图7-12 2001—2012年中国进出口贸易方式的比较[①]

---

① 《中国贸易外经统计年鉴(2013)》。

来华外商投资超过70%是从事制造业,其中主要是将中国作为其面向全球市场的加工制造基地,在华开展加工贸易。这些外商投资企业带来了大量的新产品、新技术,从玩具到家电、从手机到芯片,新产品种类繁多,跨越多个制造部门,不少产品与技术填补了国内的空白。加工贸易的技术外溢效应具有多种途径:一是新产品的示范、扩散与竞争,不少国内企业在模仿外资加工贸易企业的基础上,形成创新能力;二是对配套企业的订货要求与技术支持,大大提高了国内配套企业的生产、管理与技术水平;三是人员的培训与流动。研究显示,85.4%的加工贸易企业提供了国内培训,21.3%的企业提供了国外培训,完全没有提供员工培训的企业仅占8.9%。[1] 但是很多核心技术尚未转移到中国,还掌握在外方手中。在中国从事的加工贸易活动,大多仍然是劳动密集的环节,核心技术仍然依赖于从外部引进。但是,由于加工贸易企业是面向国际市场为主,在国际竞争压力的推动下,中国加工贸易企业不断更新技术,以保持其国际竞争力。有"加工贸易之都"美称的广东东莞已有40%的加工贸易企业独立承担新产品开发、新技术提升和新工艺利用,所获得的境内外发明专利授权从2008年的115个增加到2015年的2795个。[2]

加工贸易的发展,推动了中国发展起具有国际竞争力的产业集群,为本土企业开展自主创新提供了良好的制造业基础。华为、中兴等国内自主创新的知名企业之所以能够在与跨国公司激烈竞争中突出重围,在全球通信设备研发制造中取得一席之地,正是得益于珠三角地区在加工贸易基础上,促进科技创新,形成具有全球竞争力的IT产业集群。

3.加工贸易推进中国工业化快速发展

加工贸易是中国在全球化背景下推进工业化的一条新道路。"双缺口"理论认为,制约发展中国家工业化的两大因素:一是资金,二是外汇缺口。而加工贸易的发展,既可以引进外资,弥补资金缺口,又可以通过加工贸易大大增强中国的出口创汇能力。1981—2001年,加工贸易一直保持顺差,而且顺差持续扩大,到2001年,加工贸易累计顺差达2751亿美元。[3] 加工贸易为中国引进工业化所需要的原材料、先进设备与技术提供了宝贵的外汇。2001年,中国的外汇储备超过2000亿美元,雄踞全球第2,加工

---

[1] 傅自应:《中国对外贸易三十年》,中国财政经济出版社2008年版,第212页。
[2] 海关总署统计分析司:《改革开放40年中国对外贸易发展报告》,中国海关出版社2018年版,第700页。
[3] 《中国统计年鉴(2014)》。

贸易发挥了重要作用。此外,加工贸易在引进新产品、对本地企业的技术外溢、提高本地劳动力素质以适应工业化进程的要求等多个方面,均发挥了不可替代的积极作用。特别是中国珠三角地区、长三角地区的经济腾飞,主要得益于外商投资和加工贸易迅速增长带来的开放型经济飞跃式发展。1981—2001年,加工贸易出口、进口额占总出口贸易额的比重总体呈上升趋势,两者比重均高于工业增加值的增速,说明无论是出口还是进口,均促进了中国工业化进程(见图7-13)。

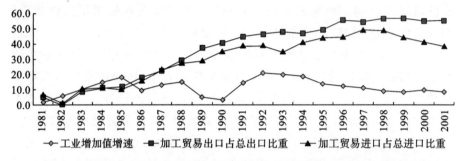

图7-13　1981—2001年加工贸易进出口与工业增加值增速的变动关系①

4. 加工贸易引领贸易结构升级

改革开放之初,中国加工贸易依赖初级产品出口,制造业国际竞争力十分低下。1980—2001年,初级产品出口占出口总额从50.3%下降到9.9%,进口比重从34.8%下降到18.8%;制成品出口比重从49.7%提高至90.1%(图7-14),中国已经成为制成品出口大国,赢得了"世界工厂"的称号。制成品出口中,机电产品的比重从1980年的不到10%提高到2001年的33.1%,高技术产品出口比重在2001年达到24.3%。这反映了中国外贸结构的迅速提升。

加工贸易在进出口贸易结构中占比较高,尤其在出口贸易中,加工贸易占据半壁江山。就出口贸易来说,2001年加工贸易额为1474.3亿美元,占当年出口额的比重为55.4%;2012年为8626.8亿美元,比重有所下降,但仍高达42.1%。就进口贸易来说,加工贸易所占比重较出口低,但是仍不能忽视。加工贸易进口额由2001年的939.7亿美元升至2012年的4812.8亿美元,所占比重为26.5%(见图7-15)。加工贸易在中国进出口贸易中的比重依然较大,反映出中国制造业大国的国际地位。

---

① 《新中国六十年统计资料汇编》。

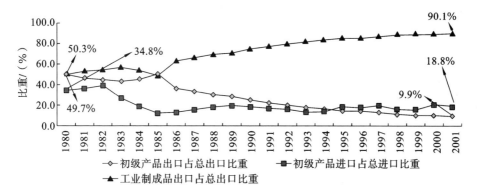

图 7-14 按商品类别分中国进出口贸易情况①

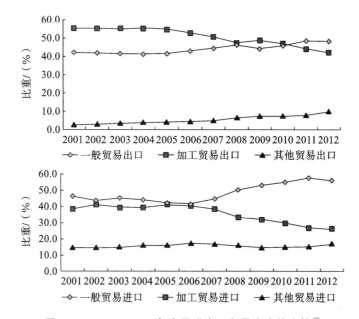

图 7-15 2001—2012 年中国进出口贸易方式的比较②

在贸易结构的提升中,加工贸易发挥了不可替代的突出作用。1992—2001 年,中国加工贸易的产品结构正在由劳动密集型为主向劳动密集型和资本、技术密集型并重的方向转变,机电产品和高新技术产品正逐渐成为主要的出口商品。2001 年,高新技术产品和机电产品出口占加工贸易出口

---

① 《新中国六十年统计资料汇编》。
② 《中国贸易外经统计年鉴(2013)》。

的比重分别为89.3%和74.3%，①中国之所以成为机电产品出口大国、高新技术出口大国，主要是有赖于加工贸易的发展。机电产品和高新技术产品出口比重的增加，反映了中国国民经济的高速发展与产业结构优化的趋势，同时也展示出对外贸易在国民经济结构变化中发挥出的引导性作用。但是，应该看到外商投资企业的机电产品和高新技术产品在华的增值环节仍主要以劳动密集为主。中国作为一个发展中国家，低廉的劳动力一直是中国参与竞争的重要比较优势之一，加工贸易中机电产品与高新技术产品出口的比重迅速提高，也只是投资企业将机电产品与高新技术产品中劳动密集型的生产环节转移到中国的结果。

二、服务贸易

改革开放40多年来，我国迅速成为全球第一贸易大国，创造了人类贸易史上的奇迹。与货物贸易方面具有明显的竞争优势相反，我国服务贸易的发展相对滞后，从某种程度上说，这是国际产业分工的结果。然而，随着我国全球贸易大国地位的稳步发展，制造业国际服务化是未来抢占全球科技竞争制高点的目标，发展服务贸易已成为我国实现"制造业强国"的战略选择。

1978年以来，我国服务贸易除了少数年份外，基本保持了逐年增长的发展趋势。改革开放之初的1982年，服务贸易仅为44亿美元，2014年达到6043亿美元。从服务贸易的发展轨迹看，大体上可以分为三个时期：1982—1991年为缓慢增长期，基本处于100亿美元以下的水平缓慢增长，1991年服务贸易108亿美元，仅相当于当年货物贸易的1/13左右；1992—2001年为起步发展期，大体每年增长100亿美元，增速高于同期货物贸易，2001年，服务贸易相当于货物贸易的1/7左右，差距有所减小；"入世"后，随着经济结构的转型升级，服务贸易进入快速增长期。服务贸易进出口额由2002年的855亿美元，增加到2014年的6043亿美元，首次突破了6000亿美元大关，2002—2014年服务贸易的年均增速高达17.7%。2014年服务贸易占对外贸易总额（货物和服务进出口之和）的比重为12.3%，同比增加0.8个百分点（见图7-16）。同时高端服务贸易增长迅猛，计算机和信息服务、通信、金融服务进出口增速分别为25.4%、24.6%、59.5%，高端服务贸易的迅猛增长提升了服务业的现代化水平，促进了产业结构调整。

---

① 根据《中国统计年鉴（2014）》相关数据计算整理而成。

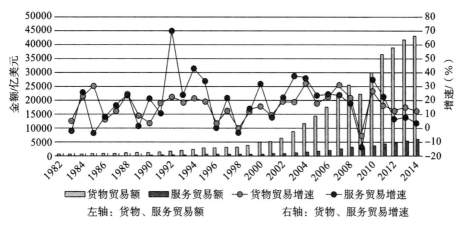

图 7-16　1982—2014 年中国货物、服务贸易情况①

"入世"后，中国服务贸易增速远高于世界平均水平。2001—2013 年，中国服务贸易年均增速 18.0%，而世界为 9.2%，前者是后者的近 2 倍；同期，中国服务贸易出口增速超过世界 7.4 个百分点（见图 7-17）。

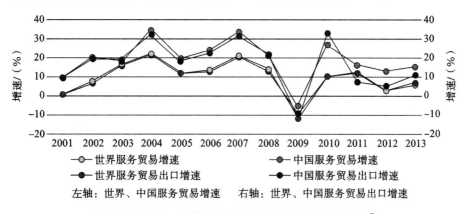

图 7-17　2001—2013 年中国、世界服务贸易增速比较②

中国服务贸易在国际服务贸易中的比重总体呈上升趋势，1994 年之前长期维持在 1% 的水平；1994—2001 年稳定在 2% 的水平；2002—2013 年，服务贸易迅速增长，占世界服务贸易的比重由 3% 升至 6%。中国服务贸易在世界服务贸易中的地位也不断上升，2001 年服务贸易居全球第 13 位，

---

①《中国统计年鉴（2015）》。
② WTO 国际贸易统计数据库（International Trade Statistics Database）；中国商务部、国家外汇管理局。

2013年升至第3位;2014年中国服务贸易出口、进口分别位居全球第5位和第2位。①

"入世"后的10年来,在世界服务贸易年均增速达10%左右的背景下,中国服务贸易规模不断扩大、增速加快,在世界贸易中的地位稳步上升、比重提高,说明加入世贸组织对带动中国服务贸易发展,成效十分显著。

1991—2014年,服务贸易规模迅速增长的同时,贸易平衡长期处于逆差状态,并且呈逐步扩大趋势。

从服务贸易内部结构看,2001—2014年,运输服务、保险服务、专利特许、电影音像服务一直保持逆差状态,而旅游服务从2009年开始由顺差变成逆差。近年来,服务贸易逆差扩大的首要来源是运输服务、旅游服务,其次是保险服务、专利特许、电影音像服务。2001—2014年,运输服务逆差由66.9亿美元上升到579亿美元,表明随着货物贸易扩大,运输服务提高得相对不够快,而不得不依靠服务贸易进口;旅游服务由2001年的顺差38.8亿美元变成2014年的逆差1079亿美元,逆差额从无到有并保持激增,是2014年逆差最大的来源;保险服务、专利特许、电影音像服务逆差迅速扩大,分别增长了6.2倍、11倍和34倍,由于这三项在服务贸易中的占比较小,尽管逆差扩大倍数较大,但对逆差影响相对较小(见图7-18)。

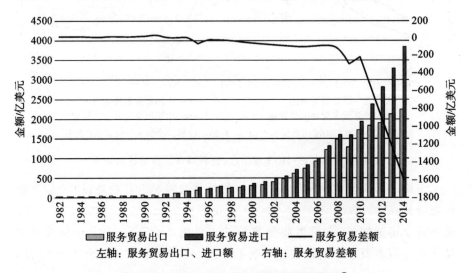

图7-18　1982—2014年中国服务贸易情况②

---

① 中华人民共和国商务部:《中国服务贸易统计2014》,中国商务出版社2015年版。
② 《中国统计年鉴(2015)》。

其他商业服务一直保持顺差状态,是中国服务贸易顺差的主要来源。2001年,其他商业服务顺差15.4亿美元,至2014年,顺差达到97亿美元;其他如计算机和信息服务、广告宣传服务也一直保持小额顺差,分别从2001年的1.2亿美元、0.2亿美元上升到2014年的99亿美元、12亿美元。

由上述分析可以看出,逆差行业主要集中在运输服务、旅游服务和保险服务以及专利特许等领域,这反映了国内经济和货物贸易所产生的国际航运、货运保险、先进技术等方面的竞争力不强,在资本密集型和技术密集型等服务方面处于竞争劣势,中国服务贸易仍然处于初级发展阶段和世界服务贸易的末端地位。

中国服务贸易结构中,运输服务、旅游服务、建筑服务等传统服务贸易仍占主导地位。2001年,上述三者占服务贸易出口总额的70%;2014年,这一比值有所降低,但仍占据服务贸易出口总额的近50%,其中旅游服务位居榜首,占比为25.61%(见图7-19),而运输服务、金融服务、咨询、专利特许及广告、宣传等高附加值的行业,由于中国的金融业开放度低、金融衍

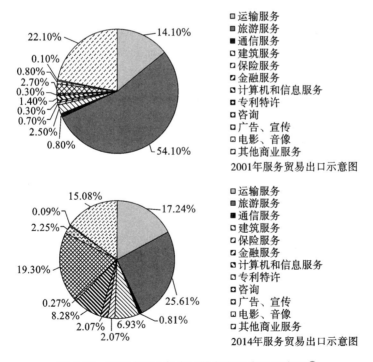

图7-19　2001/2014年中国服务贸易出口示意图①

---

① 根据《中国统计年鉴(2015)》相关数据计算整理而成。

生品创新能力弱、要素禀赋劣势等因素存在,这就决定了技术、知识和版权密集服务行业还是一个薄弱环节和服务贸易劣势的短板。

"入世"后,中国高附加值服务贸易出口快速增长。计算机和信息服务、咨询、金融服务、专利特许等迅速发展(见图7-20),由4.7%升至18.4%。从高附加值服务贸易看,2001年中国计算机和信息服务出口额仅为4.6亿美元,到2014年出口额达184.0亿美元,增长了39倍,年均增长32.8%;咨询服务2001年为8.9亿美元,2014年达429.0亿美元,增长了47倍,年均增长34.7%,占服务出口比重为19.3%,仅次于旅游服务出口。当前,计算机和信息服务、咨询等高附加值服务出口的快速发展,为资本技术密集型企业提供了助力,促进了产业结构转型升级和外贸增长方式的调整。

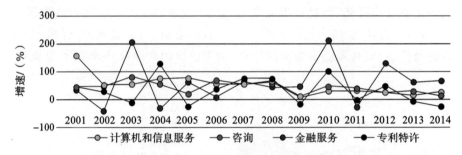

图7-20 2001—2014年中国部分新兴服务贸易出口增速①

随着大数据、云计算、移动互联网等高新技术的迅速普及,服务外包产业由规模快速扩张向"量质"并举转变。首先,2014年,中国承接服务外包业务的合同金额首次突破1000亿美元,同比增长12.2%;同年,承接离岸信息技术、知识流程和业务流程外包,同比分别增长18.3%、30.9%和24.5%,显示我国以知识和研发为主的离岸流程外包业务稳步上升。其次,离岸服务外包市场多元化,以美、欧、日传统市场为主,逐渐向中东、拉美、非洲、东南亚、大洋洲等200多个国家和地区拓展。2014年,我国承接美国、欧盟、日本等服务外包业务占执行总额的62%,同比下降2.9%;与"一带一路"沿线经济体的服务外包业务发展迅速,执行金额同比增长36.3%,高于中国服务外包的总体增速。与"一带一路"沿线国家的经贸合作是推进中国资本"走出去"的基础和先导。最后,截至2014年底,我国服

---

① 根据历年《中国统计年鉴》有关数据整理计算整理而成。

务外包企业所提供的就业岗位中,大学生(含大专)毕业生占比高达66.7%。①

"入世"后,中国服务业对外开放领域不断扩大,水平、层次不断提高,然而动态竞争优势较弱。中国服务业固定资产投资仍以国有投资为主,民营企业的行业准入壁垒重重;中小企业融资难、社会服务体系不健全、政府监管和服务不到位等问题制约着民营、中小企业投资于服务业,造成服务业缺乏活力和竞争力,动态竞争优势偏低。2001—2013年,我国服务业固定资产投资中,国有投资占比在45%左右,比私人控股高出约10个百分点,外资企业固定资产投资比重更低,不足2%(见图7-21、图7-22)。

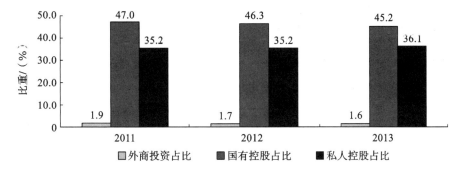

图 7-21 2011—2013 年服务业国有控股、私人控股和外商投资占比②

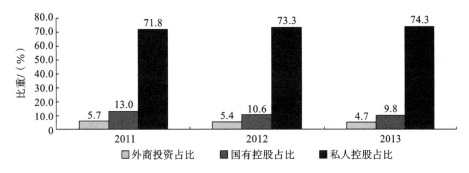

图 7-22 2011—2013 年制造业国有控股、私人控股和外商投资占比③

随着中国经济进入深度调整期,服务业在国民经济中的地位和作用日益显著。2014年,服务业占GDP的比重为48.2%,高于第二产业5.6个百分点。服务业加速转型升级步伐加快,服务智能化、专业化成为新的商

---

① 中华人民共和国商务部综合司:《中国对外贸易形势报告2015年春季》,中国商务出版社2015年版。
②③ 根据2011—2013年《中国统计年鉴》相关数据整理而成。

业模式,以互联网+、工业4.0等为代表的新技术、新业态不断涌现,新兴服务业面临新的契机。服务业的稳步发展为服务贸易奠定了坚实基础。2014年,服务贸易的增速超过货物贸易10.3个百分点,也超过世界服务贸易4.7%的增速,服务贸易在外贸总额中的占比达12.3%,服务贸易已成为我国外贸增长的新亮点。2015年,中国政府积极扩大双向对外开放,支持服务贸易的制度红利逐步释放,对服务贸易起到了有力的促进作用。但是,中国服务贸易整体发展水平不仅落后于货物贸易,而且也落后于世界的平均水平。2013年中国对外服务贸易进出口总额占对外贸易的比重为11.5%,仅仅相当于中国货物贸易的13%,也落后于全球平均19.6%的水平;中国服务贸易出口占外贸出口总额的比重不足10%,仅为8.7%,远低于世界20.2%的水平(见表7-18)。

表7-18 2013年中国、世界服务、货物贸易进出口情况①

	服务贸易					
	进出口		出口		进口	
区域	金额/亿美元	占对外贸易进出口总额比重/(%)	金额/亿美元	占对外贸易出口额比重/(%)	金额/亿美元	占对外贸易进口额比重/(%)
中国	5396	11.5	2106	8.7	3290	14.4
世界	89650	19.6	46250	20.2	43400	19.1

	货物贸易					
	进出口		出口		进口	
区域	金额/亿美元	占对外贸易进出口总额比重/(%)	金额/亿美元	占对外贸易出口额比重/(%)	金额/亿美元	占对外贸易进口额比重/(%)
中国	41600	88.5	22096	91.3	19504	85.6
世界	366650	80.4	182700	79.8	183950	80.9

从服务出口占GDP的比重看,2013年,中国服务出口2106亿美元,占GDP的比重仅为2.2%,低于美国(4.0%)、英国(10.8%)、德国(7.7%)的这一比重,也低于印度(8.2%)的水平,如图7-23所示。从服务出口占服务业增加值的比重看,2013中国为4.8%,而印度、德国分别为14.4%和

---

① WTO国际贸易统计数据库。

11.3%。①

从服务出口占外贸出口总额的比重看,2013年中国为8.7%,不仅与美国、英国、德国等老牌国家服务贸易对国民经济的贡献差距悬殊,而且与金砖国家印度(32.9%)、巴西(13.4%)也相差甚大(见图7-24)。

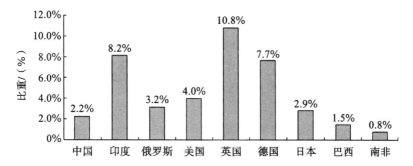

图 7-23　2013 年世界主要国家服务贸易出口占 GDP 的比重②

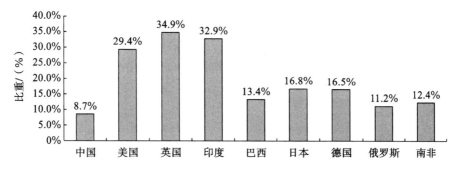

图 7-24　2013 年世界主要国家服务出口占外贸出口总额的比重③

中国服务业在保持较快发展速度的同时,内部结构也有所改善,物流、金融、信息服务等生产性服务业增加值占服务业比重依然较低,内部结构不合理,高端生产性服务业发展不快,这是造成服务贸易竞争力偏低的主要原因。2013年,中国生产性服务业增加值占全部服务业的比重为45.7%(见表7-19),占GDP的比重为24%。而发达国家的生产性服务业增加值占整个服务业的比重一般在70%以上,占GDP的比重为30%左右。

---

① 根据世界银行数据库世界发展指标计算整理而成。
② WTO 国际贸易统计数据库。
③ WTO 国际贸易统计数据库。

表 7-19 2011—2013 年中国生产性服务业内部各行业增加值①

行业分类	2011 金额/亿元	2011 占服务业比重/(%)	2012 金额/亿元	2012 占服务业比重/(%)	2013 金额/亿元	2013 占服务业比重/(%)
服务业	205205	100	231934.5	100	306038.2	100
交通运输、仓储和邮政业	22432.8	10.9	24660	10.6	26036.3	8.5
信息传输、计算机服务和软件业	9780.3	4.8	10974.1	4.7	13549.4	4.4
金融业	24958.3	12.2	28722.7	12.4	41190.5	13.4
房地产业	26783.9	13.1	29359.7	12.7	35987.6	11.7
租赁和商务服务业	9407.1	4.6	10837.7	4.7	13306.6	4.3
科学研究、技术服务和地质勘探业	6965.8	3.4	8241.1	3.6	9737.0	3.2
生产性服务业总计	100328.2	48.9	112795.3	48.6	139807.4	45.7

从中国生产性服务业的内部结构看,中国在高端生产性服务业方面与发达国家的差距更大。2013 年,以金融、科学技术、软件和信息服务业为核心内容的现代生产性服务业在全部生产性服务业中的比重仅为 21%(见表 7-19),占主体地位的仍然是交通运输、仓储、邮政业和房地产业等传统生产性服务业。同时中国租赁和商务服务业发展比较缓慢,份额偏低。

目前,制约中国生产性服务业发展的主要因素有:一是由于体制和政策等原因,生产性服务业的市场准入门槛高于制造业,市场化程度偏低,银

---

① 根据《中国统计年鉴(2015)》相关数据整理而成。

行、铁路、广播电视等行业,市场准入限制较严格;二是外资制造业与本地生产性服务业关联程度不高,外资制造业中加工型、出口型企业偏多,多数属于跨国公司全球生产组织体系中的封闭环节。这些外资企业对本地的金融信贷服务、研发技术服务需求少,其所需要的广告策划、市场调研等商务服务也表现出程度不同的外向型特征。外资制造业产业链向本地服务业增值部分的延伸受到限制。中国生产性服务业发展滞后和快速发展的制造业形成巨大反差,必然有一部分高附加值新兴服务通过进口来替代,导致服务贸易国际竞争力弱的局面。

中国服务贸易虽然快速发展,但与发达国家相比差距仍然较大。2013年,美国服务贸易进出口总额(10997亿美元)以较大的竞争优势居世界首位,而中国虽然增速领先,但贸易额和占比都只是美国的近1/2。在出口方面,中国落后于美国、英国、德国和法国,贸易额和占比不及美国的1/3;在进口方面,中国贸易额和占比分别低于美国1078亿美元和2.5个百分点(见表7-20)。

表7-20　2013年世界服务贸易排名前五位的国家比较①

排名	进出口总额				出口额				进口额			
	国家	金额/亿美元	占比/(%)	增速/(%)	国家	金额/亿美元	占比/(%)	增速/(%)	国家	金额/亿美元	占比/(%)	增速/(%)
1	美国	10997	12.1	3.4	美国	6629	14.3	5	美国	4368	10.1	3
2	德国	6020	6.7	9.3	英国	2900	6.3	1	中国	3290	7.6	18
3	中国	5396	6.0	14.7	德国	2870	6.2	8	德国	3150	7.2	7
4	英国	4630	5.2	2.0	法国	2330	5.0	8	法国	1880	4.3	8
5	法国	4210	4.7	10.0	中国	2106	4.6	11	英国	1730	4.0	−1

注:占比分别为占世界服务贸易进出口总额、出口额、进口额的比重。

2016年2月,国务院印发《关于同意开展服务贸易创新发展试点的批复》,同意在天津、上海、海南、深圳、杭州、武汉、广州、成都、苏州、威海以及哈尔滨新区、江北新区、两江新区、贵安新区、西咸新区等省、市(区域)开展服务贸易创新发展试点。中国将进一步提升服务贸易的竞争优势,弥补竞

---

① WTO与联合国贸易发展会议秘书处,WTO国际贸易统计数据库;其中中国数据来源于中国商务部,美国数据来源于美国商务部。

争劣势的短板,推动服务贸易实现新突破,全面优化服务贸易结构,以支撑中国制造业升级换代,并发挥好服务贸易调整经济结构的作用,发挥好服务贸易为知识和技术的转移提供通道的作用,为中国经济与社会发展做出更大贡献。

附录

1950—2017年中国进出口贸易额[①]

年份	I 进口额/亿美元	E 出口额/亿美元	I+E 进出口总额/亿美元	E-I 贸易平衡额/亿美元	中国进出口额占世界进出口额比重/(%)
1950	5.83	5.52	11.35	−0.31	0.90
1951	11.98	7.57	19.55	−4.41	1.14
1952	11.18	8.23	19.41	−2.95	1.14
1953	13.46	10.22	23.68	−3.24	1.40
1954	12.87	11.46	24.33	−1.41	1.39
1955	17.33	14.12	31.45	−3.21	1.62
1956	15.63	16.45	32.08	0.82	1.50
1957	15.06	15.97	31.03	0.91	1.32
1958	18.90	19.81	38.71	0.91	1.72
1959	21.20	22.61	43.81	1.41	1.81
1960	19.53	18.56	38.09	−0.97	1.42
1961	14.45	14.91	29.36	0.46	1.05
1962	11.73	14.90	26.63	3.17	0.91
1963	12.66	16.49	29.15	3.83	0.91

[①] 根据海关总署统计分析司:《改革开放40年中国对外贸易发展报告》(中国海关出版社2018年版)有关数据计算整理而成。

续表

年份	I 进口额 /亿美元	E 出口额 /亿美元	I+E 进出口总额 /亿美元	E-I 贸易平衡额 /亿美元	中国进出口额占世界进出口额比重/(%)
1964	15.47	19.16	34.63	3.69	0.96
1965	20.17	22.28	42.45	2.11	1.09
1966	22.48	23.66	46.14	1.18	1.08
1967	20.20	21.35	41.55	1.15	0.93
1968	19.45	21.03	40.48	1.58	0.82
1969	18.25	22.04	40.29	3.79	0.72
1970	23.26	22.60	45.86	−0.66	0.71
1971	22.05	26.36	48.41	4.31	0.67
1972	28.58	34.43	63.01	5.85	0.74
1973	51.57	58.19	109.76	6.62	0.93
1974	76.19	69.49	145.68	−6.7	0.86
1975	74.87	72.64	147.51	−2.23	0.82
1976	65.78	68.55	134.33	2.77	0.67
1977	72.14	75.90	148.04	3.76	0.64
1978	108.93	97.45	206.38	−11.48	0.77
1979	156.75	136.58	293.33	−20.17	0.87
1980	200.20	181.20	381.40	−19	0.93
1981	220.15	220.07	440.22	−0.08	1.08
1982	192.85	223.21	416.06	30.36	1.09
1983	213.90	222.26	436.16	8.36	1.17
1984	274.10	261.39	535.49	−12.71	1.35
1985	422.52	273.50	696.02	−149.02	1.75
1986	429.04	309.42	738.46	−119.62	1.70
1987	432.16	394.37	826.53	−37.79	1.62
1988	552.68	475.16	1027.84	−77.52	1.76
1989	591.40	525.38	1116.78	−66.02	1.77
1990	533.45	620.91	1154.36	87.46	1.63
1991	637.91	718.43	1356.34	80.52	1.90

附录 1950—2017年中国进出口贸易额

续表

年份	I 进口额 /亿美元	E 出口额 /亿美元	I+E 进出口总额 /亿美元	E-I 贸易平衡额 /亿美元	中国进出口额占世界进出口额比重/(%)
1992	805.85	849.40	1655.25	43.55	2.16
1993	1039.59	917.44	1957.03	-122.15	2.55
1994	1156.15	1210.06	2366.21	53.91	2.70
1995	1320.84	1487.80	2808.64	166.96	2.69
1996	1388.33	1510.48	2898.81	122.15	2.65
1997	1423.70	1827.92	3251.62	404.22	2.87
1998	1402.37	1837.12	3239.49	434.75	2.90
1999	1656.99	1949.31	3606.30	292.32	3.10
2000	2250.94	2492.03	4742.97	241.09	3.60
2001	2435.53	2660.98	5096.51	225.45	4.02
2002	2951.70	3255.96	6207.66	304.26	4.69
2003	4127.60	4382.28	8509.88	254.68	5.51
2004	5612.29	5933.26	11545.55	320.97	6.14
2005	6599.53	7619.53	14219.06	1020.00	6.65
2006	7914.61	9689.78	17604.39	1775.17	7.16
2007	9561.15	12200.60	21761.75	2639.45	7.67
2008	11325.62	14306.93	25632.55	2981.31	7.83
2009	10059.23	12016.12	22075.35	1956.89	8.71
2010	13962.47	15777.54	29740.01	1815.07	9.65
2011	17434.84	18983.81	36418.65	1548.97	9.89
2012	18184.05	20487.14	38671.19	2303.09	10.39
2013	19499.89	22090.04	41589.93	2590.15	10.95
2014	19592.35	23422.93	43015.28	3830.58	11.29
2015	16795.64	22734.68	39530.32	5939.04	11.88
2016	15879.26	20976.31	36855.57	5097.05	11.40
2017	18409.82	22635.22	41045.04	4225.4	11.48

参考文献
REFERENCES

[1] 中共中央文献研究室.毛泽东著作选读[M].北京:人民出版社,1986.

[2] 毛泽东外交文选[M].北京:中央文献出版社,世界知识出版社,1994.

[3] 中共中央文献研究室.刘少奇论新中国经济建设[M].北京:中央文献出版社,1993.

[4] 周恩来.周恩来选集[M].北京:人民出版社,1980、1984.

[5] 中共中央文献研究室.周恩来经济文选[M].北京:中央文献出版社,1993.

[6] 邓小平文选[M].北京:人民出版社,1993.

[7] 中共中央文献研究室.邓小平思想年谱(1975—1997年)[M].北京:中央文献出版社,1998.

[8] 中共中央文献研究室.陈云文选[M].北京:人民出版社,1995.

[9] 中共中央文献研究室.陈云年谱[M].北京:中央文献出版社,2000.

[10] 江泽民文选[M].北京:人民出版社,2006.

[11] 中共中央文献研究室.建国以来重要文献选编(第五册)[M].北京:中央文献出版社,1993.

[12] 中共中央文献研究室.十四大以来重要文献选编[M].北京:人民出版社,1996.

[13] 中共中央文献研究室.十五大以来重要文献选编[M].北京:人民出版社,2000.

[14] 中共中央文献研究室.十八大以来重要文献选编(上册)[M].北京:中央文献出版社,2014.

[15] 中共中央文献研究室.十八大以来重要文献选编(中册)[M].北京:中央文献出版社,2016.

[16] 中共中央文献研究室.十八大以来重要文献选编(下册)[M].北京:中央文献出版社,2018.

[17] 国家统计局.《中国统计年鉴》(历年).

[18] 中华人民共和国商务部.《中国对外贸易形势报告》(历年).

[19] 《中国对外经济贸易年鉴》(历年).

[20] 国家统计局.全国财贸统计资料(1949—1978年)[M].1979.

[21] 中国社会科学院,中央档案馆.中华人民共和国经济档案资料选编·对外贸易卷(1949—1952)[M].北京:经济管理出版社,1994.

[22] 中国社科院,中央档案馆.1953—1957中华人民共和国经济档案资料选编·商业卷[M].北京:中国物价出版社,2000.

[23] 中央财经领导小组办公室.中国经济发展五十年大事记(1949.10—1999.10)[M].北京:人民出版社,中共中央党校出版社,1999.

[24] 海关总署统计分析司.改革开放40年中国对外贸易发展报告[M].北京:中国海关出版社,2018.

[25] 国家统计局.我国的国民经济建设和人民生活[M].北京:统计出版社,1958.

[26] 《当代中国》丛书编辑委员会.当代中国对外贸易[M].北京:当代中国出版社,1992.

[27] 金冲及.周恩来传(四)[M].北京:中央文献出版社,1998.

[28] 孟宪章.中苏贸易史资料[M].北京:中国对外经济贸易出版社,1991.

[29] 周小川.外贸体制改革的探讨[M].北京:中国展望出版社,1990.

[30] 丛进.曲折发展的岁月[M].郑州:河南人民出版社,1989.

[31] 陈慧琴.技术引进与技术进步研究[M].北京:经济管理出版社,1997.

[32] 石林.当代中国的对外经济合作[M].北京:中国社会科学出版社,1989.

[33] 中共中央文献研究室.不尽的思念[M].北京:中央文献出版社,1987.

[34] 孙业礼,熊亮华.共和国经济风云中的陈云[M].北京:中央文献出版社,1996.

[35] 杨圣明,刘溶沧.邓小平财经思想研究[M].北京:经济管理出版社出版,1997.

[36] 《李先念传》编写组,鄂豫边区革命编辑部.李先念年谱 第六卷(1979—1992)[M].北京:中央文献出版社,2011.

[37] [美]迈克尔·谢勒.二十世纪的美国与中国[M].徐泽荣,译.上海:生活·读书·新知三联书店,1985.

[38] [美]罗伯茨.紫禁城之窗:戴维·布鲁斯的北京日记[M].张颖,译.北京:中央文献出版社,2006.

[39] 李长久,施鲁佳.中美关系二百年[M].北京:新华出版社,1984.

[40] 董志凯.跻身国际市场的艰辛起步[M].北京:经济管理出版社,1993.

[41] 黄晓玲.外贸、外资与工业化——理论分析与中国实证研究[M].北京:对外经济贸易大学出版社,2002.

[42] 国家发展和改革委员会对外经济研究所.中国经济国际化进程[M].北京:人民出版社,2009.

[43] 谢益显.中国当代外交史(1949—2009)[M].北京:中国青年出版社,1997.

[44] 黄安余.新中国外交史[M].北京:人民出版社,2005.

[45] 张鸿.中国对外贸易的动态优势变化与外贸增长方式的转变[M].北京:人民出版社,2010.

[46] 吴承明,董志凯.中华人民共和国经济史(第一卷)[M].北京:中国财政经济出版社,2001.

[47] 董志凯.1949—1952年中国经济分析[M].北京:中国社会科学出版社,1996.

[48] 武力.中华人民共和国经济史[M].北京:中国经济出版社,1999.

[49] 傅自应.中国对外贸易三十年[M].北京:中国财政经济出版社,2008.

[50] 陈文敬,李刚,李健.振兴之路:中国对外开放30年[M].北京:中国经济出版社,2008.

[51] 唐东波.中国的贸易开放、产业升级与就业结构研究[M].上海:复旦大学出版社,2014.

[52] 文洋.收入分配对中国贸易的影响研究[M].北京:经济管理出版社,2015.

[53] 谢谦.贸易便利化、经贸发展与中国的改革实践[M].北京:中国社会科学出版社,2018.

[54] 商务部研究院.迈向贸易强国之路——中国对外贸易40年[M].北京:中国商务出版社,2018.

[55] 商务部研究院.参与全球经济治理之路——中国融入多边贸易体系40年[M].北京:中国商务出版社,2018.

[56] 孙玉琴.中国对外贸易体制改革的效应——贸易制度创新与贸易增长、经济增长研究[M].北京:对外经济贸易大学出版社,2005.

[57] 孙玉琴.中国对外开放史(第三卷)[M].北京:对外经济贸易大学出版社,2012.

[58] 傅自应.中国对外贸易三十年[M].北京:中国财政经济出版社,2008.

[59] 商务部国际贸易经济合作研究院.中国对外贸易史(下)[M].北京:中国商务出版社,2015.

[60] 张曙霄.中国对外贸易结构论[M].北京:中国经济出版社,2003.

[61] 刘向东.中国对外经贸政策与改革纵览[M].北京:中国对外经济贸易出版社,1998.

[62] 裴长洪.共和国对外贸易60年[M].北京:人民出版社,2009.

[63] 江小涓.中国开放三十年的回顾与展望[J].中国社会科学,2008(6).

[64] 陈家勤.国际贸易论[M].北京:经济科学出版社,1998.

[65] 周小川.外贸体制改革的探讨[M].北京:中国展望出版社,1990.

后 记
POSTSCRIPT

中国社科院当代中国研究所武力副所长牵头并担任主编的"中华人民共和国经济与社会发展研究丛书(1949—2018)",由华中科技大学出版社项目团队参与丛书的筹划,逐步形成一个很好的研究写作团队。我受邀参加这一团队,感到十分荣幸!团队的几次集体讨论,使我对新中国近70年经济与社会发展情况有了更多的了解,受益良多,十分感谢!我分工负责的《中国对外贸易发展研究》得以把对外贸易研究更好地与国民经济整体发展的大背景相关联,成为本书稿的一个重要特点。

需要特别说明的是:第一,本书稿写作后期(丛书已有几卷交稿),因为我所承担的教学任务及国家社科基金重大项目研究任务繁重,又不断有其他评审等工作要做,并患高血压、眼底病等,为了更好地完成其余书稿,我邀请郭旭红博士合作,并得到郭旭红博士同意。郭旭红博士分工负责:①撰写第七章后两节(我做了修改);②编写附录:1949—2018年中国对外贸易大事记(原计划有,后来按照套书统一要求未编入,但是郭旭红博士在这方面已做的工作要单独提及);③审稿,尤其是全书统计数据及出处等(郭旭红博士提出了很好的修改意见,并制作全书的统计曲线图、柱状图、饼图等,以便更加形象直观)。在这里,我对郭旭红博士表示衷心感谢!并认为郭旭红博士应为本书稿共同作者,一起署名。第二,本书稿原来在涉及香港回归后两章进出口分析及外贸国别比重分析都根据海关资料列有内地与香港贸易的内容,后来因为我认为香港现行"一国两制","一国"在"两制"前,而且应当贯彻到诸多方面。我考虑再三,把书中有关内地与香港进出口贸易的,以及外贸国别比重的分析都删去了(香港回归后不应当再列入"外贸"),这两章统计表排序也只好重新调了。因此,有关文责应当由我负。

再次对武力主编及华中科技大学出版社表示感谢！

作　者
2019 年 6 月于北京